Johannes Schumann

# Schwi

Übungen zu Verben,
Nomen und Adjektiven

Verlag für Deutsch

**deutsch üben**

ist eine Reihe von Übungsbüchern zu Grammatik, Wortschatz und Rechtschreibung, die als unabhängiges Material zu jedem beliebigen Lehrbuch, aber auch kurstragend benutzt werden können. Bedingt durch die Konzeption, dass in die Übungsblätter auch hineingeschrieben werden kann, liegt der Übungsschwerpunkt im schriftlichen Spracherwerb.

Sämtliche Bände sind auch für den Selbstunterricht geeignet.

Dieses Werk folgt der seit 1. August 1998 gültigen Rechtschreibreform. Ausnahmen bilden Texte, bei denen künstlerische, philologische oder lizenzrechtliche Gründe einer Änderung der ursprünglichen Änderung entgegenstehen.

Das Werk und seine Teile sind urheberrechtlich geschützt.
Jede Verwertung in anderen als den gesetzlich zugelassenen Fällen bedarf deshalb der vorherigen schriftlichen Einwilligung des Verlages.

| 5. | 4. | 3. | 2. | 1. | Die letzten Ziffern |
|---|---|---|---|---|---|
| 2002 | 2001 | 2000 | 1999 | | bezeichnen Zahl und Jahr des Druckes. |

Alle Drucke dieser Auflage können, da unverändert, nebeneinander benutzt werden.
2. Auflage 1999 R
© 1993 VERLAG FÜR DEUTSCH
Max-Hueber-Straße 8, D-85737 Ismaning/München
Umschlaggestaltung: Jürgen Schönwiese, München
Zeichnungen: Marlene Pohle
Satz: Fotosatz Völkl, Puchheim
Druck und Bindung: Ludwig Auer, Donauwörth
Printed in Germany
ISBN 3–88532–658–2

# Anstelle eines Vorworts

Liebe Deutschlernende,

vielleicht geht es Ihnen so wie vielen, die die Grundstufe Deutsch abgeschlossen haben: Sie empfinden, dass von nun an Fortschritte nur sehr langsam geschehen. Und Sie haben kaum mehr das positive Gefühl, dass sich Ihre Deutschkenntnisse weiter verbessern. Woran liegt das?

Sicher liegt es nicht daran, dass Sie nicht genug neue Vokabeln lernen. Der Wortschatz erweitert sich meist automatisch, ohne dass Sie es bemerken. Auch die grammatischen Besonderheiten der deutschen Sprache kennen Sie bereits – zumindest beherrschen Sie nach der Grundstufe schon das Wichtigste.

Mit Sicherheit fehlt Ihnen etwas, das im Unterricht oft nicht intensiv genug geübt wird: das Wissen über die Rektion von Verben, Nomen und Adjektiven.

Sie wissen bereits, wie wichtig es ist, den richtigen Artikel eines Nomens zu kennen. Sonst wird der Satz grammatisch falsch. Aber kennen Sie auch die Wörter der deutschen Sprache, die eine ganz bestimmte Rektion erfordern und deshalb nur in ganz bestimmten Satzstrukturen benutzt werden dürfen?

Es gibt leider sehr viele davon. Sie werden oft verschieden benutzt und erhalten dann einen anderen Sinn, was das Erlernen der Sprache so schwer macht. Wir haben uns bemüht, möglichst viele davon mit Beispielen aufzulisten. Unser Rat: Lernen Sie täglich einige Wörter im Satzzusammenhang.

Wir möchten Ihnen mit dieser Zusammenstellung über den Gebrauch schwieriger Wörter eine Lernhilfe mit auf den Weg geben, die Ihnen nützlich zum Lernen, Üben und Nachschlagen sein wird.

Johannes Schumann

# Inhalt

## Verben

Übungen zu Verben (Verb-Wörterbuch)   *Seite 6*
Verbliste I – Verben mit Besonderheiten   *Seite 139*
Verbliste II – Verben, sortiert nach Kasus und Präpositionen   *Seite 168*

## Nomen

Übungen zu Nomen   *Seite 178*
Nomenliste – Nomen mit Präpositionen   *Seite 195*

## Adjektive

Übungen zu Adjektiven   *Seite 200*
Adjektivliste – Adjektive mit Präpositionen   *Seite 207*

## Lösungsschlüssel zum Verb-Wörterbuch   *Seite 209*

# Verben

# Übungen zu Verben

**Lernen Sie täglich einige Verben und bauen Sie sich Ihr eigenes Verb-Wörterbuch.**

Wenn Sie Schwierigkeiten haben, den richtigen Kasus oder die richtige Präposition zu finden, können Sie in den Listen auf den Seiten 139 ff. oder 168 ff. nachschauen. Sämtliche Lösungen finden Sie auf den Seiten 209 ff.
Die mit einem Stern * gekennzeichneten Sätze werden in der Umgangssprache gebraucht, Sätze mit ° sind Sprichwörter oder Redewendungen.
Einige Partizip-II-Formen werden als Adjektiv gebraucht. Sie sind mit dem Hinweis (= Adj.) gekennzeichnet.

## A

abbauen – baute ab – hat abgebaut
  1. Im Ruhrgebiet wird Steinkohle _____ .
  2. Die Marktfrau hat ihr_____ Stand abgebaut.
  3. Der Alkohol wird in d_____ Leber abgebaut.
  4. Kevin _____ beim Marathonlauf abgebaut.

abbeißen – biss ab – hat abgebissen
  1. Sie biss ein Stück v_____ Kuchen ab.
  2. Er beißt _____ Stück von der Banane ab.

abberufen – berief ab – hat abberufen
  Der Diplomat wurde _____ seinem Posten abberufen.

abbiegen – bog ab – hat/ist abgebogen
  1. Der Radfahrer _____ nach rechts abgebogen.
  2. Müller _____ in letzter Minute die Niederlage abbiegen können.*

abbrechen (bricht ab) – brach ab – hat/ist abgebrochen
  1. Das Kind hat einen Zweig vom Baum _____ .
  2. Die Pioniere haben d_____ Zeltlager abgebrochen.
  3. Die Baufirma brach d_____ Betonmauer ab.
  4. Sie hat s_____ einen Riegel Schokolade abgebrochen.
  5. Man hat d_____ Friedensverhandlungen erfolglos abgebrochen.
  6. Als es klingelte, brach er mitten _____ Satz ab.
  7. Mein_____ Tanzpartnerin ist der Absatz abgebrochen.
  8. Er hat all_____ Brücken hinter sich abgebrochen.

abbrennen – brannte ab – ist abgebrannt
  1. Bei dem Gewitter _____ zwei Bauernhöfe abgebrannt.
  2. Keinen Pfennig in der Tasche! Ich _____ völlig abgebrannt!* (= Adj.)

abbringen – brachte ab – hat abgebracht
Nur mit Mühe haben wir ihn _____ seinem Plan abgebracht.

aberkennen – erkannte ab – hat aberkannt
Der Doktortitel wurde d_____ Betrüger aberkannt.

abfahren (fährt ab) – fuhr ab – hat/ist abgefahren
1. Der Bus _____ von der Haltestelle abgefahren.
2. Der LKW _____ ihm ein Bein abgefahren.
3. Die Reifen des Rennwagens _____ völlig abgefahren.

abfinden – fand ab – hat abgefunden
1. Die Firma hat alle entlassen____ Kollegen abgefunden.
2. Sie hat sich nicht _____ ihrer Rolle als Hausfrau abgefunden.

abfliegen – flog ab – ist abgeflogen
1. Die Zugvögel _____ im Herbst abgeflogen.
2. Die Radkappe ist ihm auf der Autobahn _____ .

abführen – führte ab – hat abgeführt
1. Man führte d_____ Spion in Handschellen ab.
2. Er führt die Gewerbesteuer _____ die Gemeinde ab.
3. Ihre Zwischenfrage führt _____ meinem Thema ab.
4. Das Medikament hat eine stark abführend_____ Wirkung.

abgeben (gibt ab) – gab ab – hat abgegeben
1. Gib dein_____ Bruder ein Stück Torte ab!
2. Wilfried muss sein Geld an sein_____ Frau abgeben.
3. Die Abgeordneten geben _____ Stimme ab.
4. Der Kritiker gab ein vernichtendes Urteil _____ das Stück ab.
5. Bei seinem Charakter gibt er _____ guten Präsidenten ab.
6. Meine kleine Tochter gibt sich nicht gern _____ Jungen ab.

abgewöhnen – gewöhnte ab – hat abgewöhnt
1. Man sollte _____ das Rauchen abgewöhnen.
2. Der Lehrer gewöhnt sein_____ Schülern die Aussprachefehler ab.

abhalten (hält ab) – hielt ab – hat abgehalten
1. Das Dach hält d_____ Regen ab.
2. Halt mich bitte nicht _____ meiner Arbeit ab!
3. Die Versammlung wurde im Freien _____ .

abhängen – hing ab – hat abgehangen
         hängte ab – hat abgehängt
1. Die Wetterentwicklung hängt _____ vielerlei Faktoren ab.
2. Sein Leben _____ davon ab, dass er eine Bluttransfusion bekam.
3. Mit dem Porsche hat Patrick alle anderen Autos _____ .
4. Hast du die Bettwäsche _____ der Leine abgehängt?

abhärten – härtete ab – hat abgehärtet
Eine Sauna härtet _____ Erkältungen ab.

abhauen – hieb ab – hat abgehauen
           haute ab – ist abgehauen
1. Sie haben d_____ jungen Weihnachtsbäume abgehauen.
2. Er hieb die kleineren Äste _____ Baum ab.
3. Die Handwerker hauten den alten Putz _____ den Wänden ab.
4. Der Junge ist _____ zu Hause abgehauen.*

abheben – hob ab – hat abgehoben
1. _____ mal den Deckel vom Topf ab!
2. Der Jumbojet hob _____ Boden ab.
3. Ich möchte gern 100 DM _____ meinem Konto abheben.

abholen – holte ab – hat abgeholt
Holen Sie bitte unser_____ Gast vom Flughafen ab!

abklingen – klang ab – ist abgeklungen
Die Entzündung _____ abgeklungen.

abkommen – kam ab – ist abgekommen
Rotkäppchen kam _____ rechten Weg ab.

abladen (lädt ab) – lud ab – hat abgeladen
1. Er hat d_____ schwere Kiste vom LKW abgeladen.
2. Er hat die Schuld immer _____ seine Kollegen abgeladen.

ablassen (lässt ab) – ließ ab – hat abgelassen
1. Er hat das Badewasser _____.
2. Er konnte nicht _____ seiner verrückten Idee ablassen.

ablegen – legte ab – hat abgelegt
1. Er legte d_____ Mantel ab.
2. Meine Sekretärin hat d_____ Akte bereits abgelegt.
3. Pedro wollte die Zentrale Mittelstufenprüfung _____.
4. Er legte seine Gewohnheit ab, nach dem Essen _____ rauchen.

ablehnen – lehnte ab – hat abgelehnt
1. Der Verletzte lehnte jed_____ Hilfe ab.
2. Raphael lehnte _____ ab, dass man ihm half.
3. Er lehnte es ab, mir _____ helfen.

ablenken – lenkte ab – hat abgelenkt
Er hat seine Mitschüler _____ Zuhören abgelenkt.

ablesen (liest ab) – las ab – hat abgelesen
1. Die Krankenschwester liest d_____ Thermometer ab.
2. Er liest die Ankunftszeiten _____ Fahrplan ab.
3. Er liest seiner Liebsten jeden Wunsch _____ den Augen ab.

abmachen – machte ab – hat abgemacht
1. Mach das Preisschild _____ dem Geschenk für Mama ab!
2. Wir haben abgemacht, _____ du heute spülst.
3. Wir haben abgemacht, uns morgen _____ treffen.

abmelden – meldete ab – hat abgemeldet
1. Er hat _____ beim Chef abgemeldet, bevor er ging.
2. Ich habe meinen Sohn wieder vom Gymnasium _____ .

abmessen (misst ab) – maß ab – hat abgemessen
Er hat die Entfernung _____ einem Bandmaß abgemessen.

abnehmen (nimmt ab) – nahm ab – hat abgenommen
1. Nimm den Deckel _____ Topf ab!
2. Er nimmt wie ein Gentleman seinen Hut _____ ihr ab.
3. Der Chirurg _____ ihm sein Raucherbein abgenommen.
4. Sie hat mit der Diät nur ein halb_____ Kilo abgenommen.
5. Die Inflation hat _____ ein paar Prozent abgenommen.
6. Das Gehirn nimmt oft im Alter _____ Leistung ab.
7. Der TÜV nimmt viel_____ technisch_____ Anlagen ab.
8. Der Richter nahm _____ Dieb seine Ausrede nicht ab.
9. Er nahm ihm nicht ab, _____ er das Geld gefunden hatte.

abordnen – ordnete ab – hat abgeordnet
Er hat den Soldaten _____ Schreibdienst abgeordnet.

abpassen (passt ab) – passte ab – hat abgepasst
1. Der Taschendieb passte d_____ günstigst_____ Moment ab.
2. Er passte seinen Klassenkameraden ab, um ihn _____ erschrecken.

abraten (rät ab) – riet ab – hat abgeraten
Ich habe dir immer _____ Trampen abgeraten.

abreißen – riss ab – hat/ist abgerissen
1. Sie reißt d_____ Bindfaden ab.
2. Der Arzt riss d_____ Pflaster ab.
3. Die Bauarbeiter reißen d_____ alte Gebäude ab.
4. Dein Mantelknopf _____ abgerissen.
5. Die Funkverbindung zu dem Piloten _____ abgerissen.
6. Viele Kontakte _____ ihren früheren Freunden sind abgerissen.
7. Der Besucherstrom zu der Ausstellung reißt nicht _____ .
8. Keine Angst, man wird d_____ nicht den Kopf abreißen!*

absagen – sagte ab – hat abgesagt
1. Ich hatte keine Zeit und habe d_____ Arzt absagen müssen.
2. Ich habe d_____ Termin abgesagt.

abschaffen – schaffte ab – hat abgeschafft
1. Wegen der Allergie hat sie ihr_____ Katze abschaffen müssen.
2. In vielen Ländern hat man d_____ Todesstrafe abgeschafft.

Übungen zu Verben

abschalten – schaltete ab – hat abgeschaltet
1. Sie hat d_____ Motor abgeschaltet.
2. Im Urlaub will ich nur eins: mal richtig _____ !*

abschießen – schoss ab – hat abgeschossen
1. Der Indianer schießt ein_____ Pfeil ab.
2. Die Luftabwehr hat d_____ Hubschrauber abgeschossen.
3. Man hat ihm im Krieg ein_____ Arm abgeschossen.
4. Mit seinem Faschingskostüm hat er d_____ Vogel abgeschossen.°

abschirmen – schirmte ab – hat abgeschirmt
Man schirmte ihn _____ den neugierigen Reportern ab.

abschlagen (schlägt ab) – schlug ab – hat abgeschlagen
1. Er konnte seiner Tochter kein_____ Bitte abschlagen.
2. Man hat ihm mit dem Schwert d_____ Kopf abgeschlagen.
3. Die Maurer schlugen d_____ Putz von der Fassade ab.
4. All_____ anderen Marathonläufer waren weit abgeschlagen. (= Adj.)

abschleppen – schleppte ab – hat abgeschleppt
1. Der Abschleppwagen schleppt d_____ PKW ab.
2. Ich will mich nicht _____ den schweren Paketen abschleppen.

abschließen – schloss ab – hat abgeschlossen
1. Schließ d_____ Wohnung ab, bevor du gehst!
2. Er schloss den Mietvertrag _____ seinem Vermieter ab.
3. Er hat seine Meisterprüfung _____ gut_____ Erfolg abgeschlossen.

abschmieren – schmierte ab – hat abgeschmiert
Der Mechaniker hat _____ Wagen abgeschmiert.

abschneiden – schnitt ab – hat abgeschnitten
1. Er schneidet ein_____ Zweig vom Baum ab.
2. Von dem könntest du dir mal 'ne Scheibe _____ !*

abschreiben – schrieb ab – hat abgeschrieben
1. Der Schüler schreibt d_____ Gedicht ab.
2. Er hat bei sein_____ Examen abgeschrieben.
3. Die Rechenaufgabe war von seinem Nachbarn _____ .
4. Sie können d_____ Investitionen steuerlich abschreiben.
5. Sie kann uns nicht besuchen und hat uns _____ .
6. Sie hatte d_____ gestohlene Armband längst abgeschrieben.
7. Das Druckerfarbband hat s_____ schnell abgeschrieben.

abschweifen – schweifte ab – ist abgeschweift
Der Professor ist häufig _____ Thema abgeschweift.

absehen (sieht ab) – sah ab – hat abgesehen
Der Richter sah _____ der Bestrafung des Jugendlichen ab.

absenden – sandte ab – hat abgesandt
Sie hat den Brief per Express _____ uns abgesandt.

abspalten – spaltete ab – hat abgespalten (abgespaltet)
1. Er hat mit der Axt ein_____ Zweig von der Tanne abgespalten.
2. Der radikale Flügel der Partei hat s_____ abgespalten.

abspringen – sprang ab – ist abgesprungen
1. Der Tramper sprang von d_____ LKW ab.
2. Der Skispringer springt _____ der Sprungschanze ab.
3. Der Pilot ist _____ dem Fallschirm abgesprungen.
4. Der Hochspringer sprang _____ dem rechten Bein ab.
5. Ihm ist die Kette _____ Fahrrad abgesprungen.
6. Der Kaufinteressent _____ leider wieder abgesprungen.

abstammen – stammte ab – hat abgestammt
Stammt der Mensch _____ Affen ab?

absteigen – stieg ab – ist abgestiegen
1. Er ist _____ Rad abgestiegen.
2. Die Bergsteiger sind _____ Gipfel abgestiegen.
3. Die Fußballmannschaft _____ durch die Niederlage abgestiegen.
4. Er ist _____ einem drittklassigen Hotel abgestiegen.

abstimmen – stimmte ab – hat abgestimmt
1. Die Männer haben abgestimmt, was _____ tun sei.
2. Der Bundestag stimmte über d_____ Gesetzesvorlage ab.
3. Armin stimmte sein Funkgerät _____ die richtige Frequez ab.
4. Die gemeinsame Erklärung wurde _____ dem Partner abgestimmt.

abstoßen (stößt ab) – stieß ab – hat abgestoßen
1. Der Torwart stößt d_____ Ball ab.
2. Er hat das Segelboot _____ Ufer abgestoßen.
3. Der Regenmantel stößt Wasser _____ .
4. Er stößt sich _____ beiden Füßen ab.
5. Gleiche magnetische Pole stoßen s_____ ab.
6. Aggressive Menschen stoßen m_____ ab.
7. Ich habe mein altes Auto billig _____ .

abstreiten – stritt ab – hat abgestritten
1. Sie streitet jed_____ Schuld an dem Unfall ab.
2. Er hat _____ , dabei gewesen zu sein.

abtreiben – trieb ab – hat/ist abgetrieben
1. Die Frau _____ aus einer Notlage heraus abgetrieben.
2. Das Floß _____ vom Ufer abgetrieben.

abtreten (tritt ab) – trat ab – hat/ist abgetreten
1. Er _____ sich wieder mal nicht die Schuhe abgetreten.
2. Der Grafiker trat seine Rechte _____ den Verlag ab.
3. Sie trat ihr_____ Platz an mich ab.
4. Der Innenminister _____ von der politischen Bühne abgetreten.

abtrocknen – trocknete ab – hat abgetrocknet
1. Ich habe das Geschirr _____ .
2. Sie trocknet ihr____ Kind die Tränen ab.
3. Das Kind trocknet _____ nach dem Bad selbst ab.

abwarten – wartete ab – hat abgewartet
1. Er wartet _____ Ablauf des Ultimatums ab.
2. Wir warten ab, _____ sich das Wetter bessert.
3. Abwarten und Tee _____ !°

abwaschen (wäscht ab) – wusch ab – hat abgewaschen
1. Mutter wusch d____ Geschirr ab.
2. Das Geschirr _____ abgewaschen.
3. Er hat sich den Schmutz _____ Gesicht abgewaschen.

abwehren – wehrte ab – hat abgewehrt
1. Die Regierung wehrte d____ Vorwürfe der Opposition ab.
2. Man wehrte ein Verbrechen _____ ihm ab.

abweichen – wich ab – ist abgewichen
1. Das Flugzeug _____ vom vorgeschriebenen Kurs abgewichen.
2. Der zweite Vertrag _____ im Wortlauf von dem ersten ab.
3. Dein Aufsatz ist leider zu sehr vom Thema _____ .
4. Man sollte nie _____ seinen Prinzipien abweichen.

abweisen – wies ab – hat abgewiesen
1. Die Bettlerin wurde an der Tür _____ .
2. Hartmut hatte ihr____ Bitte um etwas Geld abgewiesen.

abwenden – wendete ab – hat abgewendet
              wandte ab – hat abgewandt
1. Sie wandte ihr____ Blick ab.
2. Als er seinen Vorgesetzten sah, _____ er sich schnell ab.
3. Sie hat sich innerlich von ihr____ Mann abgewandt.
4. Man hat gerade noch ein____ Katastrophe abgewendet.
5. Die Gefahr ist _____ .

abzählen – zählte ab – hat abgezählt
1. Die Verkäuferin _____ das Kleingeld genau abgezählt.
2. Klar! Das kannst du dir _____ den fünf Fingern abzählen!*

abziehen – zog ab – hat/ist abgezogen
1. Der General _____ seine Truppen abgezogen.
2. Die Soldaten _____ abgezogen.
3. Er hatte vergessen, den Schlüssel _____ .
4. Mutter will noch d____ Bettbezug abziehen.
5. Ich habe das Foto noch einmal für dich _____ lassen.
6. Die Steuern werden _____ Lohn automatisch abgezogen.

abzielen – zielte ab – hat abgezielt
Die Maßnahme zielte _____ eine Bekämpfung der Inflation ab.

## Übungen zu Verben

achten – achtete – hat geachtet
1. Man sollte alt_____ Traditionen achten.
2. Silvia achtet _____ ihre Figur.
3. Sie achtet dar_____ , _____ ihre Kinder höflich sind.
4. Er hat nicht darauf geachtet, _____ es teuer oder billig war.
5. Martin achtet darauf, modische Anzüge _____ tragen.

Acht geben (gibt Acht) – gab Acht – hat Acht gegeben
Sie musste immer _____ ihre kleine Schwester Acht geben.

adressieren – adressierte – hat adressiert
1. Ich adressiere d_____ Päckchen.
2. Den Brief hatte man _____ mich adressiert.

ähneln – ähnelte – hat geähnelt
1. Er ähnelt sein_____ Großvater.
2. Die Zwillinge ähneln s_____ stark.

amüsieren – amüsierte – hat amüsiert
Wir haben uns köstlich _____ seine Witze amüsiert.

anbauen – baute an – hat angebaut
1. Der Hausbesitzer hat ein_____ Balkon angebaut.
2. Es lohnt sich für die Bauern, Zuckerrüben _____ .

anbieten – bot an – hat angeboten
1. Man hat _____ eine Beförderung angeboten.
2. Man bietet mir an, eine neue Aufgabe _____ übernehmen.
3. Man hat mir angeboten, _____ ich Abteilungsleiter werde.
4. Der Händler bietet die Ware _____ halben Preis an.

anbrechen (bricht an) – brach an – hat/ist angebrochen
1. Er _____ die Weinflasche schon angebrochen.
2. Eine neue Zeit _____ angebrochen.
3. Was machen wir mit dem angebrochen_____ Abend? (= Adj.)

anbrennen – brannte an – hat/ist angebrannt
1. Er hat sein_____ Zigarre mit einem Geldschein angebrannt.
2. Die Holzkohle _____ endlich angebrannt.
3. Hier stinkt's so! Ist das Essen _____ ?

ändern – änderte – hat geändert
1. Man kann ein_____ Erwachsenen nur schwer ändern.
2. Kann man etwas dar_____ ändern, wenn man Alkoholiker ist?
3. _____ ändert nichts, wie auch immer die Wahlen ausgehen.
4. Die Zeiten ändern _____ schnell.
5. _____ seinem Krankheitszustand hat sich nichts geändert.

androhen – drohte an – hat angedroht
1. Sie drohte an, ihre Koffer _____ packen.
2. Das Gericht drohte dem Beklagt_____ eine Geldbuße an.

anerkennen – erkannte an – hat anerkannt
1. Man hat sein_____ Leistungen anerkannt.
2. Er wurde _____ politischer Flüchtling anerkannt.

anfahren (fährt an) – fuhr an – hat/ist angefahren
1. Der Betrunkene _____ ein Kind angefahren.
2. Ich _____ mit dem Abschleppseil vorsichtig angefahren.
3. Sie war wütend und _____ ihn unbeherrscht angefahren.

anfangen (fängt an) – fing an – hat angefangen
1. Ich fange mein_____ Arbeit an.
2. Ich fange jetzt an _____ arbeiten.
3. Wann fängst du endlich _____ deiner Arbeit an?
4. Jürgen fängt da_____ an, sein Zimmer aufzuräumen.
5. Die Vorlesung fängt _____ ein paar Minuten an.
6. Du hast die Sache geschickt _____ .
7. Was willst du _____ der vielen Freizeit anfangen?

anfassen (fasst an) – fasste an – hat angefasst
1. Ich fasse kein_____ Schlange an.
2. Er hat mit seiner Frage ein heiß_____ Eisen angefasst.
3. Er hat die Kinder zu hart _____ .

anfragen – fragte an – hat angefragt
1. Sie hat telefonisch angefragt, _____ hoch der Preis war.
2. Er fragte _____ der Behörde an, wem das Grundstück gehörte.

anführen – führte an – hat angeführt
1. Der Leitwolf führte d_____ Meute an.
2. Man kann viele mit diesem Trick ganz schön _____ .
3. Der Ankläger konnte neu_____ Schuldbeweise anführen.

angeben (gibt an) – gab an – hat angegeben
1. Er hat seine Adresse _____ .
2. Der gibt ganz schön _____ seinem Porsche an!

angehen – ging an – hat/ist angegangen
1. Der Einbrecher erschrak, als plötzlich das Licht _____ .
2. Der Fernseher _____ nach dem Blitzschlag nicht mehr angegangen.
3. Meine Privatpost geht mein_____ Frau nichts an.
4. _____ das Gerichtsurteil werden wir angehen.

angehören – gehörte an – hat angehört
Der Indianer gehört d_____ Stamm der Apachen an.

angewöhnen – gewöhnte an – hat angewöhnt
1. Er gewöhnt sein_____ Kindern das Zähneputzen an.
2. Sie müsste s_____ endlich einmal Pünktlichkeit angewöhnen!

angleichen – glich an – hat angeglichen
1. Man sollte sein Tempo d_____ Straßenverhältnissen angleichen.
2. Die Gehälter müssen d_____ Preisen angeglichen werden.
3. Die alten Eheleute haben s_____ einander angeglichen.

angreifen – griff an – hat angegriffen
1. Das Raubtier hat den Dompteur _____ .
2. Alkohol greift d___ Leber an.
3. Er greift mit seiner Bemerkung d___ Kollegin an.
4. Alberts Gesundheit ist ziemlich _____ . (= Adj.)

ängstigen – ängstigte – hat geängstigt
1. Die merkwürdig___ Geräusche auf dem Speicher ängstigten sie.
2. Die kleine Anke ängstigt sich _____ jedem Fremden.
3. Man muss sich leider _____ den Frieden in der Welt ängstigen.

anhaben (hat an) – hatte an – hat angehabt
1. Bärbel hat ein___ teur___ Pelzmantel an.
2. Keine Angst, das Gewitter kann d___ nichts anhaben!
3. Bei ihm zu Haus hat die Frau d___ Hosen an!°

anhalten (hält an) – hielt an – hat angehalten
1. Der Zug hat in Mülheim _____ .
2. Er hielt vor Spannung d___ Atem an.
3. Das schöne Wetter hielt leider nur einig___ Tage an.
4. Er hat _____ ihre Hand angehalten.
5. Jetzt hör aber mal auf! Halt mal d___ Luft an!*

anhängen – hängte an – hat angehängt
          hing an – hat angehangen
1. Vergiss nicht, den Anhänger an den Wagen _____ !
2. Sie hängte ihr___ Mann einen Seitensprung an.
3. Ihm hing d___ Verdacht an, Schmiergelder angenommen zu haben.

anklagen – klagte an – hat angeklagt
1. Die Staatsanwaltschaft hat d___ Terroristen angeklagt.
2. Er wurde d___ fahrlässigen Tötung angeklagt.
3. Er wurde _____ versuchten Mordes angeklagt.
4. Man klagte sie an, ihr eigenes Kind umgebracht _____ haben.

anklopfen – klopfte an – hat angeklopft
1. Er hat _____ die Fensterscheibe angeklopft.
2. Er klopfte _____ , aber niemand machte auf.

anknüpfen – knüpfte an – hat angeknüpft
Er knüpfte _____ die Gedanken seines Vorredners an.

ankommen – kam an – ist angekommen
1. Züge kommen _____ Deutschland meist pünktlich an.
2. Der Film kam gut _____ Publikum an.
3. Es kommt mir _____ ein paar Mark mehr oder weniger nicht an.
4. Es kommt dar___ an, ob das Wetter gut wird.

anlassen (lässt an) – ließ an – hat angelassen
1. Wegen der Kälte hat er im Zimmer d___ Mantel angelassen.
2. Der Autofahrer hat d___ Motor angelassen.

3. Lässt du das Licht im Kinderzimmer _____ ?
4. Am Montag ein Feiertag? Die Wocht lässt s_____ ja gut an!*

anlegen – legte an – hat angelegt
1. Das Boot legte _____ Ufer an.
2. Die Krankenschwester legt d_____ Verwundet_____ einen Verband an.
3. Die Gemeinde hat viel_____ Parks und Spielplätze angelegt.
4. Bei Kindern muss man im Verkehr andere Maßstäbe _____ .
5. Er hat sein ganzes Geld _____ Aktien angelegt.
6. Der Verbrecher legte die Pistole _____ sein Opfer an.
7. Wenn er betrunken ist, legt er sich _____ jedem an.

anlehnen – lehnte an – hat angelehnt
1. Sie lehnte die Leiter _____ den Kirschbaum an.
2. Die Tür war nicht verschlossen worden, sondern nur _____ .
3. Du brauchst jemanden, _____ den du dich anlehnen kannst.

anlügen – log an – hat angelogen
Sie hat ihr_____ Freundin angelogen.

anmachen – machte an – hat angemacht
1. Lotte machte _____ Fernseher an.
2. Andrea hat den Salat _____ Knoblauchsauce angemacht.

anmelden – meldete an – hat angemeldet
1. Ich melde meine Freundin _____ einem Volkshochschulkurs an.
2. Der Kurs interessiert mich. Ich melde m_____ bei der Volkshochschule an.

annähen – nähte an – hat angenäht
Sie hat den Knopf wieder _____ ihre Bluse angenäht.

annehmen (nimmt an) – nahm an – hat angenommen
1. Ich habe _____ Nachnahmesendung nicht angenommen.
2. Geschenke hat sie immer gern _____ mir angenommen.
3. Er nahm das fremde Kind _____ Sohn an.
4. Er nimmt sich sein_____ Kinder an.
5. Ich nehme einmal an, _____ du Recht hast.

anordnen – ordnete an – hat angeordnet
1. Sie hat d_____ Geschenke auf dem Tisch liebevoll angeordnet.
2. Die Fallschirmspringer ordnen sich _____ einem Kreis an.
3. Die Obduktion der Leiche wurde _____ .

anpassen (passt an) – passte an – hat angepasst
1. Ein Chamäleon passt sich farblich _____ seine Umwelt an.
2. Sie passte sich ihr_____ Mann immer mehr an.

anprobieren – probierte an – hat anprobiert
Willst du mal mein neu_____ Kleid anprobieren?

anreden – redete an – hat angeredet
1. Sie redet ein_____ Fremd_____ auf der Straße an.
2. Darf ich Sie _____ „du" anreden?

anregen – regte an – hat angeregt
1. Kaffee und Tee regen d_____ Kreislauf an.
2. Die Zeitungsmeldung hat den Autor _____ einem Roman angeregt.

anreizen – reizte an – hat angereizt
Die Verpackung soll _____ Kauf anreizen.

anrufen – rief an – hat angerufen
1. Ich rufe jeden Tag meine Frau _____ Hause an.
2. Die Gläubigen haben Gott _____ Hilfe angerufen.
3. Man rief das Verfassungsgericht an, das Gesetz _____ prüfen.

anschaffen – schaffte an – hat angeschafft
1. Er hat sich ein_____ nagelneuen Mercedes angeschafft.
2. Sie hat s_____ vier Kinder angeschafft.
3. Sie muss _____ gehen. – Was? Sie geht auf den Strich?*

anschicken – schickte an – hat angeschickt
Er wollte sich gerade _____ Gehen anschicken, als sie kam.

anschieben – schob an – hat angeschoben
Die Batterie war leer. Er musste sein_____ Wagen anschieben.

anschneiden – schnitt an – hat angeschnitten
1. Sie schneidet die Geburtstagstorte _____ .
2. Das heikl_____ Problem wurde im Gespräch nicht angeschnitten.
3. Der Tennisspieler hat d_____ Ball angeschnitten.

anschwellen (schwillt an) – schwoll an – ist angeschwollen
1. Der Fuß schwillt ja mächtig _____ ! Geh mal zum Arzt!
2. Mund und Nase waren nach der Schlägerei _____ .
3. Der Fluss _____ nach den Regenfällen angeschwollen.

ansehen (sieht an) – sah an – hat angesehen
1. Die junge Frau sieht den Polizist_____ ganz unschuldig an.
2. Der Versicherungsagent hat _____ den Brandschaden angesehen.
3. Man sieht d_____ Jugendlich_____ sein_____ Unschuld an.
4. Man sah ihm nicht an, _____ er schlief oder wach war.
5. Der Lehrer sah den Jungen _____ den Übeltäter an.
6. Ich sehe _____ als erwiesen an, _____ das Weltall endlich ist.

ansetzen – setzte an – hat angesetzt
1. Die Katze setzte _____ Sprung an.
2. Der Läufer setzte _____ Endspurt an.
3. Er hat d_____ Bohrer an der falschen Stelle angesetzt.
4. In diesem Punkt setzt mein_____ Kritik an.

anspielen – spielte an – hat angespielt
Man sollte nie _____ die Schwächen eines Menschen anspielen.

17

ansprechen (spricht an) – sprach an – hat angesprochen
1. Man hat mich auf der Straße _____ .
2. Die Kinder sprechen den Lehrer _____ seinem Spitznamen an.
3. Sie spricht ihn _____ den Vorfall von vorgestern an.
4. Der Redner sprach andere Probleme _____ .
5. Das Messinstrument spricht _____ kleine Schwankungen an.
6. Der Kranke sprach _____ die neue Medizin gut an.
7. Die Vorführung hat mich in keiner Weise _____ .

anstecken – steckte an – hat angesteckt
1. Zum Empfang hatte er all____ seine Orden angesteckt.
2. Ihr Lachen _____ alle angesteckt.
3. Sie hat mich _____ ihrer Erkältung angesteckt.

anstehen – stand an – hat angestanden
1. Er hat lange in der Schlange _____ Lebensmitteln angestanden.
2. Für nächsten Monat stehen mehrere Dienstreisen _____ .
3. Zwei Gesetze standen im Bundestag _____ Beratung an.

ansteigen – stieg an – ist angestiegen
1. Der Wasserpegel steigt bei Flut drei Meter _____ .
2. Die Straße _____ zu steil an.
3. Im Hochsommer _____ die Temperaturen an.

anstellen – stellte an – hat angestellt
1. Stell bitte mal d____ Fernseher an!
2. Wir mussten uns früher oft _____ Südfrüchten anstellen.
3. Man stellte Nachforschungen _____ dem Vermissten an.
4. Der Betrieb hat ihn _____ Pförtner angestellt.
5. Meine Tochter stellt _____ manchmal wirklich ungeschickt an.

anstiften – stiftete an – hat angestiftet
Er hat seinen Komplizen _____ einem Banküberfall angestiftet.

anstoßen (stößt an) – stieß an – hat angestoßen
1. Er hat d____ Freund angestoßen, um ihm etwas mitzuteilen.
2. Wir haben _____ seine Gesundheit angestoßen.

anstreichen – strich an – hat angestrichen
1. Er hat d____ Zaun schwarz angestrichen.
2. Er hat die wichtigsten Stellen im Heft _____ .
3. Der Lehrer streicht all____ Fehler rot an.

anstrengen – strengte an – hat angestrengt
1. Das Krafttraining hat Bodo ganz schön _____ .
2. Er musste sich bei d____ Lateinarbeit sehr anstrengen.
3. Der Hauswirt strengte eine Kündigungsklage _____ ihn an.

antreffen (trifft an) – traf an – hat angetroffen
1. Man trifft den Anwalt selten in seinem Büro _____ .
2. Er traf seinen Jugendfreund _____ bester Gesundheit an.

antreten (tritt an) – trat an – hat/ist angetreten
1. Die Soldaten sind _____ Appell angetreten.
2. Er hat sein_____ neu_____ Arbeitsstelle angetreten.

antworten – antwortete – hat geantwortet
1. Sie antwortete _____ meine Frage.
2. Richard antwortete, _____ er ganz anderer Meinung sei.

anvertrauen – vertraute an – hat anvertraut
1. Sie hat mir anvertraut, _____ sie tablettensüchtig ist.
2. Ich vertraue d_____ Babysitter meine Kinder an.
3. Sie hat s_____ nur ihrem besten Freund anvertraut.

anweisen – wies an – hat angewiesen
1. Sein Job war es, im Theater den Leuten den Platz _____ .
2. Die Zöllner wurden _____ , schärfer zu kontrollieren.
3. Der Chef hat ihm sein_____ Arbeit angewiesen.
4. Der Geldbetrag wurde viel zu spät _____ .
5. Behinderte sind oft _____ fremde Hilfe angewiesen. (= Adj.)

anwenden – wandte an – hat angewandt
                wendete an – hat angewendet
1. Er hat homöopathische Heilmittel _____ .
2. Die Polizei hat Gewalt _____ .
3. Der Fuchs _____ eine List an.
4. Die Regel kann man auch _____ andere Fälle anwenden.
5. Sie hat viel Sorgfalt _____ die Sache angewandt.

anzeigen – zeigte an – hat angezeigt
1. Der Kompass zeigte den Wanderern d_____ Richtung an.
2. Der Wegweiser zeigt an, _____ wir gehen müssen.
3. Wegen Ruhestörung wurde er _____ der Polizei angezeigt.

anziehen – zog an – hat angezogen
1. Cäcilie zieht ihr_____ Puppe an.
2. Warte, ich muss m_____ noch anziehen!
3. Es ist kalt. Zieh d_____ einen Mantel an.
4. Du hast vergessen, die Handbremse _____ .
5. Du musst beim Weitsprung deine Beine _____ .
6. Der Magnet zieht _____ Eisenstück an.
7. Die Frankfurter Buchmesse hat viele Menschen _____ .
8. Die Ölpreise _____ in diesem Jahr stark angezogen.

anzünden – zündete an – hat angezündet
1. Zünde mal d_____ Gasofen an!
2. Nach dem Essen zündet er s_____ immer eine Zigarre an.

appellieren – appellierte – hat appelliert
Der UN-Generalsekretär appellierte _____ den Friedenswillen.

Übungen zu Verben

arbeiten – arbeitete – hat gearbeitet
1. Seit August arbeite ich _____ meiner Dissertation.
2. Sie arbeiten _____an, den Fehler zu finden.
3. Ich arbeite für ein_____ groß_____ Elektrokonzern.
4. Ich arbeite als Lektor _____ einem großen Verlag.
5. Er hat _____ Fernfahrer für eine Spedition gearbeitet.

ärgern – ärgerte – hat geärgert
1. Siegfried ärgert immer sein_____ klein_____ Schwester.
2. Er ärgert sich _____ seine Verwandtschaft.
3. Petra ärgert sich dar_____ , wenn er zu spät zum Essen kommt.
4. Es ärgert ihn, übergangen _____ werden.
5. _____ ärgert ihn, wenn er beim Spielen verliert.

atmen – atmete – hat geatmet
1. Der Ertrunkene hat nicht mehr _____ .
2. An der See kann man sauber_____ Luft atmen.

aufbauen – baute auf – hat aufgebaut
1. Die Maler haben ein Gerüst _____ .
2. Vitamine bauen d_____ Organismus auf.
3. Er wurde _____ Spitzensportler aufgebaut.
4. Das Urteil baut (sich) _____ einem medizinischen Gutachten auf.

aufbinden – band auf – hat aufgebunden
1. Kannst du mein_____ Knoten aufbinden?
2. Wer hat dir denn dies_____ Märchen aufgebunden?
3. Er wollte mir ein_____ Bären aufbinden.°

aufblasen (bläst auf) – blies auf – hat aufgeblasen
1. Die Kinder bliesen d_____ Luftballons auf.
2. Die Luftmatratze ist _____ .
3. Gib nicht so an! Blas d_____ nicht so auf!*

aufbleiben – blieb auf – ist aufgeblieben
1. Das Fenster ist über Nacht _____ .
2. Die Kinder _____ bis Mitternacht aufgeblieben.

aufbrechen (bricht auf) – brach auf – hat/ist aufgebrochen
1. Der Autoknacker hat d_____ Auto aufgebrochen.
2. Der Frost hat d_____ Asphalt aufgebrochen.
3. Es war nett bei Ihnen, aber wir müssen jetzt _____ .
4. Die Expedition _____ frühzeitig aufgebrochen.

aufessen (isst auf) – aß auf – hat aufgegessen
1. Sie wollte das Gemüse nicht _____ .
2. Alles ist schon _____ , es ist fast nichts mehr übrig.

auffahren (fährt auf) – fuhr auf – hat/ist aufgefahren
1. Der Fahrer ist zu dicht auf seinen Vordermann _____ .
2. Der Lastwagen _____ bei Nebel auf einen anderen aufgefahren.

3. Hier am Strand hat man Sand _____ .
4. Als das Telefon läutete, fuhr er _____ dem Schlaf auf.
5. Er _____ immer gleich auf, wenn man ihn ärgert.
6. Die Käseplatte, die er _____ hat, war lecker!*

auffallen (fällt auf) – fiel auf – ist aufgefallen
1. Als Schüler _____ er nie unangenehm aufgefallen.
2. Die elegante ältere Dame ist jed_____ aufgefallen.
3. Es _____ auf, dass sie zu enge Pullis trägt.

auffangen (fängt auf) – fing auf – hat aufgefangen
1. Er konnte die Tasse, die vom Tisch fiel, noch _____ .
2. Man hat die Flüchtlinge in Lagern _____ .
3. Man hat ein_____ Notruf von der Expedition aufgefangen.
4. Durch höhere Löhne will man Preissteigerungen _____ .

auffordern – forderte auf – hat aufgefordert
1. Bruno forderte Christiane _____ Tanz auf.
2. Der Dichter wurde _____ Duell aufgefordert.
3. Man forderte den Minister auf, seinen Hut _____ nehmen.°

auffressen (frisst auf) – fraß auf – hat aufgefressen
1. Der Bär hatte sein Opfer mit Haut und Haar _____ .
2. Die Arbeit frisst ein_____ auf.°

aufführen – führte auf – hat aufgeführt
1. Bei den Bayreuther Festspielen wird nur Wagner _____ .
2. In der Inventarliste werden all_____ Möbel aufgeführt.

aufgeben (gibt auf) – gab auf – hat aufgegeben
1. Der Händler hat sein klein_____ Geschäft aufgegeben.
2. Der Sportler gibt _____ Wettkampf auf.
3. Der Lehrer hat uns aufgegeben, einen Aufsatz _____ schreiben.
4. Ich muss schnell noch das Eilpaket _____ der Post aufgeben.

aufgehen – ging auf – ist aufgegangen
1. Die Sonne ist _____ .
2. Die Tür _____ während der Fahrt aufgegangen.
3. Er ist ganz _____ seinem Beruf aufgegangen.
4. Mir _____ plötzlich aufgegangen, wie sehr wir ihn brauchen.
5. Mir geht ein Licht _____ ! Jetzt begreif ich's!°

aufhalten (hält auf) – hielt auf – hat aufgehalten
1. Die Bettlerin hielt die Hände _____ .
2. Er hat immer seiner Kollegin die Tür _____ .
3. Seid wachsam! Haltet d_____ Augen auf!
4. Halten Sie d_____ Dieb auf!
5. Entschuldige, ein Telefonat hat mich noch _____ .
6. Er hat sich einig_____ Monate im Ausland aufgehalten.
7. Der Lehrer kann sich nicht _____ jeder Frage aufhalten.
8. Der _____ mit seinen Fragen immer den ganzen Betrieb auf.*

aufhängen – hängte auf – hat aufgehängt
1. Sie hat beim Telefonieren einfach _____ .
2. Sie hat d_____ Wäsche aufgehängt.
3. Man hat ein_____ Unschuldigen aufgehängt.

aufheben – hob auf – hat aufgehoben
1. Ich hebe das Blatt Papier _____ Boden auf.
2. Die gesetzliche Bestimmung ist _____ worden.
3. Er spart das Geld und hebt es _____ eine Anschaffung auf.

aufhören – hörte auf – hat aufgehört
1. Der Weg hört mitten im Wald _____ .
2. Hör bitte _____ dem Streit auf!
3. Sie haben endlich aufgehört, sich _____ streiten.

aufklären – klärte auf – hat aufgeklärt
1. Er hat mich _____ sein geheimnisvolles Verhalten aufgeklärt.
2. Das Verbrechen ist nie _____ worden.
3. Die Kinder _____ im Sexualkundeunterricht aufgeklärt worden.

aufkommen – kam auf – ist aufgekommen
1. Der Turner _____ nach dem Sprung etwas unsicher aufgekommen.
2. Der Ball ist hinter der Linie _____ .
3. Vielleicht kommt heute Abend noch ein Gewitter _____ .
4. Er muss _____ den Unterhalt seiner Ex-Frau aufkommen.

aufladen (lädt auf) – lud auf – hat aufgeladen
1. Er hat die Steine _____ den Lastwagen aufgeladen.
2. Die Lichtmaschine lädt d_____ Autobatterie auf.
3. Die Akkus _____ aufgeladen.
4. Der Teppich lädt sich elektrisch _____ .
5. Er lädt s_____ zu viel Arbeit auf.

auflassen (lässt auf) – ließ auf – hat aufgelassen
1. Die Kinder lassen immer all_____ Türen auf.
2. In der Kirche darfst du den Hut nicht _____ !

auflehnen – lehnte auf – hat aufgelehnt
Er lehnte sich _____ seinen autoritären Vater auf.

auflesen (liest auf) – las auf – hat aufgelesen
1. Sie hat den Zettel von der Straße _____ .
2. Er liest d_____ Obst auf.

aufmachen – machte auf – hat aufgemacht
1. Gabriele macht _____ Fenster auf, um zu lüften.
2. Kannst du m_____ bitte meinen Reißverschluss aufmachen?
3. Eva macht eine Boutique _____ .
4. Nach der bestandenen Prüfung haben wir ein Fass _____ .°

aufnehmen (nimmt auf) – nahm auf – hat aufgenommen
1. Der Neue wird freundlich _____ .
2. Sie möchten ____ Kredit aufnehmen?
3. Der Boxer kann es ____ jedem anderen aufnehmen.
4. Er ____ die Nachricht mit Fassung aufgenommen.

aufopfern – opferte auf – hat aufgeopfert
Die Mutter hat sich ____ ihre Kinder aufgeopfert.

aufpassen (passt auf) – passte auf – hat aufgepasst
Kannst du ____ mein Gepäck aufpassen?

aufprallen – prallte auf – ist aufgeprallt
Das Flugzeug ist im Nebel ____ ein anderes aufgeprallt.

aufräumen – räumte auf – hat aufgeräumt
1. Mutter muss wieder mal das Kinderzimmer _____ .
2. Die Polizei räumt ____ der Mafia auf.

aufregen – regte auf – hat aufgeregt
1. Sei endlich still, du regst mich ____ !
2. Es ____ ihn auf, wenn sein Kind zu spät kam.
3. Er regte sich dar____ auf, dass sein Kind zu spät kam.

aufreiben – rieb auf – hat aufgerieben
1. Unsere Einheit wurde bei Stalingrad völlig _____ .
2. Er reibt s____ in seinem Beruf auf.

aufreißen – riss auf – hat/ist aufgerissen
1. Er reißt d____ Weihnachtspäckchen auf.
2. Sie riss wegen dem Rauch all____ Fenster auf.
3. Schau mal, deine Hosennaht ____ aufgerissen.
4. Er reißt ____ Staunen den Mund auf.
5. Er hat ein tolles Mädchen _____ .*

aufrufen – rief auf – hat aufgerufen
1. Der Lehrer hat mein____ Namen aufgerufen.
2. Die Gewerkschaft rief ____ Generalstreik auf.

aufschieben – schob auf – hat aufgeschoben
1. Er schiebt d____ Schiebetür zum Balkon auf.
2. Man hat d____ Entscheidung bis morgen aufgeschoben.

aufschlagen (schlägt auf) – schlug auf – hat aufgeschlagen
1. Er schlägt Seite 15 im Deutschbuch ____ .
2. Auf dem Campingplatz schlugen wir d____ Zelt auf.
3. Man schlägt das Ei mit einem Messer ____ .
4. Der Junge hat sich wieder mal beide Knie _____ .
5. Kurz nach der Ohnmacht schlug sie wieder d____ Augen auf.
6. Sie schlägt die Augen ____ ihm auf.
7. Durch einen Windstoß schlug das Fenster ____ .
8. Der Händler hat d____ Mehrwertsteuer schon aufgeschlagen.

aufschließen – schloss auf – hat aufgeschlossen
1. Cornelia hat ihre Wohnungstür _____ .
2. Der an zweiter Stelle liegende Läufer _____ aufgeschlossen.

aufschneiden – schnitt auf – hat aufgeschnitten
1. Vater schneidet d_____ Paketschnur auf.
2. Dieser alte Angeber hat aber mächtig _____ !

aufschreiben – schrieb auf – hat aufgeschrieben
1. Bitte schreiben Sie m_____ Ihre Telefonnummer auf.
2. Karl-Heinz hat _____ , was er erlebt hat.

aufsetzen – setzte auf – hat aufgesetzt
1. Das Flugzeug hat hart auf der Piste _____ .
2. Würdest du vielleicht d_____ Teewasser aufsetzen?
3. Detlef setzte s_____ die Mütze auf.
4. Die Geschäftspartner haben ein_____ Vertrag aufgesetzt.

aufspielen – spielte auf – hat aufgespielt
1. Die Kapelle spielte _____ Tanz auf.
2. Gib nicht so an! Spiel d_____ nicht so auf, du alter Angeber!

aufspringen – sprang auf – ist aufgesprungen
1. Er _____ vor Freude vom Stuhl aufgesprungen.
2. Er sprang _____ den fahrenden Zug auf.
3. Das Tor zu dem Spukschloss _____ plötzlich aufgesprungen.
4. Hier hast du Creme. Deine Lippen sind _____ .

aufstehen – stand auf – hat/ist aufgestanden
1. Die Tür _____ sperrangelweit aufgestanden.
2. Ich _____ heute Morgen um vier aufgestanden.
3. Wir sind _____ Tisch aufgestanden.
4. Er ist heute mit d_____ linken Fuß zuerst aufgestanden.°

aufsteigen – stieg auf – ist aufgestiegen
1. Warme Luft _____ auf.
2. In der Frühe stiegen die Bergsteiger _____ Gipfel auf.
3. Er steigt _____ das Fahrrad auf.
4. Er ist _____ stellvertretenden Direktor aufgestiegen.
5. Unsere Mannschaft ist _____ die Bundesliga aufgestiegen.
6. _____ ihr stiegen Zweifel an der Richtigkeit der Aussage auf.

auftreiben – trieb auf – hat aufgetrieben
1. Hefe treibt d_____ Teig auf.
2. Hier hast du alles, was ich _____ Geld auftreiben konnte.
3. Wo hast du so schnell ein_____ Austauschmotor aufgetrieben?

auftreten (tritt auf) – trat auf – ist aufgetreten)
1. Er konnte mit sein_____ gebrochen_____ Fuß nicht auftreten.
2. Der Clown _____ im Zirkus Roncalli aufgetreten.
3. Rheuma _____ immer häufiger auf.
4. _____ den Matrosen trat früher oft Vitaminmangel auf.

aufwachen – wachte auf – ist aufgewacht
1. Ich _____ heute Morgen um vier aufgewacht.
2. Der Patient ist nicht mehr _____ der Narkose aufgewacht.

aufwachsen (wächst auf) – wuchs auf – ist aufgewachsen
Meine Kinder _____ auf dem Lande aufgewachsen.

aufwenden – wandte auf – hat aufgewandt
             wendete auf – hat aufgewendet
Er hat sein ganzes Geld _____ seinen Urlaub aufgewendet.

aufziehen – zog auf – hat/ist aufgezogen
1. Sturmwolken ziehen am Horizont _____ .
2. Sie hatte vergessen, ihre Uhr _____ .
3. Er hat sie öfter _____ dummen Bemerkungen aufgezogen.
4. Wenn ihr nicht aufhört, werde ich ander_____ Saiten aufziehen!°

aufzwingen – zwang auf – hat aufgezwungen
1. Er zwang seiner Frau immer sein_____ Willen auf.
2. Dieser Gedanke zwingt sich ein_____ geradezu auf.

ausbleiben – blieb aus – ist ausgeblieben
1. Das vorhergesagte Unwetter ist _____ .
2. Es konnte nicht _____ , dass man ihm kündigte.

ausbrechen (bricht aus) – brach aus – hat/ist ausgebrochen
1. Der Kranke _____ sein Essen wieder ausgebrochen.
2. Der Vesuv _____ wieder ausgebrochen.
3. In der Lagerhalle brach ein Feuer _____ .
4. Aus dem Gefängnis _____ einige Gefangene ausgebrochen.
5. Der Rennwagen _____ plötzlich in der Kurve aus.
6. Die Zuschauer brachen _____ Gelächter aus.
7. Bei dem Verhör brach d_____ Einbrecher der Schweiß aus.
8. Ein Bürgerkrieg _____ ausgebrochen.
9. Anarchisten wollen _____ der Gesellschaft ausbrechen.

ausdenken – dachte aus – hat ausgedacht
1. Er hat s_____ einen guten Schachzug ausgedacht.
2. Stimmt das oder hast du d_____ das nur ausgedacht?
3. Man kann sich die Folgen der Epidemie gar nicht _____ .
4. Das ist nicht wahr, das ist alles nur _____ .

ausdrücken – drückte aus – hat ausgedrückt
1. Er hat die Zigarette _____ .
2. Sie konnte s_____ gut in der deutschen Sprache ausdrücken.
3. Der Autor drückte sich _____ komplizierten Sätzen aus.

auseinander gehen – ging auseinander – ist auseinander gegangen
1. Die Seminarteilnehmer gingen nach dem Essen _____ .
2. Die Freunde gingen _____ Streit auseinander.
3. Ihre Ehe ist leider _____ .

4. Unsere Urlaubsvorstellungen gehen ziemlich _____ .
  5. Du _____ in letzter Zeit ganz schön auseinander gegangen.*

ausersehen (ersieht aus) – ersah aus – hat ausersehen
  Er hat seinen Sohn _____ seinem Nachfolger ausersehen.

ausfallen (fällt aus) – fiel aus – ist ausgefallen
  1. Seine Haare _____ ihm wegen der Medikamente aus.
  2. Das linke Triebwerk ist plötzlich _____ .
  3. Der Strom _____ wieder mal ausgefallen.
  4. Hitzefrei! Der Unterricht _____ aus!
  5. Sie _____ wegen einer Schwangerschaft ausgefallen.
  6. Die Ernte _____ in diesem Jahr gut ausgefallen.
  7. Die Niederlage _____ ziemlich deutlich ausgefallen.
  8. das Urteil ist _____ ihn ungünstig ausgefallen.

ausfressen (frisst aus) – fraß aus – hat ausgefressen
  1. Der Hund hat sein_____ Napf ausgefressen.
  2. Was _____ ihr schon wieder ausgefressen?*

ausführen – führte aus – hat ausgeführt
  1. Der Rentner führte sein_____ Hund aus.
  2. Die Bundesrepublik führt viel_____ Industrieerzeugnisse aus.
  3. Der Soldat hat d_____ Befehl ausgeführt.
  4. Sein_____ architektonisch_____ Pläne wurden nie ausgeführt.
  5. Man bat ihn, seine Ideen näher _____ .

ausfüllen – füllte aus – hat ausgefüllt
  1. Bitte füllen Sie d_____ Formular aus!
  2. Er füllt das Paket _____ Holzwolle aus.
  3. Die Malerei füllt d_____ Künstler voll und ganz aus.
  4. Dietlinde füllt ihre Zeit _____ einem Kreuzworträtsel aus.

ausgeben (gibt aus) – gab aus – hat ausgegeben
  1. Du gibst zu viel Geld _____ den Urlaub aus.
  2. _____für hast du das ganze Geld ausgegeben?
  3. Pakete mit Nahrungsmitteln werden _____ die Bevölkerung ausgegeben.
  4. Günther war gut gelaunt und hat einen _____ .
  5. Der Detektiv gab sich _____ Polizeibeamter aus.

ausgehen – ging aus – ist ausgegangen
  1. Seine Zigarre ist ihm _____ .
  2. Das Salz _____ ihr ausgegangen.
  3. Ich _____ gestern Abend mit meiner Freundin ausgegangen.
  4. Die Anweisung ging _____ Ministerium aus.
  5. Wir gehen da_____ aus, dass die Maschine pünktlich landet.
  6. Wie sind die letzten Wahlen _____ ?
  7. Die Diskussion ging aus _____ das Hornberger Schießen.°

ausgießen – goss aus – hat ausgegossen
  1. Er goss die Gläser mit dem abgestandenen Bier _____ .
  2. Die Arbeiter gossen die Risse _____ Zement aus.

ausgleiten – glitt aus – ist ausgeglitten
  Er ist auf d_____ nassen Straße ausgeglitten.

aushalten (hält aus) – hielt aus – hat ausgehalten
  1. Die Kranke hatte starke Schmerzen _____ .
  2. Sie kann es _____ ihrem Mann nicht mehr aushalten.
  3. So ein Lärm! Das ist ja nicht _____ !
  4. Die Frau hatte ihren Liebhaber finanziell _____ .

aushelfen (hilft aus) – half aus – hat ausgeholfen
  1. Die Schülerin hat während der Ferien im Hotel _____ .
  2. Kannst du mir _____ 100 DM aushelfen?

aushungern – hungerte aus – hat ausgehungert
  Die Belagerer der Stadt hungerten d_____ Eingeschlossenen aus.

auskennen – kannte aus – hat ausgekannt
  Er kennt sich gut _____ Programmieren aus.

auskommen – kam aus – ist ausgekommen
  1. Er ist nie _____ seinem Geld ausgekommen.
  2. Ich _____ immer gut mit meinen Eltern ausgekommen.

auslachen – lachte aus – hat ausgelacht
  1. Die Mädchen lachten d_____ Angeber aus.
  2. Sie lachten ihn _____ seiner komischen Kleidung aus.

ausladen (lädt aus) – lud aus – hat ausgeladen
  1. Er lädt d_____ Kisten aus.
  2. Die Ware _____ bereits ausgeladen.
  3. Er hat sein_____ Gäste wegen Krankheit wieder ausgeladen.

auslassen (lässt aus) – ließ aus – hat ausgelassen
  1. Du hast ein Wort im Satz _____ .
  2. Er hat seine Wut meistens _____ seinen Kindern ausgelassen.
  3. Sie haben s_____ über die neue Kollegin ausgelassen.

auslaufen (läuft aus) – lief aus – ist ausgelaufen
  1. Die Batterie _____ ausgelaufen.
  2. Das Schiff _____ übermorgen aus.
  3. Das Ultimatum läuft bald _____ .
  4. Diese Fernsehserie _____ erst im nächsten Jahr aus.
  5. Der Boxkampf lief böse für ihn _____ .

ausmachen – machte aus – hat ausgemacht
  1. Mach bitte _____ Fernseher aus!
  2. Im Nebel konnte man den Leuchtturm in der Ferne _____ .
  3. Er macht _____ seinem Geschäftspartner einen Termin aus.
  4. Wir haben ausgemacht, ins Kino _____ gehen.
  5. Es macht _____ nichts aus, ob ich gewinne oder nicht.

ausmessen (misst aus) – maß aus – hat ausgemessen
  Er misst d_____ Zimmer mit dem Zollstock aus.

*Übungen zu Verben*

ausnutzen – nutzte aus – hat ausgenutzt
(= ausnützen – nützte aus – hat ausgenützt)
1. Vera nutzt ihr____ Freund aus.
2. Wir nützen es aus, ein Abonnement im Theater _____ haben.
3. Wir sollten heute das schöne Wetter _____ !

auspacken – packte aus – hat ausgepackt
1. Im Hotel habe ich meinen Koffer _____ .
2. Der Kriminelle _____ beim Verhör aus.

ausrechnen – rechnete aus – hat ausgerechnet
1. Wir müssen die Kosten erst _____ .
2. Hermann rechnet sich sein____ Gewinn aus.
3. Der Fabrikant hat sich _____ , was er investieren will.

ausruhen – ruhte aus – hat ausgeruht
1. Marianne ruht sich _____ der Arbeit aus.
2. Er ruht sich _____ seinen Lorbeeren aus.°

ausscheiden – schied aus – ist ausgeschieden
1. Er ist _____ dem Berufsleben ausgeschieden.
2. Sie ist _____ Finale ausgeschieden.

ausschlafen (schläft aus) – schlief aus – hat ausgeschlafen
1. Du siehst so müde aus. Hast du nicht _____ ?
2. Er hat sein____ Rausch ausgeschlafen.
3. Im Urlaub schlafe ich m____ erst mal richtig aus.

ausschließen – schloss aus – hat ausgeschlossen
1. Man kann bei diesen Geschäften einen Betrug oft nicht _____ .
2. Er wurde wegen Dopings _____ der Teilnahme ausgeschlossen.
3. Andreas wurde _____ der Gruppe ausgeschlossen.

ausschreiben – schrieb aus – hat ausgeschrieben
1. Schreib dein____ sämtlichen Vornamen bitte aus!
2. Der Arzt schreibt ein Attest _____ .
3. Er schreibt einen Scheck _____ .
4. Man hat in der Zeitung eine interessante Stelle _____ .
5. Sie haben Neuwahlen _____ .
6. Sie haben eine Weltreise _____ ersten Preis ausgeschrieben.

ausschütten – schüttete aus – hat ausgeschüttet
1. Er hat sein____ Waschschüssel ausgeschüttet.
2. Sie kam zu mir, um mir ihr Herz _____ .
3. Eine hohe Dividende wurde _____ .
4. Er hat das Kind _____ dem Bade ausgeschüttet.

ausschweigen – schwieg aus – hat ausgeschwiegen
Er hat sich _____ seine Nebeneinkünfte ausgeschwiegen.

**aussehen (sieht aus) – sah aus – hat ausgesehen**
1. Gestern hast du besser _____ als heute.
2. Es sieht _____ deinen Schulnoten schlecht aus.
3. Pech für dich! Jetzt _____ du aber ganz schön alt aus.*

**aussprechen (spricht aus) – sprach aus – hat ausgesprochen**
1. Du hast das Wort ganz falsch _____ .
2. Er spricht nur _____ Wahrheit aus.
3. Er spricht d_____ Kollegen seinen Dank aus.
4. Sie haben sich _____ ihre Eheprobleme ausgesprochen.
5. Er spricht sich da_____ aus, den Umweltschutz zu verbessern.
6. Er spricht sich da_____ aus, das Kindergeld zu kürzen.

**aussteigen – stieg aus – ist ausgestiegen**
1. Helmut steigt _____ dem Zug aus.
2. Rudi _____ aus der kriminellen Szene ausgestiegen.

**ausstellen – stellte aus – hat ausgestellt**
1. Die Galerie hat modern_____ Aquarelle ausgestellt.
2. Der Personalchef stellt dem Angestellt_____ ein Zeugnis aus.

**aussterben (stirbt aus) – starb aus – ist ausgestorben**
1. Viele Pflanzen werden bald _____ .
2. Saurier sind vor vielen Jahrhunderten _____ .
3. Das Wort „Fräulein" _____ allmählich aus.

**ausstoßen (stößt aus) – stieß aus – hat ausgestoßen**
1. Er hatte ihm mit der Stange fast ein Auge _____ .
2. Sie stieß einen lauten Schrei _____ .
3. Der Kranke wurde _____ der Dorfgemeinschaft ausgestoßen.
4. Er fühlt sich von aller Welt _____ .
5. Das Werk _____ monatlich 10 000 Autos aus.

**aussuchen – suchte aus – hat ausgesucht**
1. Ich will _____ meinen Mann selber aussuchen.
2. Rosi hat einen dunkelroten Hut _____ .

**austeilen – teilte aus – hat ausgeteilt**
1. Die Krankenschwester hat d_____ Essen ausgeteilt.
2. Der Lehrer hat Ohrfeigen und schlechte Noten _____ .
3. Man teilte Weihnachtspakete _____ die Waisenkinder aus.

**austragen (trägt aus) – trug aus – hat ausgetragen**
1. Er trägt jeden Morgen d_____ Zeitung aus.
2. Die Post _____ heute schon ausgetragen.
3. Sie konnte d_____ Kind nicht austragen.
4. Konflikte muss man _____ .
5. Er trug sich _____ der Mitgliedsliste aus.

Übungen zu Verben

austreten (tritt aus) – trat aus – hat/ist ausgetreten
1. Sie _____ aus der Kirche ausgetreten.
2. Das Pferd _____ ausgetreten.
3. Ich muss mal eben _____ . Wo ist die Toilette?*

austrinken – trank aus – hat ausgetrunken
1. Er hat sein____ Cola noch nicht ausgetrunken.
2. Das Glas Tee _____ schon ausgetrunken.

ausüben – übte aus – hat ausgeübt
1. Er übt den Beruf ein____ Journalisten aus.
2. Der Kritiker hat Druck _____ den Politiker ausgeübt.

auswandern – wanderte aus – ist ausgewandert
Viele Iren sind _____ Amerika (_____ die USA) ausgewandert.

ausweichen – wich aus – ist ausgewichen
1. Das Auto konnte d____ Fußgänger gerade noch ausweichen.
2. Er ist mein____ Frage ausgewichen.

ausweisen – wies aus – hat ausgewiesen
1. Man hat den Dichter _____ dem Land ausgewiesen.
2. Er wies sich durch sein____ Reisepass aus.
3. Er wies sich _____ Weinkenner aus.

auswringen – wrang aus – hat ausgewrungen
Sie wrang d____ nassen Tücher aus.

ausziehen – zog aus – hat/ist ausgezogen
1. Wegen der vielen Gäste _____ wir den Tisch ausgezogen.
2. Ich habe mein____ Sohn den Pulli ausgezogen.
3. Wir _____ letztes Jahr aus der alten Wohnung ausgezogen.

# B

backen (bäckt/backt) – buk/backte – hat gebacken
Zum Geburtstag hat Mutter _____ Kuchen gebacken.

baden – badete – hat gebadet
1. Die Kinder haben im Schwimmbad _____ .
2. In der Badewanne baden sich unser____ Kinder.
3. Unsere ganzen Ersparnisse sind im Krieg _____ gegangen.*

bangen – bangte – hat gebangt
Sie hat _____ das Leben ihres kranken Kindes gebangt.

basieren – basierte – hat basiert
Sein Verdacht basierte _____ reinen Vermutungen.

bauen – baute – hat gebaut
1. Er hat eine Burg auf den Berg _____ .
2. Ute baut _____ deine feste Zusage.

beachten – beachtete – hat beachtet
Sie haben das Verbotsschild nicht _____ .

beantragen – beantragte – hat beantragt
1. Ich muss meinen Jahresurlaub _____ .
2. Ich beantrage, die Fahrtkosten erstattet _____ bekommen.

beantworten – beantwortete – hat beantwortet
1. Meine Brieffreundin hat endlich mein_____ Brief beantwortet.
2. Du hast m_____ Frage noch nicht beantwortet.

bearbeiten – bearbeitete – hat bearbeitet
1. Der Gärtner bearbeitet d_____ Blumenfeld.
2. Dieser Sachbearbeiter bearbeitet ein ander_____ Gebiet.
3. Er bearbeitete den überraschten Einbrecher _____ seinen Fäusten.
4. Gertraud bearbeitete ihren Vater, ihr das Auto _____ leihen.*

beauftragen – beauftragte – hat beauftragt
1. Er wurde _____ der Geschäftsleitung der Firma beauftragt.
2. Man beauftragte sie damit, das Geld zur Bank _____ bringen.

bedanken – bedankte – hat bedankt
1. Der Gast bedankt sich _____ der Gastgeberin.
2. Anne bedankt sich da_____ , daß ihr geholfen wurde.

bedenken – bedachte – hat bedacht
1. Er hat sie nicht in seinem Testament _____ .
2. Das war unüberlegt. Er hatte das nicht gut _____ .
3. Wenn man es recht _____ , sind Menschen auch Tiere.
4. Man _____ die Uraufführung mit großem Beifall.

bedeuten – bedeutete – hat bedeutet
1. Er liebte seine Frau und sie hat _____ viel bedeutet.
2. Das Urteil bedeutet, _____ er freigelassen wird.
3. Helga bedeutete _____ Fremden, sie in Ruhe zu lassen.

bedienen – bediente – hat bedient
1. Die Kellnerin bedient ihr_____ Gäste.
2. Er bedient sich fremd_____ Hilfe.
3. Beim Skatspiel: Du musst Kreuz _____ !

bedrängen – bedrängte – hat bedrängt
1. Der Bursche bedrängte d_____ hübsche Frau.
2. Die Journalisten bedrängten den Politiker _____ Fragen.

bedrohen – bedrohte – hat bedroht
1. Der Vulkanausbruch bedrohte d_____ Inselbevölkerung.
2. Der Entführer bedrohte den Gefangenen _____ einem Messer.

beeilen – beeilte – hat beeilt
1. Brigitte beeilt sich _____ dem Mittagessen.
2. Ute hat sich beeilt, nach Hause _____ kommen.

beenden – beendete – hat beendet
1. Wir beenden jetzt d_____ Diskussionsrunde.
2. Das Deutschlandlied beendete d_____ Wahlveranstaltung.

beerben – beerbte – hat beerbt
Der älteste Bauernsohn hat sein_____ Vater beerbt.

befassen (befasst) – befasste – hat befasst
Er befasste sich _____ Astrologie.

befehlen (befiehlt) – befahl – hat befohlen
1. Der General hat d_____ Angriff befohlen.
2. Der Einsatzleiter befahl, den tollwütigen Hund _____ töten.

befinden – befand – hat befunden
1. Der Goldschatz befand _____ in einem gesunkenen Schiff.
2. Die Prüfungskommission befand seine Leistungen _____ gut.
3. Man wird _____ die Asylfrage noch befinden müssen.
4. Der Kranke befindet _____ auf dem Weg der Besserung.

befolgen – befolgte – hat befolgt
Friedrich hat mein_____ gut_____ Rat leider nicht befolgt.

befragen – befragte – hat befragt
1. Der Journalist befragte ein_____ Straßenpassant_____ .
2. Der Richter befragte ihn da_____ , was passiert war.

befreien – befreite – hat befreit
1. Die Alliierten befreiten all_____ KZ-Insassen.
2. Man befreite das Land _____ Kolonialismus.
3. Die Bande befreite ihren Komplizen _____ dem Gefängnis.
4. Er konnte _____ selbst von den Fesseln befreien.

begeben (begibt) – begab – hat begeben
1. Die Gäste begeben _____ in den Salon.
2. Die folgende Geschichte hat sich bei meinem Freund _____ .

begegnen – begegnete – ist begegnet
1. Ich _____ auf der Straße dem Bürgermeister begegnet.
2. Man begegnet unser_____ Pfarrer immer mit großer Achtung.

begehen – beging – hat begangen
1. Er möchte seinen runden Geburtstag festlich _____ .
2. Er hat ein feig_____ Verbrechen begangen.
3. Kain hat einen Mord _____ seinem Bruder Abel begangen.

beginnen – begann – hat begonnen
1. Ich beginne mein_____ Arbeit.
2. Ich beginne _____ meiner Arbeit.
3. Er beginnt endlich damit, die Ansichtskarten _____ schreiben.
4. Uli hat seine Karriere _____ Tellerwäscher begonnen.

begleichen – beglich – hat beglichen
1. Er hat all_____ offenen Rechnungen beglichen.
2. Er hat eine alte Schuld _____ .

begleiten – begleitete – hat begleitet
1. Er begleitet sein_____ Tochter in die Schule.
2. Der Pianist hat die Sängerin _____ .

beglückwünschen – beglückwünschte – hat beglückwünscht
Darf ich Sie _____ Ihrer Beförderung beglückwünschen?

begnügen – begnügte – hat begnügt
Er wollte sich nicht _____ seinem Lohn begnügen.

begraben (begräbt) – begrub – hat begraben
1. Auf dem Friedhof werden die Toten _____ .
2. Das ist also der Grund! Da liegt d_____ Hund begraben!°

begreifen – begriff – hat begriffen
1. Ich kann deine Reaktion gut _____ .
2. Sie begreift d_____ Mathematikaufgabe nicht.

begrenzen – begrenzte – hat begrenzt
Man hat die Studiendauer _____ acht Semester begrenzt.

begrüßen – begrüßte – hat begrüßt
1. Markus begrüßt all_____ Kollegen.
2. Der Chef begrüßt _____ , wenn die Mitarbeiter pünktlich sind.

behalten (behält) – behielt – hat behalten
1. Du kannst d_____ Gewinn ganz allein für dich behalten.
2. Irene kann kein Geheimnis _____ sich behalten.
3. Ich habe ihn _____ guter Erinnerung behalten.
4. Der Detektiv hat den Verdächtigen _____ Auge behalten.

behandeln – behandelte – hat behandelt
1. Der Lehrer hat dies_____ Thema behandelt.
2. Der Internist behandelt den Krank_____ .
3. Du solltest ihn _____ Freund behandeln.

beharren – beharrte – hat beharrt
Uwe ist uneinsichtig. Er beharrt _____ seinem Standpunkt.

behaupten – behauptete – hat behauptet
1. Rita behauptet, viel Geld _____ verdienen.
2. Die Soldaten behaupteten ihr_____ Stellung.
3. Gretel kann sich gut _____ ihren älteren Bruder behaupten.

beheben – behob – hat behoben
1. Der Reparaturdienst hat d_____ Schaden behoben.
2. Der Fehler an der Maschine war schnell _____ .

Übungen zu Verben

behelfen (behilft) – behalf – hat beholfen
1. Er kann s_____ schon ohne seinen Stock behelfen.
2. Wir behelfen uns vorläufig _____ einem Leihwagen.

beherrschen – beherrschte – hat beherrscht
1. Napoleon hat fast ganz Europa _____ .
2. Die Angst beherrschte all_____ sein_____ Gedanken.
3. Freddy beherrscht sein_____ Vokabeln wieder mal nicht.

behindern – behinderte – hat behindert
Die Bauarbeiten hatten d_____ Verkehr stark behindert.

beibringen – brachte bei – hat beigebracht
1. Er bringt ihm d_____ Regeln der deutschen Grammatik bei.
2. Ich kann meine Geburtsurkunde leider nicht mehr _____ .
3. Nach dem Unfall konnte ich kein_____ Zeuge_____ beibringen.
4. Ein Außenseiter hat d_____ Champion die Niederlage beigebracht.

beipflichten – pflichtete bei – hat beigepflichtet
Jeder musste sein_____ gut durchdachten Argumenten beipflichten.

beißen – biss – hat gebissen
1. Der Hund hat _____ Radfahrer ins Bein gebissen.
2. Ich habe _____ auf die Zunge gebissen.
3. Den letzten _____ die Hunde!
4. Die hat wohl der Storch _____ Bein gebissen.° (= Sie ist schwanger.)
5. Er musste _____ den sauren Apfel beißen.
6. Manche haben bei den Kämpfen _____ Gras beißen müssen.*

beistehen – stand bei – hat beigestanden
1. Sie stand ihr_____ kranken Eltern bei.
2. In der Not sollte man s_____ gegenseitig beistehen.

beitragen (trägt bei) – trug bei – hat beigetragen
1. Der Ferienbeginn hat _____ dem Verkehrschaos beigetragen.
2. Mit einer Spende können Sie dazu _____ , die Not zu lindern.

beitreten (tritt bei) – trat bei – ist beigetreten
Er ist nie ein_____ Partei beigetreten.

bekämpfen – bekämpfte – hat bekämpft
1. Man muss d_____ Dummheit in der Welt bekämpfen.
2. Die Kampfhunde bekämpften s_____ auf Leben und Tod.

bekannt geben (gibt bekannt) – gab bekannt – hat bekannt gegeben
1. Er gab die Wahlergebnisse _____ .
2. Die Ergebnisse sind bereits _____ .

bekannt machen – machte bekannt – hat bekannt gemacht
1. Die Verordnung wurde in der Zeitung _____ .
2. Darf ich Sie _____ meiner Frau bekannt machen?

bekehren – bekehrte – hat bekehrt
1. Viele Völker hatten sich _____ Christentum bekehrt.
2. Der Missionar versuchte, die Dorfbewohner _____ bekehren.

bekennen – bekannte – hat bekannt
1. Sie bekannte ihr_____ Sünden.
2. Er bekannte sich _____ Buddhismus.
3. Der Angeklagte bekannte s_____ schuldig.
4. Er musste alles klar und deutlich sagen und Farbe _____ .°

beklagen – beklagte – hat beklagt
1. Man beklagte d_____ Tod des Präsidenten.
2. Sie beklagte sich _____ ihrem Chef _____ ihren Kollegen.

bekommen – bekam – hat/ist bekommen
1. Udo bekam groß_____ Hunger.
2. Ich habe von mein_____ Freund einen Ring bekommen.
3. Die Kidnapper bekamen das Kind _____ ihre Gewalt.
4. Birgit bekam es _____ der Angst zu tun.
5. Der Wein gestern Abend _____ mir nicht gut bekommen.
6. Ich konnte meinen Plan ausführen. Ich hatte grün_____ Licht bekommen.°

beladen (belädt) – belud – hat beladen
1. Sie beladen d_____ LKW mit Paletten.
2. Was schleppst du da alles? Du bist ja fuchtbar _____ !

belasten – belastete – hat belastet
1. In dem Prozess hat sie ihr_____ Freund schwer belastet.
2. Die Bank belastete sein Konto _____ dem Scheckbetrag.

belästigen – belästigte – hat belästigt
1. Der angetrunkene Gast hatte d_____ ander_____ Gäste belästigt.
2. Man hat mich _____ ständigen Telefonaten belästigt.

belaufen (beläuft) – belief – hat belaufen
Der Sachschaden beläuft sich _____ eine Million Mark.

belegen – belegte – hat belegt
1. Annette belegt die Brötchen _____ Salami.
2. Erika belegt ein_____ Kurs an der Volkshochschule (VHS).
3. Falschparker werden mit ein_____ Bußgeld belegt.

beleidigen – beleidigte – hat beleidigt
Warum hast du dein_____ best_____ Freundin beleidigt?

belieben – beliebte – hat beliebt
Fühlen Sie sich ganz frei und tun Sie, was _____ beliebt!

belügen – belog – hat belogen
1. Ich möchte gern wissen, wer hier _____ belügt.
2. Manche Leute belügen s_____ selbst.
3. Er hat ihn von hinten und vorne _____ .°

bemächtigen – bemächtigte – hat bemächtigt
Er hat sich widerrechtlich mein_____ Grundstücks bemächtigt.

bemerken – bemerkte – hat bemerkt
1. Der Kaufhausdetektiv bemerkte ein_____ Ladendieb.
2. Haben Sie etwas _____ diesem Problem zu bemerken?

bemühen – bemühte – hat bemüht
1. Wir haben den Arzt _____ uns bemüht.
2. Beamte bemühte sich _____ einen neuen Job.

benehmen (benimmt) – benahm – hat benommen
1. Nicht nur Kinder sollen s_____ gut benehmen.
2. Er benahm sich wie ein Elefant _____ Porzellanladen.°

beneiden – beneidete – hat beneidet
1. Grete hat immer ihr_____ reiche Freundin beneidet.
2. Alle Mädchen beneideten Helene _____ ihr Aussehen.
3. Man beneidete sie dar_____ , so hübsche Beine zu haben.

benennen – benannte – hat benannt
1. Er konnte keinen einzigen Zeugen _____ .
2. Die Straße hat man _____ dem Komponisten benannt.

benutzen – benutzte – hat benutzt
(= benützen – benützte – hat benützt)
1. Der Torjäger benutzte d_____ gut_____ Gelegenheit für ein Tor.
2. Er benutzt den Raum _____ Besenkammer.
3. Sie hat die Strohhalme _____ Basteln benutzt.

beobachten – beobachtete – hat beobachtet
1. Sie beobachtete den Einbrecher _____ dem Einbruch.
2. Sie hat _____ , wie er in die Wohnung einbrach.

beraten (berät) – beriet – hat beraten
1. Der Steuerberater hat seinen Klient_____ beraten.
2. Er hat die Baupläne _____ seinem Architekten beraten.
3. Man hat mich _____ dieser Angelegenheit gut beraten.

berauben – beraubte – hat beraubt
1. Die Posträuber hatten einen Geldtransport _____ .
2. Das kostbare Parfüm beraubte ihn sein_____ Sinne.

bereitstehen – stand bereit – hat bereitgestanden
1. Die Scharfschützen stehen _____ .
2. Die finanziellen Mittel für das Projekt haben _____ .

bereitstellen – stellte bereit – hat bereitgestellt
Die Bank hat das Geld _____ die Sanierung bereitgestellt.

bergen (birgt) – barg – hat geborgen
1. Der Schatz konnte aus dem Wrack _____ werden.
2. Die Bergwacht hat den verletzten Kletterer _____ können.

berichten – berichtete – hat berichtet
1. Gerhard hat viel_____ Neuigkeiten berichtet.
2. Er berichtete dem Polizisten _____ dem Unfall.
3. Felix berichtete seiner Frau _____ den Unfall.
4. Er berichtete mir, _____ es zu dem Unfall kam.

bersten (birst) – barst – ist geborsten
Das Fass _____ geborsten, als es zu Boden fiel.

berücksichtigen – berücksichtigte – hat berücksichtigt
1. Wir können verspätete_____ Anträge nicht mehr berücksichtigen.
2. Man muss d_____ Ruhebedürfnis kranker Menschen berücksichtigen.
3. Das Urteil berücksichtigte, _____ er keine Vorstrafen hatte.

berufen – berief – hat berufen
1. Man berief ihn _____ obersten Richter.
2. Er beruft sich _____ das Urteil des Obersten Gerichts.

beruhen – beruhte – hat beruht
Sympathie beruht oft _____ Gegenseitigkeit.

beruhigen – beruhigte – hat beruhigt
1. Ein Bier am Abend _____ meistens.
2. Der Tierarzt hat den Löwen _____ einer Spritze beruhigt.
3. Es beruhigt mich, dich gesund _____ sehen.
4. Der Sturm und die See haben _____ beruhigt.

beschädigen – beschädigte – hat beschädigt
Er hat mir mein_____ link_____ hinter_____ Kotflügel beschädigt.

beschaffen – beschaffte – hat beschafft
1. Das Arbeitsamt hat ihm eine Stelle _____ .
2. Er hat sich auf dem Schwarzmarkt einen Pass _____ .
3. Wie ist der Gegenstand _____ ? (= Adj.)

beschäftigen – beschäftigte – hat beschäftigt
1. Das Unternehmen beschäftigt viel_____ Teilzeitkräfte.
2. Meine Sorgen beschäftigen _____ die ganze Nacht über.
3. Max beschäftigt sich seit einiger Zeit _____ Computern.

bescheißen* – beschiss – hat beschissen
1. Er bescheißt _____ Skatspiel.*
2. Du kannst einem Leid tun. Du bist ganz schön _____ dran.* (= Adj.)

beschimpfen – beschimpfte – hat beschimpft
Die Fußballfans beschimpften d_____ Schiedsrichter.

beschließen – beschloss – hat beschlossen
1. Die Firmenleitung beschloss _____ Schließung des Werks.
2. Die Tarifpartner beschlossen, die Gehälter _____ erhöhen.
3. Es wurde beschlossen, _____ die Gehälter angehoben werden.

beschränken – beschränkte – hat beschränkt
1. Die Ausgangssperre hat die Bewegungsfreiheit _____ .
2. Der Redner hat sich _____ wenige Sätze beschränkt.

beschreiben – beschrieb – hat beschrieben
1. Margot beschrieb _____ Polizei den Täter.
2. Sie beschrieb genau, _____ der Täter aussah.
3. Er hat die Tafel _____ lauter neuen Vokabeln beschrieben.

beschuldigen – beschuldigte – hat beschuldigt
1. Man beschuldigte ihn d_____ Korruption.
2. Sie beschuldigte ihr_____ Mann, dass er fremdgegangen wäre.
3. Er beschuldigte sie, das Geld unterschlagen _____ haben.

beschützen – beschützte – hat beschützt
1. Ein Schutzengel hat das Mädchen _____ .
2. Er hat das Kind _____ dem sicheren Tod beschützt.

beschweren – beschwerte – hat beschwert
1. Er beschwerte die Papiere _____ einem Briefbeschwerer.
2. Maria beschwerte sich _____ Chef über die Belästigungen.

besetzen – besetzte – hat besetzt
1. Ich habe bereits diese beid_____ Stühle besetzt.
2. Die Hausbesetzer haben viel_____ leer stehend_____ Häuser besetzt.
3. Die ausgeschriebene Stelle wird _____ einem Experten besetzt.
4. Das Telefon ist seit einer Stunde _____ . (= Adj.)

besichtigen – besichtigte – hat besichtigt
Der Versicherungsvertreter besichtigt _____ Schaden.

besinnen – besann – hat besonnen
1. Cordula hat sich ein_____ Besseren besonnen.
2. Einen Tag vor der Hochzeit besann sie _____ anders.
3. Ich besinne mich nicht, den Namen bereits gehört _____ haben.
4. Sie sollte sich _____ ihre Pflichten als Hausfrau besinnen!
5. Ich kann mich nicht dar_____ besinnen, ihn getroffen zu haben.

besitzen – besaß – hat besessen
Der Milliardär besaß mehrer_____ Luxusjachten.

besorgen – besorgte – hat besorgt
1. Das Kindermädchen besorgt auch _____ Haushalt.
2. Kannst du mir ein neu_____ Antragsformular besorgen?

besprechen (bespricht) – besprach – hat besprochen
1. Ich würde gern mal meine Pläne _____ Ihnen näher besprechen.
2. Die Tonkassette wurde von einem Schauspieler _____ .

bestehen – bestand – hat bestand
1. Werner hat sein_____ Prüfungen mit Ach und Krach bestanden.
2. Es besteht kein_____ Hoffnung mehr.

3. Ich bestehe _____ deinem pünktlichen Erscheinen.
4. Jeder muss einmal vor sein_____ Gott bestehen.
5. Die Flasche besteht _____ Glas.
6. Die Neuerung besteht in ein_____ technisch_____ Fortentwicklung.
7. Die Burg besteht schon _____ einem Jahrtausend.

bestehen bleiben – blieb bestehen – ist bestehen geblieben
1. Wirkliche Kunst bleibt _____ .
2. Unsere Freundschaft wird hoffentlich _____ .

besteigen – bestieg – hat bestiegen
1. Er bestieg d_____ Mount Everest.
2. Der Reiter hat sein Pferd _____ .
3. Der Hahn besteigt d_____ Henne.

bestellen – bestellte – hat bestellt
1. Er bestellt die Ware _____ Großhändler.
2. Der Chef bestellt seine Arbeiter _____ die Baustelle.
3. Im Frühjahr wird _____ Feld bestellt.
4. Ich bestelle mein_____ Freundin eine Cola.
5. Sie bestellte ihm, _____ seine Großmutter krank sei.
6. Du sitzt da wie _____ und nicht abgeholt!*

bestimmen – bestimmte – hat bestimmt
1. Der Richter bestimmt d_____ nächst_____ Verhandlungstermin.
2. Der König bestimmte ihn _____ seinem Berater.
3. Die Abgeordneten bestimmen selbst über d_____ Höhe der Diäten.

bestrafen – bestrafte – hat bestraft
Er wird _____ seine Verbrechen bestraft.

bestreiten – bestritt – hat bestritten
1. Dein_____ Darstellung möchte ich entschieden bestreiten.
2. Ich bestreite, _____ das so stimmt, wie du behauptest.
3. Er bestreitet sein_____ Unterhalt durch Bettelei.
4. Die Versicherung muss all_____ Reparaturkosten bestreiten.

besuchen – besuchte – hat besucht
Sonja besuchte behindert_____ Kinder im Heim.

beteiligen – beteiligte – hat beteiligt
1. Unsere Firma beteiligt alle Mitarbeiter _____ Gewinn.
2. Linda will _____ an einem Schönheitswettbewerb beteiligen.

beten – betete – hat gebetet
1. Die Gemeinde betete _____ Gott.
2. Man betete _____ den Weltfrieden.

beteuern – beteuerte – hat beteuert
1. Der Verkehrssünder hat sein_____ Unschuld beteuert.
2. Er beteuerte sein_____ Freundin seine Treue zu ihr.
3. Sie beteuerte, _____ sie das Geld nicht gestohlen hatte.

Übungen zu Verben

betrachten – betrachtete – hat betrachtet
1. Er betrachtet d_____ untergehend_____ Sonne.
2. Man muss das Rauchen _____ krebsfördernd betrachten.
3. Lutz betrachtet ihre Hausarbeit _____ reines Vergnügen.

betragen (beträgt) – betrug – hat betragen
1. Die Breite beträgt ein_____ Meter.
2. Ein Lichtjahr _____ 9,461 Billionen Kilometer.
3. Er beträgt s_____ Fremden gegenüber etwas schüchtern.

betrauen – betraute – hat betraut
1. Man betraute ihn _____ einer verantwortungsvollen Tätigkeit.
2. Der Chef hat sie damit betraut, die Blumen _____ überreichen.

betrauern – betrauerte – hat betrauert
Man betrauert d_____ viel_____ Opfer der Flugzeugkatastrophe.

betreffen (betrifft) – betraf – hat betroffen
1. Der Streik _____ auch die Müllabfuhr.
2. Was mich _____ , so bin ich damit nicht einverstanden.
3. Er reagierte nachdenklich und _____ . (= Adj.)
4. Sind Sie auch _____ der Kündigung betroffen? (= Adj.)

betreiben – betrieb – hat betrieben
1. Er hat ein klein_____ Geschäft in der Seestraße betrieben.
2. Er betrieb ein_____ schwunghaft_____ Handel mit falschen Pässen.

betreten (betritt) – betrat – hat betreten
Der Lehrer hat d_____ Klassenzimmer betreten.

betrinken – betrank – hat betrunken
1. Theo hat _____ wieder einmal sinnlos betrunken.
2. Im Bierzelt _____ viele betrunken. (= Adj.)

betrügen – betrog – hat betrogen
1. Robert betrügt sein_____ Ehefrau.
2. Er betrog seinen Kumpan _____ dessen Anteil an der Beute.

betteln – bettelte – hat gebettelt
Er hat dort gesessen und _____ Geld gebettelt.

beunruhigen – beunruhigte – hat beunruhigt
1. Das Gewitter beunruhigte d_____ Vieh im Stall.
2. Du hast mich _____ deiner schlechten Nachricht beunruhigt.
3. Die Regierung ist _____ die Zunahme der Inflation beunruhigt.

beurteilen – beurteilte – hat beurteilt
1. Ich kann d_____ Qualität von Tabak schlecht beurteilen.
2. Bei uns wird man nur _____ seiner Leistung beurteilt.
3. Man beurteilte seine Doktorarbeit _____ ausreichend.

bevorstehen – stand bevor – hat bevorgestanden
1. Seine Ankunft stand unmittelbar _____ .
2. Wer weiß, was uns alles im nächsten Jahrhundert _____ ?

bewahren – bewahrte – hat bewahrt
1. Er bewahrt d_____ Familientradition.
2. Eine Schutzimpfung kann dich _____ einer Grippe bewahren.

bewegen – bewog – hat bewogen
          bewegte – hat bewegt
1. Mein Freund bewegte sich _____ kriminellem Milieu.
2. Meine Gedanken haben sich _____ unsere Liebe bewegt.
3. Der Wind bewegte _____ Äste.
4. Die Blätter bewegten _____ im Wind.
5. Sein Tod hat mich sehr _____ .
6. Die kritische Situation hat ihn zum Handeln _____ .
7. Seine Bemerkung bewog mich da_____ , den Saal zu verlassen.

beweisen – bewies – hat bewiesen
Die lange Bremsspur bewies _____ Richter seine Schuld.

bewerben (bewirbt) – bewarb – hat beworben
1. Eduard bewirbt sich _____ diese Stelle.
2. Kurt hat sich _____ Personalchef beworben.

bewerten – bewertete – hat bewertet
1. Die Jury bewertet d_____ Kür der Turnerin.
2. Sie bewertet ihre Leistung _____ sehr gut.

bewundern – bewunderte – hat bewundert
1. Ich bewundere ihr_____ Geschicklichkeit.
2. Ich bewundere es, _____ geschickt sie ist.

bezahlen – bezahlte – hat bezahlt
1. Ich bezahle d_____ bestellt_____ Ware in bar.
2. Paul hat _____ einem Tausendmarkschein bezahlt.
3. Dieter bezahlt jetzt _____ das, was er angerichtet hat.
4. Er musste für die Mutprobe _____ seinem Leben bezahlen.
5. Er hat da_____ teuer bezahlen müssen, mich zu ohrfeigen.
6. Er war nicht schuld, aber er musste d_____ Zeche bezahlen.*

bezeichnen – bezeichnete – hat bezeichnet
Das kann man nur _____ eine große Dummheit bezeichnen!

beziehen – bezog – hat bezogen
1. Ilona hat die Betten _____ frischen Laken bezogen.
2. Heiner bezieht sein neu_____ Appartement.
3. Ilse bezieht ein gut_____ Gehalt.
4. Die Bundesrepublik bezieht die meisten Waren _____ der EU.
5. Ihre Antwort bezieht sich nicht _____ meine Fragestellung.

Übungen zu Verben

41

bezwingen – bezwang – hat bezwungen
1. Die Bergsteiger _____ den Mont Blanc bezwungen.
2. Er hat bei dem Wettkampf seinen Gegner _____ .
3. Die Ritter haben d____ belagerte Festung bezwingen können.
4. Sie konnte wieder mal ihre Neugier nicht _____ .

biegen – bog – hat gebogen
1. Der Magier _____ die Gabel krumm.
2. Er biegt d____ Zweige nach unten.
3. Er bog gerade _____ die Ecke, als ich an ihn dachte.
4. Die Brücke hat s____ unter der Last gebogen.
5. Alle bogen sich _____ Lachen.*

bieten – bot – hat geboten
1. Josef kann seiner Frau kein____ Urlaubsreise bieten.
2. Bei der Auktion hat man ihm viel _____ das Gemälde geboten.

bilden – bildete – hat gebildet
1. Die Gruppe bildet ein____ Kreis.
2. Die Lehrerin bildet verschieden____ Beispielsätze.
3. Man sagt, dass Lesen d____ Verstand bildet.
4. Er ist sehr _____ . (= Adj.)

binden – band – hat gebunden
1. Man hat ihn mit einem Strick _____ einen Baum gebunden.
2. Ich bin _____ und nicht mehr ledig. (= Adj.)
3. Ich kann nichts machen, mir sind die Hände _____ .
4. Das sag' ich nicht. Das binde ich dir nicht _____ die Nase!*

bitten – bat – hat gebeten
1. Er bittet den Sanitäter _____ Hilfe.
2. Er bat ihn dar____ , schnell zu kommen.
3. Der soll das bezahlen. Den werden wir _____ Kasse bitten!*

blasen (bläst) – blies – hat geblasen
1. Der Wind _____ heute ganz schön stark.
2. Sein Chef hat ihm d____ Marsch geblasen.*

bleiben – blieb – ist geblieben
1. D____ Liebe bleibt.
2. Trotz der Erbschaft bleibe ich ein normal____ Mensch.
3. Im Sommer bleibt _____ länger hell.
4. Trotz der schweren Verletzungen ist sie _____ Leben geblieben.
5. Das war zum Totlachen! Da blieb k____ Auge trocken!°
6. Mach dir keine Illusionen! Bleib mal _____ dem Teppich!*
7. Bei diesem Kunden musst du unbedingt _____ Ball bleiben!°

bleiben lassen (lässt bleiben) – ließ bleiben – hat bleiben lassen
1. Mit dir wetten? Das werde ich lieber _____ .
2. Lass den Blödsinn _____ !*

bleichen – blich – ist geblichen
    bleichte – hat gebleicht
1. Die Farben _____ durch die Sonne geblichen.
2. Sie _____ ihre Haare gebleicht.

blicken – blickte – hat geblickt
1. Er blickt _____ Tür.
2. Der Astronom blickt _____ das Fernrohr.
3. Vater blickt _____ seine Zeitung.
4. Die ganze Welt blickte _____ die Stadt der Olympiade.

blitzen – blitzte – hat geblitzt
1. Es _____ grell geblitzt und dann krachend gedonnert.
2. Die Polizei hat d_____ Raser geblitzt.
3. Nach dem Putzen hat unser Wagen wieder _____ .

blühen – blühte – hat geblüht
1. _____ Natur blüht.
2. Mein_____ Geschäfte blühen.

bluten – blutete – hat geblutet
1. D_____ Wunde blutet stark.
2. Ihm hat sein Zahnfleisch _____ .

brachliegen – lag brach – hat brachgelegen
1. Die Felder liegen alle vier Jahre _____ .
2. Ein großer Teil unseres geistigen Potentials _____ brach.

braten (brät) – briet – hat gebraten
1. Deine Bratwurst _____ bereits auf dem Grill.
2. Reinhold hat die Koteletts _____ der Pfanne gebraten.

brauchen – brauchte – hat gebraucht
1. Ich brauche _____ Streichholz.
2. Gudrun braucht _____ die Hausaufgaben mehrere Stunden.
3. Du brauchst nicht _____ kommen, ich will dich nicht sehen!

brechen (bricht) – brach – hat/ist gebrochen
1. Der Pfarrer bricht d_____ Brot.
2. Ich _____ mir mein Schlüsselbein gebrochen.
3. Vorsicht, die Eisdecke ist dünn! Sie _____ leicht.
4. Er _____ durch die Eisdecke gebrochen.
5. Gerda hat _____ Versprechen gebrochen.
6. Er hat _____ der alten Tradition gebrochen.
7. Ihr war so schlecht, dass sie _____ musste.
8. Immer mit der Ruhe! Man sollte nichts _____ Knie brechen.°
9. Er hat in der Kneipe einen Streit _____ Zaun gebrochen.°

bremsen – bremste – hat gebremst
1. _____ LKW bremste scharf.
2. Sie sollte _____ Temperament manchmal etwas bremsen.

brennen – brannte – hat gebrannt
1. _____ Lampe brannte den ganzen Tag.
2. Meine Haut brannte m_____ vom Meersalz und von der Sonne.
3. Er hat den Tonkrug im Brennofen _____ .
4. Wir brennen dar_____ , die Fußballübertragung zu sehen.

bringen – brachte – hat gebracht
1. Der Zeitungsbote bringt mir mein_____ Morgenzeitung.
2. Du bringst mich _____ eine tolle Idee.
3. Was brachte die Polizei _____ die Spur des Täters?
4. Der Hinweis brachte die Polizei dar_____ , wer der Täter war.
5. Ich habe mein Examen glücklich hinter _____ gebracht.
6. Thomas hat es _____ seinem Beruf sehr weit gebracht.
7. Die Revolution bringt alles _____ Bewegung.
8. Er brachte die Geheimnummer _____ Erfahrung.
9. Er brachte ihr ihr Versprechen _____ Erinnerung.
10. Seine Unverschämtheit brachte mich _____ Fahrt.
11. Ohne Batterie kann man den Motor nicht _____ Gang bringen.
12. Alkohol am Steuer bringt dich und andere _____ Gefahr.
13. Die Entführer brachten den Industriellen _____ ihre Gewalt.
14. Evi bringt die Wohnung _____ Ordnung.
15. Mit den Fragen bringst du ihn ganz schön _____ Schwitzen.
16. Kaffee bringt mich morgens _____ Schwung.
17. Du bringst bei dem Streit zu viele Gefühle _____ Spiel.
18. Ein Gläschen Sekt bringt die Gäste _____ Stimmung.
19. Der Politiker wird mit der Mafia _____ Verbindung gebracht.
20. Die Rechnung brachte mich _____ Verlegenheit.
21. Seine ständige Unordnung brachte sie _____ Wut.
22. Man bringt das Unglück mit Sabotage _____ Zusammenhang.
23. Man bringt es weit _____ Fleiß und Ausdauer.
24. Ein Umzug bringt viel Arbeit _____ sich.
25. Er bringt ihn _____ sein rechtmäßiges Erbe.
26. Die Putschisten haben alle Sender _____ ihre Kontrolle gebracht.
27. Gabi hat es in ihrem Leben _____ etwas gebracht.
28. Der Kommissar brachte ihn _____ Reden.
29. Ich werde bei der Sitzung diesen Punkt _____ Sprache bringen.
30. Deine Vergesslichkeit bringt mich noch _____ Verzweiflung.
31. Daniela brachte einen gesunden Jungen _____ Welt.
32. Ein guter Verkäufer bringt jede Ware _____ den Mann.°
33. Der Spekulant hat seine Schäfchen _____ Trockene gebracht.°
34. Du hast einen Stein _____ Rollen gebracht.°
35. Sie bringt es nicht _____ Herz, ihr Kind allein zu lassen.
36. Man kann nicht alle Interessen _____ einen Hut bringen.°
37. Sein dauerndes Gemecker bringt mich _____ die Palme!°
38. Er hat ihn aus Habgier _____ die Ecke gebracht.*
39. Das mach' ich nicht! Da_____ bringen mich keine zehn Pferde!°

buchstabieren – buchstabierte – hat buchstabiert
  Johannes buchstabiert sein_____ Nachname_____ .

bügeln – bügelte – hat gebügelt
  Seit der Scheidung muss er sein_____ Hemden selbst bügeln.

bürgen – bürgte – hat gebürgt
  1. Sein Vater hat _____ den Bankkredit gebürgt.
  2. Das Produkt bürgt _____ seinem Namen für Qualität.

bürsten – bürstete – hat gebürstet
  1. Die Mutter bürstet _____ Kindern die Schuhe.
  2. Die Frau bürstet sich ihr lang_____ Haar.

# D

dableiben – blieb da – ist dageblieben
  1. Bleib doch noch etwas _____ ! Ich fühle mich so allein.
  2. Sie wollte über Nacht _____ .

dahinschwinden – schwand dahin – ist dahingeschwunden
  1. Die Wasservorräte schwanden langsam _____ .
  2. Die Jugendjahre _____ schnell dahin.

dahinter kommen – kam dahinter – ist dahinter gekommen
  Endlich kam sie _____ , was er vorhatte.

dahinter stecken* – steckte dahinter – hat dahinter gesteckt
  1. Die Polizei wusste nicht, wer bei dem Bankraub _____ .*
  2. Er macht große Sprüche, aber es steckt nicht viel _____ .*

dalassen (lässt da) – ließ da – hat dagelassen
  Er hatte ihr für ihr Einkäufe ein paar Mark _____ .

daliegen – lag da – hat dagelegen
  1. Der Hund lag wie tot _____ .
  2. Das Meer _____ ruhig da.

danebentreffen (trifft daneben) – traf daneben – hat danebengetroffen
  1. Er hat _____ Scheibenschießen weit danebengetroffen.
  2. Du hast _____ deiner Vermutung völlig danebengetroffen.

danken – dankte – hat gedankt
  1. Seine Großzügigkeit hat ihm niemand _____ .
  2. Niemand dankte es _____ , dass er so großzügig war.
  3. Ich danke dir _____ dein hübsches Geschenk.
  4. Wir danken Ihnen da_____ , dass Sie uns geholfen haben.

darstellen – stellte dar – hat dargestellt
  1. Das Gemälde stellt ein_____ schlafend_____ Frau dar.
  2. Du musst deine Argumente deutlich _____ .
  3. Die Arbeit stellte s_____ schwieriger dar als erwartet.
  4. Er versuchte, sich _____ besonders wichtig darzustellen.

Übungen zu Verben

dastehen – stand da – hat dagestanden
1. Er stand fassungslos _____ .
2. Die Firma hat im internationalen Vergleich ganz gut _____ .
3. Wie _____ ich nun da! Was sollen die Leute von mir denken?

dauern – dauerte – hat gedauert
1. Die Sommerferien haben sechs Wochen _____ .
2. Das Oktoberfest dauert noch _____ zur Monatsmitte.

davonfahren (fährt davon) – fuhr davon – ist davongefahren
1. Die letzte U-Bahn ist gerade _____ .
2. Mit diesem Wagen fährt er jed_____ davon.

davontragen (trägt davon) – trug davon – hat davongetragen
Er hat schwer_____ Verletzungen davongetragen.

davor stehen – stand davor – hat davor gestanden
1. Als er die Tür öffnete, hat der Nikolaus _____ .
2. Die Diplomprüfung? Ich glaube, er steht kurz _____ .

dazwischenrufen – rief dazwischen – hat dazwischengerufen
Er hat während der Bundestagsdebatte _____ .

debattieren – debattierte – hat debattiert
Die Parteien debattierten _____ die geplanten Reformen.

denken – dachte – hat gedacht
1. Denk _____ eine Zahl zwischen eins und zehn.
2. Ich habe mir schon gedacht, _____ du zu spät kommst.
3. Ich kann _____ schon denken, wer gewinnen wird.
4. Ich muss Tag und Nacht _____ dich denken.
5. Er hatte nicht im Traum dar_____ gedacht, im Lotto zu gewinnen.
6. Rainer denkt schlecht _____ seinen Chef.
7. Er denkt auch schlecht _____ seiner Kollegin.

dichthalten* (hält dicht) – hielt dicht – hat dichtgehalten
Hat er das Geheimnis verraten oder hat er _____ ?*

dienen – diente – hat gedient
1. Der Präsident diente sein_____ Vaterland.
2. Das Eis dient _____ Kühlung.
3. Der Karton diente _____ Sitzgelegenheit.
4. Das rohe Fleisch dient d_____ Wasserschildkröten _____ Nahrung.

diktieren – diktierte – hat diktiert
1. Er diktiert sein_____ Sekretärin das Schreiben.
2. Er diktiert den Brief _____ Band.

dingen – dingte/dang – hat gedungen
Sie hatte ein_____ kaltblütigen Killer gedungen.

diskutieren – diskutierte – hat diskutiert
1. D_____ Plan wird von allen lebhaft diskutiert.
2. Die Journalisten diskutieren _____ den Wahlausgang.
3. Er diskutiert zu viel _____ seinen Kindern, statt zu handeln.

distanzieren – distanzierte – hat distanziert
Der Pressesprecher distanzierte sich _____ den Äußerungen.

dividieren – dividierte – hat dividiert
Primzahlen kann man nur _____ sich selbst oder 1 dividieren.

donnern – donnerte – hat gedonnert
1. Es _____ heute Nacht laut gedonnert.
2. Er donnert mit den Fäusten _____ die Tür.
3. Der Zug donnerte _____ die Brücke.

dranbleiben – blieb dran – ist drangeblieben
1. Bleiben Sie bitte _____ ! Ich schau mal, ob er da ist.
2. Das Pflaster darf nicht ab! Das muss _____ !

drängen – drängte – hat gedrängt
1. In dem Gewühl wurde ich zur Seite _____ .
2. Die in Panik geratene Menge drängte sich _____ Notausgang.
3. Die Zeit hat sehr _____ .
4. Sabine drängte ihn _____ Hochzeit, weil sie schwanger war.
5. In der Asylfrage drängte man _____ schnelle Entscheidungen.
6. Ich habe ihn mit meinen Fragen ganz schön _____ die Ecke gedrängt.

draufgehen* – ging drauf – ist draufgegangen
1. Es war so eng. Keiner _____ mehr auf den Lastwagen drauf.*
2. Er wäre beinahe _____ dem Schusswechsel draufgegangen.*
3. Bei unserer Fete ist ein ganzes Fass Bier _____ .*
4. Das ganze Geld geht bei ihm für Schnaps _____ .*

draufhauen* – haute drauf – hat draufgehauen
Vor Wut hat er ohne Rücksicht auf Verluste _____ .*

draufkommen* – kam drauf – ist draufgekommen
So ist das! Da wäre ich nie von allein _____ .*

draufschlagen* (schlägt drauf) – schlug drauf – hat draufgeschlagen
Er schlägt _____ dem Hammer drauf.*

drehen – drehte – hat gedreht
1. Das Kamerateam dreht ein_____ Film.
2. Ich drehe _____ meine Zigaretten selbst.
3. Man dreht dem Gangster den Arm _____ den Rücken.
4. Der Wind hat _____ gedreht.
5. Die Diskussion dreht sich _____ Fragen des Mietrechts.
6. Die Diskussion dreht sich _____ Kreise.
7. Nach der Haft hat er bald wieder ein Ding _____ .*

dreschen (drischt) – drosch – hat gedroschen
   Das Korn wird mit einer Dreschmaschine _____ .

dringen – drang – hat/ist gedrungen
   1. Die Kugel _____ ihm direkt ins Herz.
   2. Die Nachricht ist bis zu uns _____ .
   3. Die Opposition hat _____ eine Gesetzesänderung gedrungen.

drohen – drohte – hat gedroht
   1. Uns drohte kein___ Gefahr.
   2. Der Bankdräuber droht d___ Kassierer mit der Waffe.
   3. Der Chef hat ihm da___ gedroht, ihn rauszuwerfen.
   4. Das baufällige Haus _____ zusammenzubrechen.

drucken – druckte – hat gedruckt
   1. Die interne Mitteilung wird von der Hausdruckerei _____ .
   2. Charlotte druckt farbige Motive _____ ihr T-Shirt.

drücken – drückte – hat gedrückt
   1. Meine Schuhe drücken _____ vorn an den Zehen.
   2. Angelika drückt _____ den Klingelknopf.
   3. Der Direktor drückt sein___ Mitarbeitern die Hand.
   4. Conny drückt das Baby _____ ihr Herz.
   5. Der Großhändler hat _____ Einkaufspreis gedrückt.
   6. Raffael drückt sich wieder mal _____ dem Abwasch.
   7. Sag mir ruhig mal, wo dich der Schuh _____ . °

durchbrennen – brannte durch – ist durchgebrannt
   1. Die Sicherungen _____ bei dem Kurzschluss durchgebrannt.
   2. Der Junge ist sicher von zu Hause _____ . *
   3. Der arme Kerl! Seine Frau ist ihm _____ . *

durcheinander kommen – kam durcheinander – ist durcheinander gekommen
   1. Die Seiten waren nicht nummeriert. Sie sind _____ .
   2. Er _____ in seinen Erinnerungen etwas durcheinander gekommen.

durchfahren – (fährt durch) – fuhr durch – ist durchgefahren
              (durchfährt) – durchfuhr – hat durchfahren
   1. Wir fahren unter der Elbe _____ .
   2. Mit diesem Zug können Sie bis Kiel ohne Umsteigen _____ .
   3. Sie durchfuhren d___ Land kreuz und quer.
   4. Bei dem schrecklichen Gedanken _____ es mich eisig.

durchführen – führte durch – hat durchgeführt
   Der Inspektor führt ein___ unangemeldete Kontrolle durch.

durchhalten (hält durch) – hielt durch – hat durchgehalten
   1. Die Gewerkschaft hielt den Streik zwei Monate _____ .
   2. Den Stress _____ sie bestimmt gesundheitlich nicht durch.

durchkommen – kam durch – ist durchgekommen
1. Der Wagen des Präsidenten kommt hier _____ .
2. Er ist durch ein enges Loch im Zaun _____ .
3. Der Wasserfleck ist durch die Tapete _____ .
4. Es liegt zwar noch Schnee, aber die Tulpen kommen schon _____ .
5. Ich will nach Polen anrufen, aber ich komme nicht _____ .
6. Im Radio kam eine Suchmeldung _____ .
7. Der Kandidat kam erst beim zweiten Wahlgang _____ .
8. Die Ärzte hoffen, dass er trotz der Verletzungen _____ .
9. Die Rentner _____ mit ihrer kleinen Rente kaum durch.
10. Mit Lügen kommst du bei mir nicht _____ !

durchnehmen (nimmt durch) – nahm durch – hat durchgenommen
In Biologie nehmen wir gerade das menschliche Skelett _____ .

durchreißen – riss durch – hat/ist durchgerissen
1. Sie hat das Hochzeitsfoto mitten _____ .
2. Das Seil _____ bei der starken Belastung durchgerissen.

durchringen – rang durch – hat durchgerungen
Er konnte sich _____ keiner Entscheidung durchringen.

durchschlafen – (schläft durch) – schlief durch – hat durchgeschlafen
             (durchschläft) – durchschlief – hat durchschlafen
1. Nach der Schlaftablette habe ich die ganze Nacht _____ .
2. Er _____ ausgerechnet den schönsten Teil der Strecke.

durchschneiden – schnitt durch – hat durchgeschnitten
               durchschnitt – hat durchschnitten
1. Er schnitt das Band _____ . (Er _____ das Band.)
2. Der Gangster _____ das Telefonkabel.
   (… schnitt das Telefonkabel _____ .)
3. Er drohte, ihm die Kehle _____ .
4. Die Autobahn _____ das Erholungsgebiet.
5. Ein Schrei _____ die Stille.
6. Der Apfel ist _____ .

durchstehen – stand durch – hat durchgestanden
Nach dem Krieg haben wir schwere Zeiten _____ .

dürfen (darf) – durfte – hat gedurft
1. Der Rasen _____ nicht betreten werden.
2. Der Einbrecher dürfte über eine Leiter eingedrungen _____ .

duschen – duschte – hat geduscht
Du duschst d_____ schon eine Viertelstunde lang!

# E

eignen – eignete – hat geeignet
Schon wieder etwas kaputt! Ich eigne mich nicht _____ Spülen!

eilen – eilte – hat/ist geeilt
1. Die Angelegenheit _____ sehr geeilt.
2. Es hat mir _____ der Fernsehreparatur geeilt.
3. Es eilt mir sehr da_____ , dass die Sache erledigt wird.
4. Liselotte _____ aus dem Haus geeilt.
5. Man ist der überfallenen Frau _____ Hilfe geeilt.

einarbeiten – arbeitete ein – hat eingearbeitet
1. Er arbeitet sein_____ Nachfolger ein.
2. Sie hat s_____ gut in ihre neue Stelle eingearbeitet.
3. Man arbeitete neue Übungen _____ das alte Lehrbuch ein.

einbauen – baute ein – hat eingebaut
Das Regal wurde im Badezimmer _____ .

einbilden – einbildete – hat eingebildet
1. Er bildet _____ die Krankheit nur ein.
2. Als Millionär bildest du dir zu viel _____ dein Geld ein.

einbrechen (bricht ein) – brach ein – hat/ist eingebrochen
1. Man _____ heute Nacht bei unserem Nachbarn eingebrochen.
2. Die Diebe _____ durchs Kellerfenster eingebrochen.
3. Er _____ ins Eis eingebrochen.
4. Der Winter ist ganz plötzlich _____ .

eindringen – drang ein – ist eingedrungen
1. Das Hochwasser _____ in alle Keller eingedrungen.
2. Die Räuber drangen _____ den Kassierer ein.
3. Der Kommissar drang mit Fragen _____ ihn ein.

einfallen (fällt ein) – fiel ein – ist eingefallen
1. Die Truppen sind in das Land _____ .
2. Mir _____ keine passende Antwort eingefallen.
3. Niemals! Das fällt mir nicht _____ Traume ein!°

einfangen (fängt ein) – fing ein – hat eingefangen
1. Sie fing die ausgebrochenen Pferde _____ .
2. Der Maler hat die Stimmung auf seinem Bild gut _____ .
3. Ich hab' mir bei dem Sauwetter 'ne Erkältung _____ .*
4. Pass auf, dass du dir keine Ohrfeige _____ !*

einführen – führte ein – hat eingeführt
1. Die Nadel wird dem Blutspender _____ die Vene eingeführt.
2. Viele Bodenschätze müssen _____ werden.
3. Er führt mich _____ die Relativitätstheorie ein.
4. Sie führte ihren neuen Freund _____ ihren Eltern ein.

eingehen – ging ein – ist eingegangen
1. Die bestellte Ware ist endlich _____ uns eingegangen.
2. Der Pulli ist beim Waschen ziemlich stark _____ .
3. Meine Pflanzen sind leider eingegangen, als ich _____ Urlaub war.

4. Der Dichter ist _____ die Literaturgeschichte eingegangen.
5. Wir sollten _____ seinen Vorschlag eingehen.
6. Sei vorsichtig, wenn du _____ ihm einen Vertrag eingehst!
7. Sie geht ein_____ Ehe mit einem Ausländer ein.

eingreifen – griff ein – hat eingegriffen
1. Die Luftwaffe hat _____ die Kampfhandlungen eingegriffen.
2. Er hat mehrmals in die Diskussion _____ .

einigen – einigte – hat geeinigt
1. Er hat sich glücklicherweise _____ ihm geeinigt.
2. Sie einigten sich über d_____ Kaufpreis.
3. Sie einigten sich _____ einen Kompromiss.

einkaufen – kaufte ein – hat eingekauft
1. Die Hausfrau kauft frisch_____ Gemüse ein.
2. Er kauft sich _____ das Geschäft seines Vaters ein.

einladen (lädt ein) – lud ein – hat eingeladen
1. Ich lade mein_____ Freundin in die Oper ein.
2. Lisa lädt mich _____ Essen ein.

einlassen (lässt ein) – ließ ein – hat eingelassen
1. Der Butler _____ die Gäste eingelassen.
2. Ich habe schon das Wasser _____ die Wanne eingelassen.
3. Du solltest dich nicht _____ Fremden einlassen.
4. Obwohl er kaum Zeit hat, lässt er sich _____ ein Gespräch ein.

einlegen – legte ein – hat eingelegt
1. Mutter hat saure Gurken _____ .
2. Man legte heftigen Protest _____ den Beschluss ein.
3. Gegen d_____ Beschluss musst du rechtzeitig Widerspruch einlegen.

einnehmen (nimmt ein) – nahm ein – hat eingenommen
1. Der Schrank nimmt d_____ ganzen Platz im Flur ein.
2. Ihre Truppen haben die Stadt _____ .
3. Am verkaufsoffenen Samstag haben wir viel Geld _____ .
4. Sie nimmt zur Vorbeugung gegen Malaria Tabletten _____ .
5. Er nahm eine abwartende Haltung _____ .
6. Die Diskussion nahm auf der Tagung ein_____ breiten Raum ein.
7. Der ist ziemlich von s_____ eingenommen, der arrogante Kerl! (= Adj.)

einpacken – packte ein – hat eingepackt
1. Können Sie das Geschenk _____ Geschenkpapier einpacken?
2. Wenn du das nicht mal weißt, kannst du _____ .*

einreiben – rieb ein – hat eingerieben
1. Sie reibt d_____ Salbe in die Haut ein.
2. Er reibt das Leder _____ Schuhcreme ein.
3. Man sollte sich im Hochgebirge mit Sonnenöl _____ .

51

einreißen – riss ein – hat eingerissen
1. Man hat das alte Stadtviertel _____ .
2. Fernsehen beim Essen? Das lass ich gar nicht erst _____ !*

einschlagen (schläft ein) – schlief ein – ist eingeschlafen
1. Der Nachtportier _____ eingeschlafen.
2. _____ sind meine Füße eingeschlafen.
3. Unsere Brieffreundschaft ist mit der Zeit _____ .

einschlagen (schlägt ein) – schlug ein – hat eingeschlagen
1. Vor Eifersucht hat er d_____ Tür eingeschlagen.
2. Man hatte ihm die Zähne _____ .
3. Er schägt einen Nagel _____ die Wand ein.
4. Der Blitz hat _____ die alte Buche eingeschlagen.
5. Sie schlägt alle ihre neuen Bücher _____ Papier ein.
6. Er hat mit dem Stock _____ das Pferd eingeschlagen.
7. Der Reiseführer schlug einen anderen Weg _____ .
8. _____ ein, die Wette gilt!
9. Die Regierung schlug ein_____ neuen Kurs in dieser Frage ein.
10. Er schlägt d_____ Laufbahn eines Berufssoldaten ein.
11. Die Nachricht hatte wie eine Bombe _____ .
12. Mir ist's egal; die sollen sich ruhig d_____ Köpfe einschlagen.*

einschließen – schloss ein – hat eingeschlossen
1. Jeden Abend schließt er den Kassenbetrag _____ den Tresor ein.
2. Die Belagerer haben d_____ Stadt eingeschlossen.
3. Das Urteil schloss viel_____ Interpretationsmöglichkeiten ein.

einschreiben – schrieb ein – hat eingeschrieben
Der Ausländer schreibt sich _____ den Deutschkurs ein.

einschreiten – schritt ein – ist eingeschritten
Die Polizei ist _____ die Rowdys eingeschritten.

einschüchtern – schüchterte ein – hat eingeschüchtert
1. Die fremde Umgebung hat das kleine Kind _____ .
2. Er schüchterte die Flugzeugbesatzung _____ einer Attrappe ein.

einsehen (sieht ein) – sah ein – hat eingesehen
1. Man kann das Zimmer von draußen nicht _____ .
2. Er hat seine Personalakte _____ .
3. Warum willst du deinen Fehler nicht _____ ?

einsenden – sandte ein – hat eingesandt
1. Ich habe d_____ Bestellformular eingesandt.
2. Er hat den Leserbrief _____ seine Tageszeitung eingesandt.

einsetzen – setzte ein – hat eingesetzt
1. Sie müssen das richtige Verb _____ .
2. Nach dem Konzert setzte ein brausend_____ Beifall ein.
3. Man setzte Hunde _____ Rettung der Verschütteten ein.
4. Er hat seine ganze Erfahrung _____ uns eingesetzt.

einspringen – sprang ein – ist eingesprungen
   Herr Lange ist _____ seinen kranken Kollegen eingesprungen.

einstehen – stand ein – hat eingestanden
   1. Die Versicherung will nicht _____ den Schaden einstehen.
   2. Ich kann nicht da_____ einstehen, dass die Kalkulation stimmt.

einsteigen – stieg ein – ist eingestiegen
   1. Sophie steigt _____ die Straßenbahn ein.
   2. Er ist ganz groß _____ den Drogenhandel eingestiegen.

einstellen – stellte ein – hat eingestellt
   1. Er hat d_____ Skibindung richtig eingestellt.
   2. Die Zündung musste _____ werden.
   3. Man stellte in der Firma ein_____ neuen Geldboten ein.
   4. Die Zeitung hat d_____ Erscheinen eingestellt.
   5. Nach der Operation haben s_____ Komplikationen eingestellt.
   6. Sie kann sich nicht _____ seine Gewohnheiten einstellen.

einteilen – teilte ein – hat eingeteilt
   1. Er teilte sein_____ Lebensmittel wegen der Knappheit ein.
   2. Die Bundesländer hat man _____ Gemeinden eingeteilt.
   3. Er wurde _____ Arbeitsdienst eingeteilt.

eintragen (trägt ein) – trug ein – hat eingetragen
   1. Sie trägt ihr_____ Namen in die Liste ein.
   2. Er trug s_____ ins Goldene Buch der Stadt ein.
   3. Die Firma ist im Handelsregister _____ .
   4. Die Rede hat ihm viel Kritik _____ .

eintreffen (trifft ein) – traf ein – ist eingetroffen
   1. Ihr angemeldeter Besucher ist soeben _____ .
   2. Die vorhergesagte Katastrophe traf nicht _____ .

eintreten (tritt ein) – trat ein – hat/ist eingetreten
   1. Der Feuerwehrmann _____ die Tür eingetreten.
   2. Er hat s_____ einen Nagel in den Fuß eingetreten.
   3. Der Dirigent tritt _____ den Saal ein.
   4. Er _____ in die Partei eingetreten.
   5. Die Verhandlungen sind _____ eine längere Pause eingetreten.
   6. Es ist keine Besserung seines Krankheitszustandes _____ .
   7. Man sollte _____ seine Freunde eintreten.

einweisen – wies ein – hat eingewiesen
   1. Sie hat das Auto in die Parklücke _____ .
   2. Man hat den Neuen _____ seine Aufgaben eingewiesen.

einwenden – wandte ein – hat eingewandt
              wendete ein – hat eingewendet
   Er hatte nichts _____ meinen Vorschlag einzuwenden.

einwilligen – willigte ein – hat eingewilligt
　Sie wollte nicht _____ die Scheidung einwilligen.

einzahlen – zahlte ein – hat eingezahlt
　1. Sie zahlt das Geld _____ ihr Sparkonto ein.
　2. Hast du d_____ Miete schon eingezahlt?

einziehen – zog ein – hat/ist eingezogen
　1. Die Fischer haben die Netze _____ .
　2. Der Hund _____ den Schwanz ein und machte sich davon.
　3. Als er fotografiert wurde, _____ er den Bauch ein.
　4. Sie zieht ein Gummi _____ den Pyjama ein.
　5. Der Architekt will eine Zwischenwand _____ lassen.
　6. Die Notenbank hat d_____ alten Geldscheine eingezogen.
　7. Das Gericht hat sein ganz_____ Vermögen eingezogen.
　8. Man hatte ihn _____ Luftwaffe eingezogen.
　9. Die Sonnenmilch zieht schnell _____ die Haut ein.
　10. Wir sind in unsere neue Wohnung _____ .
　11. Die Olympiasportler _____ ins Stadion eingezogen.
　12. Die fremden Truppen zogen in die eroberte Stadt _____ .
　13. Er ist als Abgeordneter _____ Parlament eingezogen.

ekeln – ekelte – hat geekelt
　Sie hat sich schon immer _____ Spinnen geekelt.

empfangen (empfängt) – empfing – hat empfangen
　1. Der Bürgermeister empfing d_____ Delegation.
　2. Der Soldat hat ein_____ Befehl empfangen.
　3. Der Sender ist schlecht _____ empfangen.
　4. Sie hat _____ ihm ein Kind empfangen.

empfehlen (empfiehlt) – empfahl - hat empfohlen
　1. Der Arzt empfiehlt d_____ Politiker eine Abmagerungskur.
　2. Es empfiehlt s_____ nicht, mit dem Rauchen zu beginnen.

empfinden – empfand – hat empfunden
　1. Durch die Betäubung empfindet sie kein_____ Schmerz.
　2. Sie empfindet seine Hilfe _____ wohltuend.
　3. Er ist uns egal. Wir empfinden nichts _____ ihn.
　4. Er empfindet Achtung _____ älteren Menschen.

entbinden – entband – hat entbunden
　1. Sie hat ein gesund_____ Baby entbunden.
　2. Der Geschäftsführer wurde _____ seiner Tätigkeit entbunden.

entbrennen – entbrannte – ist entbrannt
　1. Romeo entbrannte _____ heißer Liebe zu Julia.
　2. Ein heftiger Streit _____ zwischen den Parteien.
　3. Ein blutiger Kampf ist _____ den Stützpunkt entbrannt.

**entdecken – entdeckte – hat entdeckt**
1. Die Kinder entdecken ein_____ Geheimgang.
2. Kolumbus _____ Amerika.

**enterben – enterbte – hat enterbt**
Der Bauer hat sein_____ ältesten Sohn enterbt.

**entfliehen – entfloh – ist entflohen**
Der Bankräuber konnte sein_____ Verfolgern entfliehen.

**entgegenkommen – kam entgegen – ist entgegengekommen**
1. Seine Traumfrau kam _____ lächelnd entgegen.
2. Kannst du mir ein Stück _____?
3. Das kommt meinen Plänen sehr _____ .
4. Wir kommen Ihren Zahlungswünschen gern _____ .

**entgegnen – entgegnete – hat entgegnet**
1. Er entgegnete d_____ Richter, dass er unschuldig sei.
2. Er konnte ihm _____ seine Frage nichts entgegnen.

**entgehen – entging – ist entgangen**
1. Er ist sein_____ gerechten Bestrafung nicht entgangen.
2. Die Fußballübertragung darfst du d_____ nicht entgehen lassen.

**enthalten (enthält) – enthielt – hat enthalten**
1. In Vollkornbrot _____ viele Ballaststoffe enthalten. (= Adj.)
2. Die Mehrwertsteuer _____ nicht im Preis enthalten. (= Adj.)
3. Das Buch _____ viele hübsche Illustrationen.
4. Der Abgeordnete _____ sich der Stimme enthalten.

**entkommen – entkam – ist entkommen**
1. Der Terrorist ist d_____ Polizei entkommen.
2. Die Ausbrecher _____ aus dem Gefängnis entkommen.
3. Er ist _____ die belgische Grenze entkommen.
4. Er ist nur knapp dem Tode _____ .

**entlassen (entlässt) – entließ – hat entlassen**
1. Die Firma _____ viele Mitarbeiter entlassen.
2. Er wurde _____ dem Gefängnis entlassen.
3. Der Lehrer entlässt die Klasse _____ die Pause.

**entlasten – entlastete – hat entlastet**
1. Ein Stock entlastet d_____ Hüftgelenke beim Gehen.
2. Der Zeuge entlastete d_____ Angeklagten.
3. Die Zeugenaussage entlastete ihn _____ dem schweren Verdacht.

**entlaufen (entläuft) – entlief – ist entlaufen**
Unsere Katze ist uns _____ .

**entnehmen (entnimmt) – entnahm – hat entnommen**
1. Er hat den Betrag _____ der Portokasse entnommen.
2. Er entnahm die Geldscheine ein_____ dicken Umschlag.

entrinnen – entrann – ist entronnen
   Mit knapper Not sind die Bergsteiger d_____ Tod entronnen.

entscheiden – entschied – hat entschieden
   1. _____ Los soll entscheiden.
   2. Wir mussten uns _____ ein Urlaubsziel entscheiden.
   3. Er hatte sich ganz plötzlich _____ Aufbruch entschieden.
   4. Wegen Geldmangels hat er sich _____ den Kauf entschieden.
   5. Der Schiedsrichter entscheidet _____ einen Strafstoß.
   6. Das Wetter entscheidet dar_____ , ob wir einen Ausflug machen.

entschließen – entschloss – hat entschlossen
   1. Nina entschließt sich _____ den netteren Bewerber.
   2. Er entschließt sich _____ einem Urlaub an der See.
   3. Ich bin fest da_____ entschlossen, die Stelle zu kündigen. (= Adj.)

entschuldigen – entschuldigte – hat entschuldigt
   1. Ich kann sein unhöflich_____ Verhalten kaum entschuldigen.
   2. Christian entschuldigt sich _____ seine Unordnung.
   3. Heide entschuldigt sich da_____ , dass sie wieder zu spät kommt.
   4. Für dein unhöfliches Benehmen solltest du dich _____ ihr entschuldigen.

entsinnen – entsann – hat entsonnen
   Ich konnte mich nicht mehr entsinnen, _____ er hieß.

entsprechen (entspricht) – entsprach – hat entsprochen
   1. Der Bewerber entsprach voll und ganz unser_____ Erwartungen.
   2. Die Behörde entsprach mein_____ Antrag.

entstehen – entstand – ist entstanden
   1. An dieser Stelle _____ ein neues Gebäude entstanden.
   2. _____ einer flüchtigen Bekanntschaft ist eine Ehe entstanden.

enttäuschen – enttäuschte – hat enttäuscht
   1. Der Film hat mein_____ Freund sehr enttäuscht.
   2. Ich war _____ , dass du nicht kommen konntest. (= Adj.)
   3. Wir waren _____ eure Absage sehr enttäuscht. (= Adj.)

entweichen – entwich – ist entwichen
   1. Er _____ mit der Beute ins Ausland entwichen.
   2. Aus den Ventilen ist radioaktiver Wasserdampf _____ .

entwickeln – entwickelte – hat entwickelt
   1. Das Fotolabor hat die Filme _____ .
   2. Die Sonneneinstrahlung entwickelte groß_____ Wärme.
   3. Ich würde gern unser_____ Chef meine neuen Ideen entwickeln.
   4. Nach der Hochzeit entwickelte er sich _____ einem Tyrannen.

entzweigehen – ging entzwei – ist entzweigegangen
   Das Weinglas _____ entzweigegangen.

erbarmen – erbarmte – hat erbarmt
   Gott hat sich d_____ Menschen erbarmt.

erbauen – erbaute – hat erbaut
1. Wer erbaute d_____ Turm von Babylon?
2. Nach Feierabend erbaute er sich _____ klassischer Musik.

erben – erbte – hat geerbt
1. Er hat d_____ Hof seines Vaters geerbt.
2. Sie hat ihre Schönheit _____ ihrer Mutter geerbt.

erblicken – erblickte – hat erblickt
1. Plötzlich erblickte er einen Fremd_____ vor sich.
2. Man erblickte _____ der Elektrizität einen Fortschritt.

ereignen – ereignete – hat ereignet
Die Geschichte ereignete _____ vor einigen Jahren.

erfahren (erfährt) – erfuhr – hat erfahren
1. Das Kind hat viel Zuwendung _____ .
2. Gerd hat die Neuigkeiten _____ mir erfahren.

erfinden – erfand – hat erfunden
1. Du brauchst _____ Rad nicht noch einmal zu erfinden.
2. Margit hat diese Geschichte nur _____ .

erfragen – erfragte – hat erfragt
Das demoskopische Institut erfragt d_____ Meinung der Leute.

erfreuen – erfreute – hat erfreut
1. Die Großmutter erfreut sich _____ den alten Fotos.
2. Tanzen erfreut sich wieder groß_____ Beliebtheit.
3. Du kannst sie _____ einer Schachtel Pralinen erfreuen.

erfrieren – erfror – hat/ist erfroren
1. Er hat s_____ die Füße erfroren.
2. Der Obdachlose ist unter einer Brücke _____ .
3. Die Zimmerpflanzen _____ mir auf dem Balkon erfroren.
4. Sein Lächeln erfror ihm _____ den Lippen.

ergeben (ergibt) – ergab – hat ergeben
1. Die Bilanz ergab ein_____ hoh_____ Verlust.
2. Seine Unschuld ergab sich _____ einem sicheren Alibi.
3. Die Truppen ergaben s_____ dem Gegner.
4. Sie hat sich _____ ihr Schicksal ergeben.

erhalten (erhält) – erhielt – hat erhalten
1. Der Finder erhält ein_____ hohe Belohnung.
2. Kleine Geschenke erhalten d_____ Freundschaft.

erheben – erhob – hat erhoben
1. Alle hatten d_____ Glas erhoben.
2. Der Dicke erhob sich langsam _____ dem Sessel.
3. Das Volk hat sich _____ die Regierung erhoben.
4. Es wurde Anklage _____ den Beamten erhoben.

erholen – erholte – hat erholt
1. Der Minister erholt sich _____ den Reisestrapazen.
2. Wir haben _____ im Urlaub prächtig erholt.

erinnern – erinnerte – hat erinnert
1. Der Geruch von Äpfeln erinnert mich _____ mein_____ Kindheit.
2. Ich kann m_____ nicht mehr an sein Gesicht erinnern.
3. Erinnern Sie bitte Ihr_____ Bruder an unsere Verabredung.

erkälten – erkältete – hat erkältet
Zieh dir was Warmes an; du erkältest _____ sonst!

erkämpfen – erkämpfte – hat erkämpft
1. Der Sportler erkämpfte d_____ Goldmedaille.
2. Wir mussten _____ diesen Sieg schwer erkämpfen.

erkennen – erkannte – hat erkannt
1. Ich erkenne erst jetzt d_____ ganze Ausmaß des Schadens.
2. Ich erkenne ihn _____ sein_____ sächsischen Tonfall.
3. Du erkennst ihn dar_____, dass er eine Baskenmütze trägt.
4. Der Richter erkannte _____ mildernde Umstände.

erklären – erklärte – hat erklärt
1. Elke hat ihm d_____ Mathematikaufgabe erklärt.
2. Der Parteivorsitzende erklärte sein_____ Rücktritt.
3. Die Regierung erklärt _____ Nachbarland _____ Krieg.
4. Das Gericht erklärte ihn _____ unzurechnungsfähig.

erkundigen – erkundigte – hat erkundigt
1. Ich habe m_____ beim Pförtner erkundigt, wo sein Büro war.
2. Ein fremder Herr hat sich _____ dir erkundigt.

erlassen (erlässt) – erließ – hat erlassen
1. Die Bundesregierung hat ein neu_____ Gesetz erlassen.
2. Wegen guter Führung _____ man ihm den Rest der Strafe erlassen.

erlauben – erlaubte – hat erlaubt
1. Sie erlaubt ihr_____ Kind, den ganzen Tag fernzusehen.
2. Meine Zeit erlaubt kein_____ weiter_____ Besuchstermin.
3. Er ist dümmer, _____ die Polizei erlaubt.°

erleben – erlebte – hat erlebt
1. Ich habe den Zweit_____ Weltkrieg nicht mehr erlebt.
2. Er wird sein blau_____ Wunder erleben.°

ermahnen – ermahnte – hat ermahnt
Der Richter hat den Zeugen _____ Wahrheit ermahnt.

ernennen – ernannte – hat ernannt
Der Präsident ernannte ihn _____ Bundesrichter.

## Übungen zu Verben

**eröffnen – eröffnete – hat eröffnet**
1. Man eröffnete _____ Berliner Festwochen.
2. Esther hat eine Boutique in der Bahnhofstraße _____ .
3. Er eröffnete sein___ Frau, dass er ein Verhältnis hatte.

**erregen – erregte – hat erregt**
1. Die Abtreibungsdiskussion erregte d___ Gemüter.
2. Niemand hat sich _____ die Straßenmusikanten erregt.

**erreichen – erreichte – hat erreicht**
1. Ich habe gerade noch die Maschine nach Bremen _____ .
2. Der Notruf hat ein ander___ Schiff erreicht.
3. Er hat _____ erreicht, Olympiasieger zu werden.

**erringen – errang – hat errungen**
Unsere Mannschaft hat ein___ Sieg errungen.

**erscheinen – erschien – ist erschienen**
1. Der Dirigent _____ im Frack.
2. Der Schüler _____ nicht zum Unterricht erschienen.
3. Er bemühte sich, ruhig _____ erscheinen.
4. Die Zeitschrift _____ monatlich.
5. Seine Verurteilung erschien _____ wie ein böser Traum.

**erschießen – erschoss – hat erschossen**
Der Jäger hat d___ Reh erschossen.

**erschlagen (erschlägt) – erschlug – hat erschlagen**
1. Kain hat sein___ Bruder Abel erschlagen.
2. Nach der langen Fahrt war er völlig _____ . (Adj.)

**erschrecken – erschreckte – hat erschreckt**
               **erschrak – ist erschrocken**
1. Die Gasexplosion _____ die Hausbewohner.
2. Der Hund hat das kleine Mädchen _____ .
3. Die Frau erschrak _____ die schlimme Nachricht.
4. Das Kind ist _____ dem Hund erschrocken.
5. Axel erschrak dar___ , wie alt Florian geworden war.

**ersehen (ersieht) – ersah – hat ersehen**
Sie können seinen Wohnsitz _____ der Akte ersehen.

**ersetzen – ersetzte – hat ersetzt**
Er ist _____ niemanden zu ersetzen.

**erstarren – erstarrte – ist erstarrt**
Sie war _____ Schreck erstarrt.

**erstrecken – erstreckte – hat erstreckt**
1. Das Flussdelta erstreckt s___ über viele Quadratkilometer.
2. Die Wehrpflicht erstreckt sich _____ alle jungen Männer.

ersuchen – ersuchte – hat ersucht
   Das Gericht wurde _____ eine Terminverschiebung ersucht.

ertragen (erträgt) – ertrug – hat ertragen
   1. Den Anblick von Schlangen konnte sie nicht _____ .
   2. Er kann _____ nicht ertragen, wenn man über seine Nase spricht.

ertrinken – ertrank – ist ertrunken
   Bei dem Schiffsunglück _____ viele Passagiere ertrunken.

erwachen – erwachte – ist erwacht
   1. Der Trag _____ erwacht und die Vögel singen.
   2. Er erwachte _____ tiefer Bewusstlosigkeit.
   3. Sie ist _____ dem Lärm auf der Straße erwacht.

erwägen – erwog – hat erwogen
   Man hat eine Verschärfung der Gesetze _____ .

erwarten – erwartete – hat erwartet
   1. Man erwartet heute Abend ein schwer_____ Gewitter.
   2. Ich erwarte _____ dir, dass du dich entschuldigst.

erweisen – erwies – hat erwiesen
   1. Das Ganze erwies sich _____ ein Fantasieprodukt.
   2. Man hat ihm d_____ letzte Ehre erwiesen.

erweitern – erweiterte – hat erweitert
   Man hat das Zimmer _____ einige Meter erweitert.

erwidern – erwiderte – hat erwidert
   1. Er erwiderte sein_____ Lehrer, dass er nichts getan hätte.
   2. Der Lehrer erwiderte d_____ Gruß seines Schülers.

erzählen – erzählte – hat erzählt
   1. Anna erzählt ihr_____ Tochter ein Märchen.
   2. Opa erzählt immer Geschichten _____ seiner Kindheit.
   3. Wolfgang erzählt _____ seinen Heiratsabsichten.
   4. Katharina erzählt _____ ihren Beruf.

erzeugen – erzeugte – hat erzeugt
   1. Die Firma hat chemische Produkte _____ .
   2. _____ Eisen erzeugt man Stahl.
   3. Seine Härte _____ nur Widerstand.

erziehen – erzog – hat erzogen
   1. Alexandra erzieht ihr_____ Sohn allein.
   2. Man sollte die Kinder _____ Ehrlichkeit erziehen.

erzielen – erzielte – hat erzielt
   Die Bauern haben dieses Jahr ein_____ Rekordernte erzielt.

essen (isst) – aß – hat gegessen
   1. Gertrud _____ immer nur Süßigkeiten.
   2. Du kannst _____ richtig satt essen.

3. Eberhard hat sein_____ Teller nicht leer gegessen.
4. Vorsicht! Mit dem ist nicht gut Kirschen _____ !

experimentieren – experimentierte – hat experimentiert
Die Wissenschaftler haben _____ neuen Genen experimentiert.

# F

fahnden – fahndete – hat gefahndet
Interpol fahndet _____ den organisierten Drogenhändlern.

fahren (fährt) – fuhr – hat/ist gefahren
1. Der Bus _____ zweimal täglich dieselbe Strecke.
2. Ich _____ mehrere Jahre einen LKW gefahren.
3. David _____ mein Gepäck zum Bahnhof gefahren.
4. Ich _____ gestern nach Duisburg gefahren.
5. Nervös fuhr sie sich _____ Haar.
6. Warum tust du das? Was ist plötzlich _____ dich gefahren?
7. Ein Choleriker fährt leicht _____ der Haut.*

fällen – fällte – hat gefällt
1. Die Waldarbeiter haben viel_____ Bäume gefällt.
2. Der Richter hat ein salomonisch_____ Urteil gefällt.
3. All_____ Entscheidungen fällt der Chef persönlich.

fallen (fällt) – fiel – ist gefallen
1. Benjamin _____ auf die Nase gefallen.
2. Sein Vater ist im Krieg _____ .
3. Das lockige Haar fällt _____ Frau in die Stirn.
4. Wenn du nicht arbeitest, fällst du _____ die Prüfung.
5. Die Temperatur _____ unter den Gefrierpunkt gefallen.
6. Der Preis fällt beim Kauf _____ Gewicht.
7. Er fiel einem Erpresser _____ die Hände.
8. Beim Anblick der Maus fiel sie _____ Ohnmacht.
9. Dornröschen fiel _____ einen tiefen Schlaf.
10. Seine steile Karriere ist ihm nicht _____ den Schoß gefallen.
11. Unterbrich mich nicht immer! Du fällst mir dauernd _____ Wort.
12. Langer Besuch kann einem leicht _____ Last fallen.
13. Der fiel mit Jeans auf der Hochzeit total _____ dem Rahmen!
14. Wie taktlos! Der ist wieder mal _____ der Rolle gefallen!
15. Das Fußballspiel ist _____ Wasser gefallen.
16. Sie fiel immer gleich _____ der Tür ins Haus.
17. Er war so erleichtert. Ihm fiel ein Stein _____ Herzen.°
18. Sie war einsam. Ihr ist die Decke _____ den Kopf gefallen.°
19. Er weiß sich zu helfen. Er ist nicht _____ den Kopf gefallen.° (= Adj.)
20. Ein echter Berliner ist nicht _____ den Mund gefallen.° (= Adj.)

fangen (fängt) – fing – hat gefangen
1. Unsere Katze hat ein_____ Vogel gefangen.
2. Es geht ihr besser. Sie hat sich wieder _____ .

fassen (fasst) – fasste – hat gefasst
1. Der Betrüger konnte durch einen Hinweis _____ werden.
2. Der Tank _____ ungefähr 100 Liter.
3. Sie konnte d_____ schlimm_____ Nachricht einfach nicht fassen.
4. Bei dem Lärm kann ich kein_____ klar_____ Gedanken fassen.
5. Er wollte mutig sein und hat s_____ ein Herz gefasst.
6. So ein Unsinn! Da fasst man sich _____ den Kopf!
7. So eine gute Gelegenheit muss man _____ Schopfe fassen.
8. Einem nackten Mann kann man nicht _____ die Tasche fassen.°

fehlen – fehlte – hat gefehlt
1. Die Mutter fehlt ihr_____ Kindern sehr.
2. Klaus-Dieter hat _____ Unterricht gefehlt.
3. Es fehlt dem Land _____ Nahrungsmitteln für die Bevölkerung.
4. Eine Reifenpanne! Das hat uns gerade noch _____ !

fehlschlagen (schlägt fehl) – schlug fehl – ist fehlgeschlagen
Die Bemühungen um einen Kompromiss sind _____ .

feiern – feierte – hat gefeiert
1. Die Fans haben ihre Fußballhelden _____ .
2. Wir haben sein_____ Geburtstag gefeiert.

feilschen – feilschte – hat gefeilscht
Beim Autokauf hat er _____ jede Mark gefeilscht.

fernbleiben – blieb fern – ist ferngeblieben
Sie ist ihr_____ Arbeitsplatz ferngeblieben.

fern halten (hält fern) – hielt fern – hat fern gehalten
Sie hat das Kind _____ der Unfallstelle fern gehalten.

fernsehen (sieht fern) – sah fern – hat ferngesehen
1. Kinder sehen viel zu oft _____ .
2. Gestern Abend habe ich _____ .

fertig bringen – brachte fertig – hat fertig gebracht
1. Wir müssen die Arbeit unbedingt heute noch _____ .
2. Er brachte _____ nicht fertig, ihr die Nachricht zu sagen.

festbinden – band fest – hat festgebunden
Er bindet das Pferd mit dem Zügel am Baum _____ .

festhalten (hält fest) – hielt fest – hat festgehalten
1. Er hat _____ seiner Meinung festgehalten.
2. Ich habe m_____ an einem Griff festgehalten.

festnehmen (nimmt fest) – nahm fest – hat festgenommen
Die Polizei hat d_____ gefährlichen Ausbrecher festgenommen.

**feststehen – stand fest – hat festgestanden**
1. Unser Urlaubstermin steht bereits _____ .
2. _____ steht fest, dass Frauen meist älter werden als Männer.

**feststellen – stellte fest – hat festgestellt**
1. D_____ Hebel der Maschine wurde festgestellt.
2. Die Polizei stellte d_____ Halter des Wagens fest.
3. Er stellte fest, _____ die Berechnungen falsch waren.

**finden – fand – hat gefunden**
1. Stefanie hat ihre Kontaktlinsen endlich _____ .
2. Ich finde nichts Schlimmes da_____ , wenn er langes Haar hat.
3. Ich finde _____ falsch, wie man die Asylanten behandelt.
4. Mit der Zeit wird sich schon eine Lösung _____ .
5. Er hat _____ der hübschen Frau Gefallen gefunden.
6. Dem passt nichts. Der findet immer ein Haar _____ der Suppe!°
7. Die Sache war für den Journalisten ein gefunden_____ Fressen.°

**flechten (flicht) – flocht – hat geflochten**
Könntest du mir mal mein_____ Zöpfe flechten?

**fliegen – flog – hat/ist geflogen**
1. Es war stürmisch. Papier und Blätter _____ durch die Luft.
2. Die Störche _____ nach Afrika geflogen.
3. Früher _____ ich selbst eine Cessna geflogen.
4. Niko _____ von der Schule geflogen.
5. Du fliegst _____ dem Zimmer, wenn du nicht ruhig bist.*

**fliehen – floh – ist geflohen**
1. Der Ausbrecher ist _____ dem Gefängnis geflohen.
2. Er ist _____ seinen Verfolgern geflohen.

**fließen – floss – ist geflossen**
1. Die Donau fließt _____ Schwarze Meer.
2. Bei seiner Feier ist der Sekt _____ Strömen geflossen.
3. In der Affäre _____ hohe Schmiergelder geflossen.

**fluchen – fluchte – hat geflucht**
1. Der Taxifahrer hat dauernd _____ .
2. Er fluchte _____ den Politiker.
3. Er fluchte _____ die schwere Arbeit.

**folgen – folgte – hat/ist gefolgt**
1. Mein Hund hat mir immer _____ Wort gefolgt.
2. Jed_____ Winter folgt ein Frühling.
3. Er _____ ihr bis zu ihrer Haustür gefolgt.
4. _____ seine Rede folgte langer Beifall.
5. Aus d_____ Blutuntersuchung folgt, wie viel er getrunken hat.

fordern – forderte – hat gefordert
1. Man forderte d_____ Todesstrafe für den Mörder.
2. Sie forderte eine hohe Summe _____ ihrer Versicherung.
3. Er forderte ihn _____ Duell.

forschen – forschte – hat geforscht
Man forschte lange _____ dem Krankheitserreger.

fortfahren (fährt fort) – fuhr fort – ist fortgefahren
1. Er ist heute Morgen mit dem Zug _____ .
2. Er _____ mit seinem Vortrag fortgefahren.

fortfallen (fällt fort) – fiel fort – ist fortgefallen
Die Visapflicht ist für Tschechen _____ .

fortschaffen – schaffte fort – hat fortgeschafft
_____ doch endlich die geliehenen Bücher fort!

fotografieren – fotografierte – hat fotografiert
1. Früher habe ich oft mein_____ Kinder fotografiert.
2. Ich fotografiere Porträtaufnahmen _____ einem Teleobjektiv.

fragen – fragte – hat gefragt
1. Ich habe mein_____ Lehrer etwas gefragt.
2. Er hat mich _____ dem Weg gefragt.
3. Bettina fragt ihre Eltern _____ Rat.
4. Ich habe mich gefragt, _____ sie noch ganz normal ist.

freihalten (hält frei) – hielt frei – hat freigehalten
1. Könntest du mir ein_____ Platz freihalten?
2. Ausfahrt _____ !
3. Ich halte mir dies_____ Termin für unsere Besprechung frei.
4. Er hat seine Geburtstagsgäste im Lokal _____ .

freilassen (lässt frei) – ließ frei – hat freigelassen
1. Die Kinder ließen den gefangenen Maikäfer wieder _____ .
2. Man hat die Geiseln endlich _____ .

freisprechen (spricht frei) – sprach frei – hat freigesprochen
Das Gericht sprach ihn _____ jeder Schuld frei.

fremdgehen – ging fremd – ist fremdgegangen
Ihr Mann ist _____ , ohne dass sie es ahnte.

fressen (frisst) – fraß – hat gefressen
1. Die Kühe fressen d_____ Heu.
2. Das Fleckenmittel hat ein Loch _____ die Tischdecke gefressen.
3. Die Trockenheit frißt _____ den Wasservorräten.
4. Opa hat einen Narren _____ seinem Enkel gefressen.*
5. Er hat die Weisheit mit Löffeln _____ .°

freuen – freute – hat gefreut
1. Die Auszeichnung hat den Bildhauer _____ .
2. Ich freue _____ , dass du kommst.

3. Susi freut sich ihr_____ Lebens.
4. Ich freue mich _____ dein glänzendes Examen.
5. Lena freut sich dar_____, dass ihm ihr Geschenk gefällt.
6. Bernd freut sich _____ die kommenden Sommerferien.
7. Er freut sich _____ allen schönen Dingen der Natur.
8. Er freut sich _____ ein Schneekönig.*

frieren – fror – hat/ist gefroren
1. Ich glaube, _____ friert heute Nacht.
2. Das Wasser _____ gefroren.
3. Ich _____ an meinen Ohren gefroren.
4. Es friert m_____ an meinen Füßen.
5. Es war eiskalt. Ich hab _____ wie ein Schneider.°

frisieren – frisierte – hat frisiert
1. Meine Tochter frisiert ihr_____ Püppchen.
2. Die Friseuse frisiert d_____ Modell die Haare.
3. Der Steuerberater hat _____ Bilanz frisiert.
4. Leo hat d_____ Moped frisiert, um es schneller zu machen.

frühstücken – frühstückte – hat gefrühstückt
Wir haben heute um acht _____ .

fühlen – fühlte – hat gefühlt
1. Er fühlte ein_____ stark_____ Schmerz in seiner Brust.
2. Sie fühlte ihr_____ Tod kommen.
3. Der Arzt fühlt d_____ Patient_____ den Puls.
4. Ich verstehe Sie und kann gut _____ Ihnen fühlen.
5. Er hat im Dunkeln _____ dem Lichtschalter gefühlt.
6. Mein Sohn fühlt _____ manchmal schon als Mann.
7. Am wohlsten fühle ich mich _____ meinen eigenen vier Wänden.
8. Er war beleidigt. Er fühlte sich _____ den Schlips getreten.°
9. Man hat dem Bewerber gründlich _____ den Zahn gefühlt.°

führen – führte – hat geführt
1. Der Reiseleiter führte die Touristen durch _____ Museum.
2. Seine Schwester führt ihn _____ der Hand.
3. Meine Frau führt d_____ Haushalt.
4. Simone führt ein locker_____ Leben.
5. Warenhäuser führen ein breit_____ Warensortiment.
6. Unsere Mannschaft führte 1 _____ 0.
7. Die Demonstration führte _____ einem Verkehrschaos.
8. Er führt immer eine Waffe _____ sich.
9. Er hat _____ während der Haft gut geführt.
10. Wir haben ein längeres Gespräch miteinander _____ .
11. Man sollte niemanden _____ Versuchung führen.
12. Er hat ihm seine Probleme _____ Augen geführt.
13. Der Betrüger hat ihn _____ Licht geführt.

funktionieren – funktionierte – hat funktioniert
Die Waschmaschine hat zum Glück wieder _____ .

fürchten – fürchtete – hat gefürchtet
1. Jeder fürchtet sein_____ Gewalttätigkeiten.
2. Die Mieter fürchten, _____ ihnen der neue Eigentümer kündigt.
3. Alexander fürchtet, entlassen _____ werden.
4. Bei der Sturmflut mussten wir _____ unser Leben fürchten.
5. Peter fürchtet sich _____ d_____ Wolf.
6. Anita fürchtet sich da_____ , verlassen zu werden.

# G

garantieren – garantierte – hat garantiert
1. Wir garantieren Ihnen ein_____ ausgezeichnete Qualität.
2. Man garantiert ein Jahr lang _____ die neue Uhr.

gären – gor/gärte – hat/ist gegoren/gegärt
1. Ein guter Champagner ist in der Flasche _____ .
2. Der Wein hat viel_____ Wochen gegoren.
3. Es gärt _____ dieser Partei schon lange.

gebären (gebiert) – gebar – hat geboren
Sie hat ein gesund_____ Mädchen geboren.

geben (gibt) – gab – hat gegeben
1. Elke gibt dem Kellner ein gut_____ Trinkgeld.
2. Weißt du, wie viele Planeten _____ gibt?
3. Er hätte sein Leben _____ sie gegeben.
4. Behalte deine Meinung für dich, ich gebe doch nichts dar_____ .
5. Sie gibt sich selbstsicherer, _____ sie ist.
6. Er hat eine Geschichte _____ besten gegeben.
7. Ich würde etwas dar_____ geben, wenn ich noch mal jung wäre.
8. Na so was! Sachen gibt's, d_____ gibt's doch gar nicht!*

gebrauchen – gebrauchte – hat gebraucht
1. Das alte Zeug kannst du doch nicht mehr _____ .
2. Sie _____ zu oft im gesprochenen Deutsch das Präteritum.
3. Er setzt sich durch. Er kann seine Ellenbogen _____ .

gedeihen – gedieh – ist gediehen
1. Deine Kinder _____ prächtig gediehen!
2. Manche Pflanzen _____ nur im Schatten.
3. Die Vertragsverhandlungen _____ schon weit gediehen.

gefallen (gefällt) – gefiel – hat gefallen
1. Ich finde deinen neuen Hut toll! Er gefällt _____ .
2. _____ hat ihm nicht gut auf dem Gymnasium gefallen.
3. Sie gefällt s_____ in ihrer neuen Rolle.
4. Das lasse ich mir nicht von dir _____ !

geheim halten (hält geheim) – hielt geheim – hat geheim gehalten
1. Er hatte das Versteck _____ .
2. Der Bankkunde sollte das Codewort _____ anderen geheim halten.

gehen – ging – ist gegangen
1. Wie _____ es übrigens deinen Eltern?
2. Gut hat es zwar nicht geschmeckt, aber _____ ging so.
3. Ein____ funkgesteuert____ Uhr geht immer ganz genau.
4. Schon gehört? Klaus geht seit neuestem _____ Claudia.
5. Bei den Verhandlungen ging es _____ die Verkaufspreise.
6. Es geht ihm dar____ , immer das letzte Wort zu behalten.
7. Mit achtzehn musste er _____ Bundeswehr gehen.
8. Als Achtzehnjähriger muss er sein____ Wege gehen.
9. Sie ist _____ den Strich gegangen.
10. Ihr Traum vom großen Geld ist nicht _____ Erfüllung gegangen.
11. Ihre Beziehung ist leider _____ die Brüche gegangen.
12. Opa ist zwar schon älter, aber er geht _____ der Zeit.
13. Es geht nicht immer alles _____ Wunsch.
14. Ich gehe oft zu Fuß _____ Büro.
15. Jeder Urlaub geht einmal _____ Ende.
16. Das Porzellanservice ist _____ Bruch gegangen.
17. Der Junge kann schon seinem Vater _____ Hand gehen.
18. Unsere Weinvorräte gehen langsam _____ Neige.
19. So ein Durcheinander! Da geht ja alles drunter _____ drüber!
20. Das kannst du glauben. Dar____ geb' ich dir Brief und Siegel.°
21. Der Schrei ging mir _____ Mark und Bein.°
22. Es ist zum Glück alles glatt _____ die Bühne gegangen.
23. Die beiden Freunde sind durch dick _____ dünn gegangen.°
24. Als der Polizist den Dieb sah, ging es ihm _____ den Kragen.°
25. So ein schlechtes Benehmen! Das geht _____ keine Kuhhaut!°
26. Das ging beinahe schief. Fast wäre das _____ Auge gegangen.°
27. Der wird immer wütend. Der geht immer gleich _____ die Luft.°
28. Das Geld ist ihm _____ die Lappen gegangen.°

gehorchen – gehorchte – hat gehorcht
Kinder sollten ihr____ Eltern gehorchen.

gehören – gehörte – hat gehört
1. Der Ring gehört mein____ Mutter.
2. Wie heißen die Figuren, die _____ Schachspiel gehören?
3. Mein Kind gehört _____ kein Internat.
4. Es gehört _____ nicht, in der Nase zu bohren.

gelingen – gelang – ist gelungen
1. Der Apfelstrudel ist mein____ Frau wieder wunderbar gelungen.
2. _____ ist ihm gelungen, befördert zu werden.

gelten (gilt) – galt – hat gegolten
1. _____ ich gesagt habe, gilt.
2. Dein Vertrauen gilt m_____ viel.
3. Beim Fußball gelten andere Regeln als _____ Handball.
4. Die Ermäßigung gilt nur _____ Gruppen.
5. Das Burgtheater gilt _____ wichtigste Bühne Wiens.
6. Es gilt, den Wettkampf _____ gewinnen.

genesen – genas – ist genesen
Sie ist _____ einer schweren Krankheit wieder genesen.

genießen – genoss – hat genossen
1. Wir haben unseren Urlaub _____ vollen Zügen genossen.
2. Der hat heute schlechte Laune. Der ist nicht _____ genießen.*
3. Sie hat auf der Eliteschule eine gute Erziehung _____ .
4. Unser Bundespräsident genießt ein hoh_____ Ansehen.

genügen – genügte – hat genügt
1. Seine Leistungen genügten nicht d_____ Anforderungen.
2. Drei Meter Stoff genügen _____ die Gardinen.
3. _____ genügt, wenn du mir morgen Bescheid gibst.

geradestehen – stand gerade – hat geradegestanden
gerade stehen – stand gerade - hat gerade gestanden
1. Der Betrunkene konnte nicht mehr _____ .
2. Sein Vater musste _____ die eingeworfene Scheibe geradestehen.

geraten (gerät) – geriet – ist geraten
1. Die Weihnachtsgans ist vorzüglich _____ .
2. Wir sind _____ eine gefährliche Situation geraten.
3. Der Tourist ist _____ die Räuber geraten.
4. Das Kind ist ganz _____ seinem Vater geraten.
5. Der Läufer ist _____ Hintertreffen geraten.
6. Bei mir bist du _____ den Falschen geraten!

geschehen (geschieht) – geschah – ist geschehen
1. Der Unfall _____ gestern gegen 23 Uhr.
2. D_____ Opfer ist zum Glück nichts geschehen.
3. Was soll _____ dem Rest geschehen?
4. Geschieht _____ oft, dass er zu spät kommt?

getrauen – getraute – hat getraut
1. Er getraut s_____ nicht zu fragen.
2. Das Kind hat sich nicht _____ Hause getraut.

gewinnen – gewann – hat gewonnen
1. Siegrid hat d_____ Wette gewonnen.
2. _____ Eisenerz gewinnt man Eisen.
3. Die Philharmonie hat ihn _____ neuen Dirigenten gewonnen.
4. Wir haben ihn _____ die Kandidatur zum Vorsitzenden gewonnen.
5. Ines hat die Familie ihres Freundes für _____ gewonnen.
6. Mit der Taktik ist kein Blumentopf _____ gewinnen!*

gewöhnen – gewöhnte – hat gewöhnt
1. Karin muss sich _____ ein_____ besser_____ Schrift gewöhnen.
2. Er kann sich nicht dar_____ gewöhnen, dass sie schnarcht.

gießen – goss – hat gegossen
1. Kannst du im Urlaub mein_____ Pflanzen gießen?
2. Volker gießt Milch _____ sein Glas.
3. Er hat d_____ Gastgeberin d_____ Wein auf den Teppich gegossen.
4. Draußen gießt _____ in Strömen.
5. Er hat sich einen _____ die Binde gegossen.°

glänzen – glänzte – hat geglänzt
Der Fußboden glänzte _____ Sauberkeit.

glauben – glaubte – hat geglaubt
1. Christina glaubte sein_____ Beteuerungen.
2. Früher habe ich ihm seine Abenteuergeschichten _____ .
3. Ich glaube _____ nicht, dass du verschlafen hast.
4. Trudy glaubt immer noch _____ den Nikolaus.
5. Glaubst du etwa dar_____ , dass er hält, was er verspricht?
6. Er hatte d_____ Schachpartie schon verloren geglaubt.
7. Du bist mein Freund. Ich glaube dir natürlich _____ Wort!
8. Wer einmal lügt, d_____ glaubt man nicht.°
9. Das glaub ich nicht. Wer's _____ , wird selig!°
10. Der Fallschirmspringer hat dar_____ glauben müssen.*

gleichen – glich – hat geglichen
Das Kind gleicht sein_____ Bruder.

gleiten – glitt – ist geglitten
1. Das Segelflugzeug _____ sanft zu Boden geglitten.
2. Die Tanzpaare gleiten _____ die Tanzfläche.
3. Wir haben gleitend_____ Arbeitszeit.

glücken – glückte – ist geglückt
Mein_____ Tante ist ein Lottogewinn geglückt.

graben (gräbt) – grub – hat gegraben
1. An diesem Fluss wurde früher _____ Gold gegraben.
2. Wer anderen eine Grube _____ , fällt selbst hinein.°

gratulieren – gratulierte – hat gratuliert
1. Man hat d_____ Sieger gratuliert.
2. Ich gratuliere dir herzlich _____ Geburtstag.
3. Ich gratuliere dir da_____ , dass man dich befördert hat.

greifen – griff – hat gegriffen
1. Sie hat _____ seiner Hand gegriffen.
2. Die Epidemie hat rasch _____ sich gegriffen.
3. Er griff zu oft _____ Flasche.
4. Ich habe dem armen Kerl öfter mal _____ die Arme gegriffen.
5. Seine Anschuldigungen sind völlig _____ der Luft gegriffen.

grenzen – grenzte – hat gegrenzt
1. Das Grundstück grenzt _____ einen Wald.
2. Sein Verhalten _____ an Unverschämtheit gegrenzt.

gründen – gründete – hat gegründet
1. Man gründete 1949 d_____ Bundesrepublik.
2. Sein Verdacht gründet sich _____ eine(r) Beobachtung.

grüßen – grüßte – hat gegrüßt
1. Er grüßt in der Rundfunksendung all sein_____ Bekannt_____ .
2. Ich soll dich übrigens noch _____ Heidi grüßen.

gucken – guckte – hat geguckt
1. Sie guckte _____ dem Fenster.
2. Er guckte ganz schön dumm _____ der Wäsche!*
3. Er hatte zu tief _____ Glas geguckt.*

gut gehen – ging gut – ist gut gegangen
1. Auf die dünne Eisfläche gehen? Wenn das mal _____ !
2. Das ist zum Glück noch einmal _____ .
3. Ob es _____ ihrer Ehe auf die Dauer gut geht?

gutschreiben – schrieb gut – hat gutgeschrieben
Wir schreiben den Betrag Ihr_____ Konto gut.

# H

haben (hat) – hatte – hat gehabt
1. Ich habe ein_____ Riesendurst.
2. Wir hatten früher Herrn Krause _____ Biologielehrer.
3. Mach schnell, ich habe _____ eilig.
4. Sie haben _____ Ihren Behauptungen Recht gehabt.
5. Jeder sollte ein Recht _____ einen Arbeitsplatz haben.
6. Der Fabrikant hat gute Beziehungen _____ Regierungskreisen.
7. Marion hat alle Geburtstage _____ Gedächtnis.
8. Unseren Lateinlehrer habe ich noch _____ gut_____ Erinnerung.
9. Die Probleme bei Atomreaktoren hat man noch nicht _____ Griff.
10. Der Bankräuber hatte zwei Geiseln _____ sein_____ Gewalt.
11. Bianca hatte ihre Gefühle nicht mehr _____ Kontrolle.
12. Der Unfall hatte einen Prozess _____ Folge.
13. Er hatte eine Japanerin _____ Frau.
14. Ich habe gerade keine Briefmarke _____ Hand.
15. Sie hatten zum Glück eine erfahrene Kollegin _____ Seite.
16. Die Fernsehdiskussion hatte die Rolle der Frau _____ Thema.
17. Ich habe im Moment nicht mehr Bargeld _____ Verfügung.
18. Er hat immer seinen Vater _____ Vorbild gehabt.
19. Die Wanderer haben die Jugendherberge _____ Ziel.
20. Der ist intelligent! Der hat was _____ dem Kasten!°

haften – haftete – hat gehaftet
1. Das Foto haftet _____ der Wand.
2. Die Eltern haften _____ ihre Kinder.
3. Für die Garderobe wird nicht _____ .

halten (hält) – hielt – hat gehalten
1. Der Klebstoff _____ nicht.
2. Der Torwart hat all___ Bälle gehalten.
3. Der Eurocity hält _____ Klagenfurt.
4. Dein Eis _____ sich bestimmt nicht in der Sonne.
5. Das Wetter wird _____ hoffentlich noch halten.
6. Der Tante-Emma-Laden hat _____ nicht halten können.
7. Er hält sein___ Vortrag an der Universität.
8. Stefan hält immer alles, _____ er verspricht.
9. Er hielt sein Versprechen. Er hatte Wort _____ .
10. Simone hat auf dem Balkon Kaninchen _____ .
11. Er hält _____ Weltrekord im Speerwurf.
12. Die Bank hielt ihn _____ kreditwürdig.
13. Ich halte es _____ wichtig, den Führerschein zu machen.
14. Man hält es _____ fraglich, ob er die Wahlen gewinnt.
15. Jeder muss sich _____ Recht und Gesetz halten.
16. Der Lehrling hält nicht viel _____ seinem Meister.
17. _____ moderner Malerei halte ich eigentlich nicht viel.
18. Martina kann ihr___ Mund nicht halten.
19. _____ Alkoholkonsum sollte man Maß halten.
20. Das Kind kann _____ dem Vater kaum Schritt halten.
21. Paul hat Paula immer d___ Treue gehalten.
22. Steffi hält _____ Garten in Ordnung.
23. Der Blitzkrieg hielt die ganze Welt _____ Atem.
24. Der Hund hat den Einbrecher _____ Schach gehalten.
25. Sie hält deshalb große Stücke _____ ihn.°
26. Ich wünsch dir viel Glück. Ich halte d___ den Daumen!°
27. Das ist egal. Das kannst du halten _____ ein Dachdecker.*

*Ich wünsch dir viel Glück!*

handeln – handelte – hat gehandelt
1. Hättest du bloß früher _____ !
2. Umweltsünder handeln schlecht _____ der Natur.
3. Die Banken handeln _____ Wertpapieren und Aktien.
4. Roland handelt _____ jeden Pfennig.
5. Die Sage handelt _____ einem unbesiegbaren Drachen.
6. _____ handelt sich bei ihm um einen Drogendealer.

hängen – hing – hat gehangen
       hängte – hat gehängt
1. Das Poster hat über seinem Bett _____ .
2. Die Haare haben ihr wirr ins Gesicht _____ .
3. Florian hat sehr _____ seiner Oma gehangen.
4. Der Massenmörder wurde _____ .

5. Astrid hat ihren Mantel _____ den Haken gehängt.
6. Sein Leben hing _____ einem seidenen Faden.
7. Lass mal nicht d_____ Kopf hängen, das wird schon wieder!
8. Ihr Lottogewinn wurde nicht _____ die große Glocke gehängt.°
9. Er hat seinen Beruf _____ den Nagel gehängt.
10. Die haben Krach. Bei denen hängt d_____ Haussegen schief.°

hassen (hasst) – hasste – hat gehasst
D_____ Krieg sollte man hassen.

hauen – haute (hieb) – hat gehauen
1. Der Schlägertyp hat ihm eine _____.*
2. Der Lehrer hat ihm das Heft _____ die Ohren gehauen.*
3. Musst du dich _____ anderen Kindern immer hauen?
4. Der Angeber soll mal nicht so _____ die Pauke hauen!°

heben – hob – hat gehoben
1. Er hob den Jungen _____ das Pferd.
2. Die Taucher haben das Wrack _____.
3. Bei der Atmung hebt und senkt _____ der Brustkorb.

heimfahren (fährt heim) – fuhr heim – hat/ist heimgefahren
1. Er hat seine Mutter _____ dem Moped heimgefahren.
2. Er ist gleich nach der Vorstellung _____.

heiraten – heiratete – hat geheiratet
1. Leo _____ nicht kirchlich, sondern nur standesamtlich.
2. Manuela heiratet ihr_____ Jugendliebe.

heißen – hieß – hat geheißen
1. Er heißt _____ Vornamen Joachim.
2. Die Straße heißt _____ dem Sozialdemokraten Friedrich Ebert.
3. Früher hat sie Karl-Marx-Straße _____.
4. In der Bibel heißt _____ : Liebe deinen Nächsten.
5. _____ heißt, er sei ins Ausland geflohen.
6. Jetzt heißt _____ , die Ärmel hochkrempeln.°
7. Der König hieß d_____ Müllerstochter zu sich kommen.
8. Ich darf Sie alle herzlich bei uns willkommen _____.

heizen – heizte – hat geheizt
1. Er heizt _____ Sauna.
2. In Ostdeutschland heizt man viel _____ Braunkohle.

helfen (hilft) – half – hat geholfen
1. Sein_____ Freunde_____ sollte man immer helfen.
2. Kann ich dir _____ Spülen helfen?
3. Soll ich dir da_____ helfen, das Auto anzuschieben?
4. Ein warmes Bad hilft vielleicht _____ deine Nervosität.
5. Claus weiß s_____ immer zu helfen.
6. Ich errate das nicht. Hilf mir mal _____ die Sprünge!°

**herabfallen (fällt herab) – fiel herab – ist herabgefallen**
Dicke Schneeflocken fielen vom Himmel _____ .

**herangehen – ging heran – ist herangegangen**
Er wollte nicht so recht _____ seine Arbeit herangehen.

**heranschleichen – schlich heran – hat/ist herangeschlichen**
1. Die Indianer haben sich _____ die Cowboys herangeschlichen.
2. Die Pfadfinder _____ an das Lagerfeuer herangeschlichen.

**heraufsteigen – stieg herauf – ist heraufgestiegen**
1. Er steigt d_____ Leiter zu mir herauf.
2. Er ist zu ihrem Fenster _____ .

**heraufziehen – zog herauf – hat/ist heraufgezogen**
1. Der Hubschrauber hat ihn am Seil _____ .
2. Ein schweres Gewitter _____ heraufgezogen.

**herausgeben (gibt heraus) – gab heraus – hat herausgegeben**
1. Ich hab kein Wechselgeld. Ich kann nicht _____ .
2. Sie mussten die gestohlenen Sachen wieder _____ .
3. Der Verlag gab ein neues Lexikon _____ .

**heraushalten (hält heraus) – hielt heraus – hat herausgehalten**
1. Er hielt den Kopf während der Fahrt _____ Fenster heraus.
2. Misch dich nicht ein! _____ du dich da heraus!
3. Damit will ich nichts zu tun haben. Haltet mich da _____ !

**herausreden – redete heraus – hat herausgeredet**
Er wollte sich _____ einer faulen Ausrede herausreden.

**hereinfallen (fällt herein) – fiel herein – ist hereingefallen**
1. Der Ball ist durch das offene Fenster _____ .
2. Sie fällt _____ jeden Trick herein.

**hereinkommen – kam herein – ist hereingekommen**
1. Das Kind ist durchs Fenster _____ .
2. Die neue Ware _____ leider noch nicht hereingekommen.

**herfallen (fällt her) – fiel her – ist hergefallen**
Die Wölfe fielen _____ das erschöpfte Reh her.

**hergeben (gibt her) – gab her – hat hergegeben**
1. Das ist meins! Gib das _____ !
2. Gib mir bitte mal den Schraubenzieher _____ !
3. Für das Projekt hatte ich meinen guten Namen _____ .
4. Der Marathonläufer musste sein Letztes _____ .
5. Zu so etwas gibt er s_____ nicht her, das macht er nicht.

**herrschen – herrschte – hat geherrscht**
1. In der Wüste herrscht groß_____ Trockenheit.
2. Der Kaiser herrschte _____ große Gebiete.

Übungen zu Verben

hersehen (sieht her) – sah her – hat hergesehen
   Kannst du mal für einen Moment _____ ?

herstellen – stellte her – hat hergestellt
   1. Man stellt ein____ Verbindung zu den Eingeschlossenen her.
   2. Heute werden Putzmittel _____ umweltfreundlichen Stoffen hergestellt.

herumtreiben – trieb herum – hat herumgetrieben
   1. Sie treibt s____ öfter in Kneipen herum.
   2. Keine Ahnung, wo Peter ist. Wo der sich wieder _____ ?

herunterfallen (fällt herunter) – fiel herunter – ist heruntergefallen
   Er ist _____ seinem Stuhl heruntergefallen.

herunterspringen – sprang herunter – ist heruntergesprungen
   Die Katze ist vom Dach _____ .

hervorbrechen (bricht hervor) – brach hervor – ist hervorgebrochen
   Der Löwe ist _____ dem Gebüsch hervorgebrochen.

hervorheben – hob hervor – hat hervorgehoben
   1. Die Überschrift muss man mit fetten Buchstaben _____ .
   2. Ich möchte hervorheben, _____ ich auf Pünktlichkeit Wert lege.

hervorrufen – rief hervor – hat hervorgerufen
   1. Er rief seinen Hund unter dem Bett _____ .
   2. Seine Bemerkung hat Verwunderung _____ .
   3. Krebs wird möglicherweise _____ Viren hervorgerufen.

herziehen – zog her – ist hergezogen
   Die Fußballfans sind _____ den Schiedsrichter hergezogen.

hinabsteigen – stieg hinab – ist hinabgestiegen
   1. Sie steigt in ihrem Brautkleid d____ Stufen hinab.
   2. Er stieg _____ den Brunnen hinab.

hinarbeiten – arbeitete hin – hat hingearbeitet
   Er hat _____ seine Beförderung hingearbeitet.

hinaufziehen – zog hinauf – hat/ist hinaufgezogen
   1. Die Kinder zogen ihre Schlitten d____ Hang hinauf.
   2. Man hat den Verwundeten _____ einem Seil hinaufgezogen.
   3. Die Straße zieht s____ in engen Kurven zum Pass hinauf.
   4. Der stechende Schmerz zog sich bis _____ Schulter hinauf.
   5. Die Siedler sind den Fluss _____ .

hinausgehen – ging hinaus – ist hinausgegangen
   1. Er ist _____ seinem Freund auf die Straße hinausgegangen.
   2. Das Fenster geht _____ den Hof hinaus.
   3. Seine Leistungen gingen weit _____ meine Erwartungen hinaus.

hinauslaufen (läuft hinaus) – lief hinaus – ist hinausgelaufen
   1. Er lief _____ Tür hinaus.
   2. Die Verhandlungen liefen nicht _____ eine Einigung hinaus.

hinaussehen (sieht hinaus) – sah hinaus – hat hinausgesehen
   Die alte Frau sah den ganzen Tag _____ Fenster hinaus.

hinaussteigen – stieg hinaus – ist hinausgestiegen
   1. Er steigt _____ Fenster hinaus.
   2. Der Schornsteinfeger _____ auf das Dach hinausgestiegen.

hinbringen – brachte hin – hat hingebracht
   1. Ich muss zum Arzt. Bringst du mich bitte _____ dem Auto hin?
   2. Mach nur weiter so! Das _____ du schon hin!*

hindern – hinderte – hat gehindert
   1. Der enge Rock hindert sie _____ Tanzen.
   2. Er hinderte ihn dar_____ , den Saal zu verlassen.

hindurchsehen (sieht hindurch) – sah hindurch – hat hindurchgesehen
   _____ den dünnen Stoff kann man hindurchsehen.

hineinlassen (lässt hinein) – ließ hinein – hat hineingelassen
   Man ließ uns nicht _____ die Diskothek hinein.

hinfallen (fällt hin) – fiel hin – ist hingefallen
   Er rutschte aus und fiel der Länge nach _____ .

hinfinden – fand hin – hat hingefunden
   Er hat nicht _____ der Adresse hingefunden.

hinfliegen – flog hin – hat/ist hingeflogen
   1. Zur Messe ist er mit seiner Privatmaschine _____ .
   2. Er stolperte und _____ hin.*

hinhauen – haute hin – hat hingehauen
   1. Er haute _____ der Axt kräftig hin.
   2. Er haute seine Hausaufgaben einfach _____ .*
   3. Die Übersetzung hat nicht _____ .*
   4. Die Sache hat geklappt! Die hat _____ .*
   5. Nach dem Mittagessen haue ich m_____ oft eine Stunde hin.*

hinkommen – kam hin – ist hingekommen
   1. Der Möbelpacker: Wo kommt das Klavier _____ ?
   2. Wo kommen wir denn _____ , wenn jeder tut, was er will?
   3. Wo _____ denn bloß meine Autoschlüssel hingekommen?
   4. Die Kinder kommen _____ ihrem Taschengeld nicht hin.
   5. Sein Alter müsste ungefähr _____ , du hast Recht.

hinsehen (sieht hin) – sah hin – hat hingesehen
   1. Der Pianist sah _____ dem Dirigenten hin.
   2. Sieh nicht so _____ , wenn jemand behindert ist.
   3. Er kann nicht _____ , wenn jemand geschlagen wird.

hinterherfahren (fährt hinterher) – fuhr hinterher – ist hinterhergefahren
   1. Er ist d_____ Taxi hinterhergefahren.
   2. Die Polizei ist _____ dem Fluchtauto hinterhergefahren.

hinüberrufen – rief hinüber – hat hinübergerufen
　Er rief etwas _____ die Straße hinüber.

hinunterstoßen (stößt hinunter) – stieß hinunter – hat/ist hinuntergestoßen
　1. Er stieß ihn im Streit d_____ Treppe hinunter.
　2. Der Pelikan ist blitzschnell _____ und hat den Fisch gefangen.

hinwegkommen – kam hinweg – ist hinweggekommen
　1. Sie sind nicht _____ den Tod ihres Sohnes hinweggekommen.

hinwegsehen (sieht hinweg) – sah hinweg – hat hinweggesehen
　1. Vom Fernsehturm kann man _____ die ganze Stadt hinwegsehen.
　2. Über kleine Fehler darf man ruhig _____ .

hinweisen – wies hin – hat hingewiesen
　Wir weisen _____ unser Sonderangebot hin.

hinzukommen – kam hinzu – ist hinzugekommen
　1. Als ich _____ ,war das Unglück schon passiert.
　2. Das Lager war voll, aber es kamen noch Asylanten _____ .
　3. _____ Lungenentzündung kamen noch Komplikationen hinzu.
　4. Hinzu kommt, _____ er nicht mehr ganz nüchtern war.

hochheben – hob hoch – hat hochgehoben
　1. Er hebt d_____ Gewicht hoch.
　2. Sie hat die Arme _____ .

hoffen – hoffte – hat gehofft
　1. Hoffen wir das Best_____ .
　2. Der Häftling hofft auf sein_____ baldig_____ Freilassung.
　3. Wir hoffen dar_____ , dass sich die Wirtschaftslage bessert.

holen – holte – hat geholt
　1. Die Mutter holt ihr_____ Kind ein Taschentuch.
　2. Er hat erst einmal tief Luft _____ .
　3. Er will, dass ich ihm die Kastanien _____ dem Feuer hole.
　4. Du hast dir ja ein_____ ganz schön_____ Schnupfen geholt!

hören – hörte – hat gehört
　1. Ich habe dich gestern Abend nicht nach Hause kommen _____ .
　2. Christine hört am liebsten klassisch_____ Musik.
　3. Der Teenager hört nicht mehr _____ seine Eltern.
　4. Dora hörte nicht dar_____ , als man sie warnte.
　5. Ich habe die Geschichte _____ meinem Freund gehört.
　6. Frank hat d_____ gehört, dass eine Stelle frei wird.

hungern – hungerte – hat gehungert
　1. Viele _____ im Krieg gehungert.
　2. Es hungerte ihn _____ Gerechtigkeit.

hupen – hupte – hat gehupt
　Der Busfahrer hat laut _____ .

husten – hustete – hat gehustet
1. Das Kind hustete d_____ ganz_____ Nacht über.
2. Holger hat Blut _____ .
3. Du kannst mich mal! Ich werde dir _____ husten.*

hüten – hütete – hat gehütet
1. Er musste wegen einer Lungenentzündung d_____ Bett hüten.
2. Hüte dich _____ dem bösen Wolf!

# I

informieren – informierte – hat informiert
1. Ich habe meinen Vorgesetzten _____ das Telefonat informiert.
2. Harald informiert sich immer _____ der Zeitung.
3. Natascha ist immer dar_____ informiert, was in der Welt passiert.

interessieren – interessierte – hat interessiert
1. Computerspiele interessieren mein_____ Tochter nicht.
2. _____ interessiert mich, was du gerade denkst.
3. Ewald hat sich nie _____ Mädchen interessiert.
4. Der Kommissar interessierte sich da_____ , wo er gewesen war.
5. Ich bin brennend _____ dem Film interessiert. (= Adj.)

intrigieren – intrigierte – hat intrigiert
Die Schwester der Königin intrigierte _____ sie.

irren – irrte – hat/ist geirrt
1. Sabine hat _____ leider geirrt.
2. Marlene hatte sich _____ d_____ Wahl ihres Partners geirrt.
3. Entschuldige! Ich hab mich _____ der Tür geirrt.
4. Er _____ auf der Kirmes durch ein Spiegellabyrinth geirrt.

# J

jagen – jagte – hat gejagt
1. Der Hund jagt d_____ Reh.
2. Die Polizei jagt _____ dem Täter.
3. Bei dem Wetter jagt man keinen Hund _____ die Tür.°

jammern – jammerte – hat gejammert
Er jammerte _____ den Verlust seines Führerscheins.

jubeln – jubelte – hat gejubelt
Das Volk jubelte _____ den Sturz des Diktators.

# K

kämmen – kämmte – hat gekämmt
1. Olga kämmt _____ Puppe die Haare.
2. Du hast vergessen, d_____ zu kämmen.

kämpfen – kämpfte – hat gekämpft
1. Der Gladiator kämpfte mit dem Löwe____ .
2. Er kämpft _____ jede Ungerechtigkeit.
3. Wir kämpfen _____ eine Gehaltserhöhung.
4. Sie kämpften bis _____ letzten Mann.

kaputtgehen – ging kaputt – ist kaputtgegangen
1. Deine Hose ist ja _____ !
2. Bei seinem Polterabend _____ viel Porzellan kaputt.
3. Durch die Dürre _____ viele Pflanzen kaputtgegangen.
4. Seine Beziehung ist _____ .
5. Durch Heroin geht man langsam, aber sicher _____ .

kaputtschlagen (schlägt kaputt) – schlug kaputt – hat kaputtgeschlagen
In seiner Wut hat er alle Möbel _____ .

kaufen – kaufte – hat gekauft
1. Ronald hat teur____ Schmuck gekauft.
2. Ich habe einen Strauß Tulpen _____ meine Frau gekauft.
3. Er hat sich _____ Gebrauchtwagenhändler einen Porsche gekauft.
4. Sei vorsichtig! Kauf nicht die Katze _____ Sack!°

kennen – kannte – hat gekannt
1. Herr____ Schneider kenne ich schon seit Jahren.
2. Er kennt seine Sekretärin _____ eine fleißige Mitarbeiterin.
3. Ich kenne den Ort _____ meine Westentasche.

kennen lernen – lernte kennen – hat kennen gelernt
Den neu____ Kollege____ haben wir noch nicht _____ .

kennzeichnen – kennzeichnete – hat gekennzeichnet
1. Er kennzeichnete den Waldweg _____ Schildern.
2. Sein Verhalten kennzeichnet ihn _____ Feigling.

klagen – klagte – hat geklagt
1. Sie klagte _____ starke Zahnschmerzen.
2. Man hörte die Frauen am Grab _____ .
3. Sie klagte ihr____ Freund ihr Leid.
4. Er hat _____ dem Landgericht geklagt.
5. Der Geschädigte hat _____ Schadenersatz geklagt.
6. Der Arbeitnehmer hat _____ seinen Arbeitgeber geklagt.

klappen – klappte – hat geklappt
1. Tobias klappt d____ Autositz nach vorn.
2. Alles hat auf der Reise wunderbar _____ .
3. _____ meiner Stellenbewerbung hat es leider nicht geklappt.
4. Es wird schon klappen, _____ ich Sonderurlaub kriege.

klären – klärte – hat geklärt
1. Der Polizeibeamte klärte d____ Unfallhergang.
2. Der Kriminalfall hat s____ geklärt.

**klar werden (wird klar) – wurde klar – ist klar geworden**
   Du musst dir _____ die Konsequenzen einmal klar werden!

**kleben – klebte – hat geklebt**
1. Hast du Kleber? Die Briefmarke hat nicht gut _____ .
2. Kannst du d_____ Bruder ein Pflaster aufs Knie kleben?
3. Das T-Shirt klebt _____ Leibe, so schwitzt er.
4. Wenn du nicht sofort aufhörst, kleb ich _____ eine.*

**klettern – kletterte – ist geklettert**
1. Barbara klettert _____ die Leiter.
2. Annette _____ bis oben auf den Baum geklettert.
3. Inge klettert ihr_____ Onkel auf _____ Schulter.

**klingeln – klingelte – hat geklingelt**
1. Mach die Tür auf, _____ hat geklingelt!
2. _____ Telefon klingelt mir zu oft.
3. Heute Nacht hat mich Gabi _____ dem Bett geklingelt.
4. Ein Vertreter klingelt _____ d_____ Wohnungstür.

**klingen – klang – hat geklungen**
1. Süßer die Glocken nie _____ als in der Weihnachtszeit.
2. Die Melodie klang noch immer _____ meinen Ohren.
3. Was er erzählt, _____ wenig glaubhaft.

**kneifen – kniff – hat gekniffen**
1. Weil er schnarchte, hat sie ihn _____ den Arm gekniffen.
2. Er hat sich nicht getraut zu kommen. Er hat _____ !*

**kochen – kochte – hat gekocht**
1. Wasser _____ bei 100 Grad Celsius.
2. Meine Mutter _____ sonntags immer Thüringer Klöße gekocht.
3. Die können's nicht besser. Die kochen auch bloß _____ Wasser!°

**kommen – kam – ist gekommen**
1. Veronika kommt mittags _____ der Arbeit nach Haus.
2. Michael ist auf ein_____ tolle_____ Idee gekommen.
3. Ich komme nicht dar_____ , wie er heißt.
4. Die arme Mutter kommt nicht mal abends _____ Ausruhen!
5. Dein Husten kommt _____ vielen Rauchen.
6. Computer kommen in den Büros mehr und mehr _____ Gebrauch.
7. Schreibmaschinen hingegen kommen allmählich _____ Gebrauch.
8. Die Lawine kam _____ Rollen.
9. Die Schaukel kommt _____ Schwung.
10. Die militärische Lage ist _____ Bewegung gekommen.
11. Die beiden kamen nett miteinander _____ Gespräch.
12. Ulla kam mit ihren vielen Verhältnissen _____ Gerede.
13. Der Hund ist _____ die Jahre gekommen. Er ist ziemlich alt.
14. Er kam beim Erzählen immer vom Hundertsten _____ Tausendste.
15. Eine Gehaltserhöhung kam für meinen Chef nicht _____ Frage.

16. Eine Änderung des Grundgesetzes kommt nicht _____ Betracht.
17. Nach dem Hauskauf kamen sie _____ finanzielle Bedrängnis.
18. Wegen der Schulden ist sein Haus _____ den Hammer gekommen.°
19. Erst zwei Stunden nach dem Unfall kam er wieder _____ sich.
20. Die Waschmaschinentrommel muss erst _____ Stillstand kommen.
21. Meine Kinder sind beide im Frühjahr _____ Welt gekommen.
22. Die Farben auf dem Bild kommen gut _____ Wirkung.
23. Die vermisste Akte kam wieder _____ Vorschein.
24. Ihr kam _____ Ohren, dass er ein Verhältnis hatte.
25. Die Kinder müssen im Bett endlich _____ Ruhe kommen.
26. Das Problem wird auf der Sitzung _____ Sprache kommen.
27. Die Vertragsverhandlungen kamen endlich _____ Abschluss.
28. Im Nationalitätenkonflikt kam viel Hass _____ Ausbruch.
29. Der Student kam mit seinen Gegenargumenten nicht _____ Zug.
30. Bei den Bergungsarbeiten kamen Bulldozer _____ Einsatz.
31. Die verdorbene Ware kommt nicht _____ Verkauf.
32. Deine Figur kommt in dem Abendkleid gut _____ Geltung.
33. Bei den Salzburger Festspielen kommt Mozart _____ Aufführung.
34. Ganz neue Tatsachen sind uns nun _____ Kenntnis gekommen.
35. Es kam _____ Abstimmung über die alternativen Vorschläge.
36. Glücklicherweise kamen seine Pläne nie _____ Ausführung.
37. Der Gesetzesentwurf ist in der Abstimmung _____ Fall gekommen.
38. Der Arbeitslose ist _____ die schiefe Bahn gekommen.
39. Otto kam m_____ zu dumm, da hab ich ihn sitzen lassen.°
40. Der Alkoholiker ist _____ den Hund gekommen.°
41. Er ist im Leben nie _____ einen grünen Zweig gekommen.°
42. Seine Tochter ist endlich _____ die Haube gekommen.°
43. Wie er dazu kam? Der kam dazu wie die Jungfrau _____ Kind.°

können (kann) – konnte – hat gekonnt
1. Vögel _____ fliegen.
2. Die Mathematikaufgabe habe ich nicht _____ .
3. Ich habe sie nicht lösen _____ .
4. Das alte Gebäude _____ einstürzen.
5. Es _____ sein, dass er schon abgereist ist.

konzentrieren – konzentrierte – hat konzentriert
1. Der Orangensaft wird vor dem Transport _____ .
2. Er muss sich ganz _____ die Prüfungsaufgabe konzentrieren.

korrespondieren – korrespondierte – hat korrespondiert
Ich habe oft _____ meinem Brieffreund korrespondiert.

korrigieren – korrigierte – hat korrigiert
1. Der Pilot hat d_____ Kurs korrigiert.
2. Gundula korrigiert ihr_____ vielen Rechtschreibfehler.

kosten – kostete – hat gekostet
1. Willi kostet d_____ Bratensoße.
2. Susanne kostet, _____ das Fleisch gut gewürzt ist.

3. Die Umleitung hat uns viel Zeit _____ .
4. So ein Leichtsinn kann dich d_____ Hals kosten!°
5. Das kann man bezahlen. Das wird d_____ Welt nicht kosten!°

kränken – kränkte – hat gekränkt
1. Er hat sein_____ Frau schwer gekränkt.
2. Er kränkte sie _____ einem Hinweis auf ihr Alter.

kriechen – kroch – ist gekrochen
1. Eine Schnecke _____ über den Weg gekrochen.
2. Gestern Abend bin ich früh ins Bett _____ .*

kriegen* – kriegte – hat gekriegt
1. Gisela hat ein_____ Allergie gegen Katzenhaare gekriegt.*
2. Yvonne kriegt _____ Matthias Blumen.*
3. Der Fahrer kriegte sein_____ Wagen nicht mehr zum Stehen.*
4. Wir kriegen Dr. Bär _____ Vorgesetzten.*
5. Christa hat einen Millionär _____ Mann gekriegt.*
6. Pass auf, oder du kriegst _____ mit mir zu tun!*
7. Er hat von seinem Chef eins _____ Dach gekriegt.*
8. Als der Alarm losging, kriegten die Einbrecher kalt_____ Füße.*
9. Das hast du _____ den falschen Hals gekriegt.*
10. Reicht das nicht? Kannst du d_____ Hals nicht voll kriegen?*
11. Du kriegst d_____ Motten! Ach, du liebe Zeit!*
12. Lass das, sonst kriegst du was _____ die Löffel!*

krümmen – krümmte – hat gekrümmt
1. Er krümmte sich _____ Schmerzen.
2. Man hat ihm kein Haar _____ .

krumm nehmen (nimmt krumm) – nahm krumm – hat krumm genommen
1. Er konnte niemandem etwas _____ .
2. Sie nahm es ihm krumm, _____ er den Termin vergessen hatte.

kümmern – kümmerte – hat gekümmert
1. Das Unglück der Flüchtlinge hat nur wenige _____ .
2. Im Urlaub kümmert sich Christina _____ unseren Papagei.
3. Niemand kümmert sich dar_____ , wie es mir geht.
4. Er kümmert sich um jed_____ Dreck.*
5. Kümmer dich gefälligst _____ deinen eigenen Mist!*

kündigen – kündigte – hat gekündigt
1. Uschi hat _____ Zeitungsabonnement gekündigt.
2. Wegen Unregelmäßigkeiten hat man ein_____ Kollege_____ gekündigt.
3. Ich kündige dem ADAC mein_____ Mitgliedschaft.

kürzen – kürzte – hat gekürzt
1. Meine Mutter hat mir mein_____ Mantelärmel gekürzt.
2. D_____ Beamten wurden die Gehälter gekürzt.

küssen – (küsst) – küsste – hat geküsst
1. Corinna küsst ihr____ kleine Schwester.
2. Er küsst _____ Dame die Hand.
3. Hubert hat Gerlinde auf d_____ Wange geküsst.

# L

lächeln – lächelte – hat gelächelt
1. Die Stewardess hat immer freundlich _____ .
2. Hannelore lächelt _____ die Frage ihres Kindes.

lachen – lachte – hat gelacht
1. Man sollte nicht _____ Behindert_____ lachen.
2. Die Kinder lachen dar_____ , was der Clown alles macht.
3. Seine Frau ist ein Drache, da hat er nichts _____ lachen.
4. Er blieb bei dem Streit d_____ lachende Dritte.
5. Und ob ich das schaffe! Das wäre ja _____ !°
6. Das ist einfach lächerlich, da lachen ja d_____ Hühner!°
7. Er hat sich ein_____ Ast gelacht, so komisch war das.*

laden (lädt) – lud – hat geladen
1. Der LKW hat Lebensmittel _____ .
2. Vorsicht! Das Gewehr ist _____ .

landen – landete – hat/ist gelandet
1. Das Flugzeug aus Düsseldorf _____ soeben gelandet.
2. Der Pilot _____ die beschädigte Maschine sicher gelandet.
3. Hans-Georg kann mit seinem Charme nicht _____ Clara landen.*
4. Franz _____ wegen einem Einbruch im Gefängnis gelandet.*

langweilen – langweilte – hat gelangweilt
1. Seine alten Erzählungen langweilen m_____ auf Dauer.
2. Ich langweile mich immer _____ Fußball.
3. Er hat sich beim Fest mit seiner Tischdame _____ .

lassen (lässt) – ließ – hat gelassen
1. Zum Glück hat mein Vater d_____ Rauchen gelassen.
2. Im Hotel _____ Kerstin immer die Wäsche im Koffer.
3. Sein_____ Annäherungsversuche lassen mich völlig kalt.
4. Dein Freund lässt d_____ übrigens schön grüßen.
5. Kann man alle kleinen Kätzchen _____ Leben lassen?
6. Im Gebirge darf man das Wetter nicht _____ Acht lassen.
7. Lass mich mit deinen ständigen Vorwürfen _____ Ruhe!
8. Dorothea hat uns mit ihren Plänen _____ Ungewissen gelassen.
9. Der Lehrer lässt Franz _____ Zweifel, ob er versetzt wird.
10. Nur ruhig Blut! Man sollte immer die Kirche _____ Dorf lassen.°
11. Ihre Freundin hat sie _____ Stich gelassen.
12. _____ die Finger von meiner Freundin!*

laufen (läuft) – lief – ist gelaufen
1. Die Leute _____ aus dem brennenden Hotel gelaufen.
2. Der Motor _____ ziemlich laut.
3. D_____ Mädchen läuft die Nase.
4. Im Kino läuft seit gestern ein neu_____ Film.
5. Das Programm läuft nicht _____ meinem Computer.
6. Der Fernseher lief d_____ ganzen Tag.
7. Glücklicherweise _____ alles hervorragend.
8. Ein Alkoholiker läuft Gefahr, seine Stelle _____ verlieren.
9. Onkel Heinrich ist mir gestern _____ den Weg gelaufen.
10. Der ärgert sich. Dem ist 'ne Laus _____ die Leber gelaufen.°

laufen lassen (lässt laufen) – ließ laufen – hat laufen lassen
1. Du sollst doch das Wasser nicht ewig _____ !
2. Nach dem Verhör hat man d_____ Taschendieb laufen lassen.

lauschen – lauschte – hat gelauscht
Das Publikum lauschte d_____ Vortrag des Dichters.

leben – lebte – hat gelebt
1. Der abgestürzte Bergsteiger hat zum Glück noch _____ .
2. Sie lebt _____ einer bescheidenen Rente.
3. Er lebt nur _____ seine Hobbys.
4. Sie leben _____ dem Land.
5. Er lebt nur gerade mal _____ der Hand _____ den Mund.
6. Sie lebt mit dem ererbten Geld _____ großem Fuß.°
7. Es gibt Menschen, die leben _____ Luft und Liebe.°
8. Dem geht's gut! Der lebt _____ Gott in Frankreich.°

legen – legte – hat gelegt
1. Er legt _____ Paket vor die Tür.
2. Das Huhn hat ein _____ gelegt.
3. Sie hat die Karten _____ , um die Zukunft vorherzusehen.
4. Der Sturm hat _____ wieder gelegt.
5. Er legt besonderes Gewicht _____ solide Sprachkenntnisse.
6. Sie legt Wert _____ ein gepflegtes Äußeres.
7. Der unheilbar Kranke hatte Hand _____ sich gelegt.
8. Er legte ihr die Erziehung seiner Kinder _____ Herz.
9. Leg nicht jedes Wort _____ die Goldwaage!°
10. Er hat etwas Geld _____ die hohe Kante gelegt.°
11. Er hat ihn mit dem Trick ganz schön _____ Kreuz gelegt.°

lehren – lehrte – hat gelehrt
1. Der Professor hat Neuer_____ Geschichte gelehrt.
2. Die Geschichte lehrt uns, die Gegenwart _____ verstehen.

leiden – litt – hat gelitten
1. Der Verwundete leidet stark_____ Schmerzen.
2. Sie leidet an ein_____ Allergie gegen Hausstaub.
3. Das Volk litt unter d_____ Herrschaft des Diktators.
4. Er hat dar_____ gelitten, dass sie so eifersüchtig war.

leihen – lieh – hat geliehen
1. Könntest du m_____ bis morgen 10 DM leihen?
2. Philipp hat s_____ von mir Geld geliehen.

leisten – leistete – hat geleistet
1. Ich kann m_____ dieses Jahr keinen Urlaub leisten.
2. Er hat sich ein_____ übl_____ Scherz geleistet.
3. Die Ambulanz hatte erste Hilfe _____ .
4. Die Bevölkerung leistete Widerstand _____ den Putsch.

leiten – leitete – hat geleitet
1. Viele Metalle leiten d_____ Strom.
2. Ein Journalist hat d_____ Diskussionsrunde geleitet.
3. Das Schreiben wurde _____ den Bürgermeister geleitet.
4. Das Erdgas wird _____ große Rohre geleitet.

lenken – lenkte – hat gelenkt
1. Ein Fahrschüler lenkt d_____ Wagen.
2. Die Diskussion wurde in eine andere Richtung _____ .
3. Der Zeitungsartikel lenkte die Aufmerksamkeit _____ ihn.

lernen – lernte – hat gelernt
1. Ich kann nicht gut auswendig _____ .
2. Sie hat Schneiderin _____ .
3. Olaf hat _____ seinen Fehlern gelernt.
4. Sven hat gelernt, _____ man strickt.
5. Er hat es gelernt, Geduld _____ haben.

lesen (liest) – las – hat gelesen
1. Ich habe die Tageszeitung _____ .
2. Der Papst liest _____ Ostermesse.
3. Professor Schulte liest in dies_____ Semester über Kant.
4. Sein Vorgesetzter hat ihm d_____ Leviten gelesen.*

lieben – liebte – hat geliebt
1. Adrian liebt nur groß_____ Frauen.
2. Sie liebt es nicht, gestört _____ werden.

liefern – lieferte – hat geliefert
1. Der Milchmann hat die Milch _____ .
2. Die Untersuchung lieferte interessant_____ Ergebnisse.
3. Die Bürgerkriegsparteien lieferten s_____ erbitterte Kämpfe.
4. Der Großhändler liefert die Waren _____ die Einzelhändler.
5. Nichts mehr zu machen! So ein Pech! Du bist _____ !*

liegen – lag – hat gelegen
1. Der Hund lag nicht _____ Körbchen, sondern auf d_____ Sofa.
2. Berlin liegt _____ Norddeutschland _____ der Spree.
3. Mir liegt dar_____ , dass du dabei bist.
4. Fremdsprachen liegen m_____ nicht so besonders.
5. Die Verspätung hat _____ einem Zugunglück gelegen.

6. Die alleinige Entscheidung liegt _____ unserem Chef.
7. Die Ausbildung meiner Tochter liegt mir sehr _____ Herzen.°
8. Die Beweise für die Tat liegen klar _____ der Hand.°
9. Die Kinder liegen schon _____ Schlaf.
10. Großvater liegt _____ Sterben.
11. Arbeitszeitverkürzung liegt _____ Interesse der Arbeitnehmer.
12. Immer mehr Hausbesitzer liegen _____ Streit mit den Mietern.
13. Die Völker im Nahen Osten lagen miteinander _____ Krieg.
14. Der Tango muss einem _____ Blut liegen.°
15. Ich komm nicht drauf, aber das Wort liegt mir _____ der Zunge.°
16. Die Prüfung liegt mir schwer _____ Magen.°
17. Die Nachbarn liegen sich immer _____ den Haaren.°
18. Der tut nichts und liegt nur _____ der faulen Haut.°
19. Als Student lag er noch seinem Vater _____ der Tasche.°
20. Die lag ihm dauernd mit ihren Wünschen _____ den Ohren.°

liegen lassen (lässt liegen) – ließ liegen – hat liegen (ge)lassen
1. Sie haben d_____ Obdachlosen einfach im Schnee liegen lassen.
2. Sie hat ihre Sonnenbrille im Bus _____ .
3. Lass alles stehen und _____ und komm endlich!
4. Den kann ich nicht leiden! Den _____ ich links liegen.°

loben – lobte – hat gelobt
1. Unser Dozent lobt sein_____ Studenten wenigstens ab und zu.
2. Er hat uns aber diesmal _____ den grünen Klee gelobt.°

lockerlassen (läßt locker) – ließ locker – hat locker gelassen
Er hat nicht _____ , bis sie schließlich nachgab.

lohnen – lohnte – hat gelohnt
1. Der Verletzte hat d_____ Helfer seine Hilfe gelohnt.
2. Es lohnt s_____ unbedingt, auf die Zugspitze zu fahren.

lösen – löste – hat gelöst
1. Das Wasser löst d_____ Zucker.
2. Er hat die Briefmarken _____ Briefumschlag gelöst.
3. Er hat sein_____ Beziehung mit ihr gelöst.
4. Er hat s_____ von ihr gelöst.

losfahren (fährt los) – fuhr los – ist losgefahren
1. _____ los! Beeil dich!
2. Der Panzer fuhr direkt _____ die Straßensperre los.

loskommen – kam los – ist losgekommen
Sie redete so viel; ich konnte nicht _____ ihr loskommen.

loslassen (lässt los) – ließ los – hat losgelassen
1. Warum halten Sie mich fest? _____ Sie mich los!
2. Die verrückte Idee _____ ihn nicht mehr los.
3. Wer hat denn den Kerl _____ die Menschheit losgelassen?*

lügen – log – hat gelogen
1. Mein____ Kinder lügen so gut wie nie.
2. Sie lügt _____ gedruckt.
3. Beatrice hat das Blaue _____ Himmel gelogen.
4. Sie lügt, dass s____ die Balken biegen.°
5. Er lügt uns d____ Hucke voll!°
6. Er lügt sich was _____ die eigene Tasche.°

# M

machen – machte – hat gemacht
1. Mutter macht d____ Betten.
2. _____ Erdöl macht man Benzin.
3. Der Direktor machte Herrn Schröder _____ Abteilungsleiter.
4. Es macht mir Spaß _____ wandern.
5. Du machst _____ mir nicht leicht, dir zu helfen.
6. Das Poster macht s____ ganz gut über dem Schreibtisch.
7. Ralf macht sich nichts _____ Blondinen.
8. Aber allen Dunkelhaarigen macht er d____ Hof.
9. Hiltrud macht sich nichts dar____ , dass sie nachsitzen muss.
10. Ich muss mich jetzt endlich _____ meine Arbeit machen.
11. Sie hatte sich Hoffnung _____ eine Beförderung gemacht.
12. Er hat sich nie Gedanken _____ das Problem gemacht.
13. Er machte keinen Unterschied _____ Reich und Arm.
14. Sei freundlicher, denn der Ton _____ die Musik!
15. Sie haben sich ausgesprochen und rein____ Tisch gemacht.
16. Ich muss jetzt was tun, sonst macht mir mein Chef d____ Hölle heiß.°
17. Er hat ihm d____ Mund wässrig gemacht.
18. Ich finde, eure Kinder haben s____ prächtig gemacht!*
19. Mach, _____ du fortkommst!*
20. Verschwinde endlich, oder ich mach' d____ Beine!*
21. Nach dem Unfall hat er sich _____ dem Staub gemacht.°
22. Das Baby hat _____ die Windeln gemacht.

mahlen – mahlte – hat gemahlen
1. Der Müller hat das Korn _____ .
2. Die Kaffeemühle mahlt den Kaffee _____ feinem Pulver.
3. Gottes Mühlen _____ langsam.°

malen – malte – hat gemalt
1. Britta hat ein hübsch____ Bild auf die Tapete gemalt.
2. Elisabeth malt s____ die Lippen rot.
3. Nun mal mal nicht gleich den Teufel _____ die Wand!°

malnehmen (nimmt mal) – nahm mal – hat malgenommen
Um 10 zu erhalten, muss man 5 mit 2 _____ .

mangeln – mangelte – hat gemangelt
Es hat der Bevölkerung _____ Lebensmitteln gemangelt.

86

Maschine schreiben – schrieb Maschine – hat Maschine geschrieben
1. Wo hast du mit zehn Fingern _____ gelernt?
2. Der Brief war wegen ihrer schlechten Handschrift _____ .

meiden – mied – hat gemieden
Man sollte zu groß____ körperliche Anstrengungen meiden.

meinen – meinte – hat gemeint
1. Dirk meint etwas völlig ander____ als du.
2. Er hatte _____ dem Schimpfwort den Polizisten gemeint.
3. Deine Eltern meinen _____ doch nur gut mit dir.
4. Sie meinte, Fabian irgendwo schon mal gesehen _____ haben.

melden – meldete – hat gemeldet
1. Ich melde mein____ Versicherung den Glasschaden.
2. Die Wettervorhersage hat ein Sturmtief _____ .
3. Herr Wagner hat _____ heute morgen krank gemeldet.
4. _____ Telefon hat sich keiner gemeldet.
5. Der Bundeswehrangehörige muss sich _____ seiner Einheit melden.
6. Franziska hat sich freiwillig _____ einem Spiel gemeldet.

melken – molk – hat gemolken
Früher hat man die Kühe mit der Hand _____ .

merken – merkte – hat gemerkt
1. Der Lehrer hat nicht gemerkt, _____ ich gemogelt habe.
2. Man merkt nichts _____ seiner Unsicherheit.
3. D____ neu____ Vokabeln habe ich mir gut gemerkt.
4. Ich kann mir sein____ Name____ einfach nicht merken.

messen (misst) – maß – hat gemessen
1. Vor dem Tapezieren _____ sie die Höhe des Zimmers.
2. Die Krankenschwester hat mein____ Temperatur gemessen.
3. Sie misst m____ auch noch den Puls.
4. Das Regal misst genau ein____ Meter.
5. Der Kontrolleur maß den Schwarzfahrer _____ strafendem Blick.
6. Die Amateurspieler messen _____ heute im Schach.

mieten – mietete – hat gemietet
Wir haben ein gemütlich____ Reihenhäuschen gemietet.

missachten – missachtete – hat missachtet
Der Betrunkene hat d____ Verbotsschild missachtet.

missbrauchen – missbrauchte – hat missbraucht
1. Die Frau wurde von dem Räuber _____ .
2. Der Abgeordnete hat sein____ Rechte missbraucht.

missfallen (missfällt) – missfiel – hat missfallen
Die dummen Streiche missfielen d____ Lehrer sehr.

misslingen – misslang – ist misslungen
Der Flugversuch ist d____ Schneider von Ulm misslungen.

missraten (missrät) – missriet – ist missraten
   Die Sahnetorte ist mein_____ Mutter etwas missraten.

misstrauen – misstraute – hat misstraut
   1. Er misstraut d_____ Frieden.
   2. Sie hat d_____ Schmeicheleien des Heiratsschwindlers misstraut.

missverstehen – missverstand – hat missverstanden
   Heiko hat sein_____ Hausaufgaben völlig missverstanden.

mitbringen – brachte mit – hat mitgebracht
   1. Ihr Freund hat ihr ein_____ Strauß Rosen mitgebracht.
   2. Er brachte sein_____ Hund Knochen mit.

mithelfen (hilft mit) – half mit – hat mitgeholfen
   Wenn jeder _____ , sind wir gleich fertig.

mitkommen – kam mit – ist mitgekommen
   1. Ich hatte eine Katze, die _____ in die Schule mitgekommen.
   2. Meine Kinder kommen gut im Gymnasium _____ .
   3. Kommst du heute Abend mit _____ Kino?

mitteilen – teilte mit – hat mitgeteilt
   1. Der Sprecher teilte d_____ Verhandlungsergebnis mit.
   2. Er teilte d_____ Einwohnermeldeamt seine neue Adresse mit.

mitwirken – wirkte mit – hat mitgewirkt
   Bekannte Interpreten wirkten _____ dem Konzert mit.

müssen (muss) – musste – hat gemusst
   1. Ein Spitzensportler _____ täglich trainieren.
   2. Er hat noch seine Schulaufgaben machen _____ .
   3. Niemand hat ihn gezwungen. Er hat das nicht _____ .
   4. Wenn er nicht kommt, _____ er wohl krank sein.

# N

nachdenken – dachte nach – hat nachgedacht
   1. Er dachte _____ seine Antwort nach.
   2. Er dachte dar_____ nach, was er hätte antworten sollen.

nacheilen – eilte nach – ist nachgeeilt
   Sie ist ihr_____ Mann mit dem vergessenen Schlüssel nachgeeilt.

nachgeben (gibt nach) – gab nach – hat nachgegeben
   1. Der Klüger_____ gibt nach.
   2. Man sollte nicht immer sein_____ Gelüsten nachgeben.
   3. Die Tür hat unter dem Druck _____ .

nachgehen – ging nach – ist nachgegangen
   1. Er ist dem Fremden _____ .
   2. Der Indianer _____ der Spur des Bären nachgegangen.
   3. Deine Uhr geht ja _____ ! Es ist schon elf Minuten später.

4. Die Polizei ging all____ Hinweisen aus der Bevölkerung nach.
5. Nach dem Streik ging jeder wieder sein____ Arbeit nach.

**nachlassen (lässt nach) – ließ nach – hat nachgelassen**
1. Seine schulischen Leistungen _____ leider nachgelassen.
2. Ich lass nicht eher _____ , bis ich die ganze Wahrheit weiß.
3. Der Brunnen ist zu tief. Lass das Seil noch etwas _____ .
4. Die Wirkung des Gifts _____ erst nach Stunden _____ .
5. Das Kaufinteresse hat deutlich _____ .
6. Die Kopfschmerzen haben zum Glück etwas _____ .
7. Lassen Sie _____ Barzahlung drei Prozent vom Preis nach?

**nachlaufen (läuft nach) – lief nach – ist nachgelaufen**
1. Der Wachhund lief d____ Flüchtling nach.
2. Er ist viel zu stolz, um ihr _____ .

**nachlesen (liest nach) – las nach – hat nachgelesen**
Er hat das Zitat noch einmal bei Goethe _____ .

**nachschlagen (schlägt nach) – schlug nach – hat nachgeschlagen**
1. _____ einfach im Wörterbuch nach, was das bedeutet!
2. Ich habe das Wort im Lexikon _____ , aber nicht gefunden.

**nachsehen (sieht nach) – sah nach – hat nachgesehen**
1. Sieh mal _____ , wer bei uns geklingelt hat!
2. Er hat d____ aufsteigenden Luftballon traurig nachgesehen.
3. Der Lehrer hat unser____ Klassenarbeiten nachgesehen.
4. Man muss Jugendlich____ vieles nachsehen.

**nachstellen – stellte nach – hat nachgestellt**
1. Im Herbst müssen wir die Uhren _____ Stunde nachstellen.
2. Ein Unbekannter hat der Frau _____ .

**nähen – nähte – hat genäht**
1. Meine Mutter näht all ihr____ Kleider selbst.
2. Die Wunde wurde von dem Chirurgen _____ .
3. Kannst du mir einen Knopf _____ die Hose nähen?

**näher kommen – kam näher – ist näher gekommen**
Nach dem Streit sind sie sich wieder _____ .

**nehmen (nimmt) – nahm – hat genommen**
1. Meistens nehme ich d____ Rad zur Arbeit.
2. Michaela, du sollst die Gabel nicht _____ Umrühren nehmen!
3. Der Vater nimmt s____ Tochter an die Hand.
4. Meine Frau nahm mich _____ die Arme.
5. Sie nimmt ein Bettlaken _____ Tischdecke.
6. Mario nimmt s____ zu viel____ Scheib____ Wurst aufs Brot.
7. Nächste Woche _____ meine Sekretärin Urlaub.
8. Sie nahm sich d____ besten Anwalt.
9. Die Steuern werden meistens _____ den Ärmsten genommen.

10. Man sollte mehrere kleine Mahlzeiten _____ sich nehmen.
11. Ingrid nimmt ihr_____ Liebeskummer zu ernst.
12. Er hat Abschied _____ seiner Frau genommen.
13. Wir nehmen Bezug _____ Ihr Schreiben vom 3. März.
14. Er nahm _____ meine Entscheidung keinen Einfluss.
15. Er nahm _____ dem Vorfall keine Notiz.
16. Sie hat Rache _____ dem Mörder ihres Kindes genommen.
17. Man sollte _____ ältere Mitbürger mehr Rücksicht nehmen.
18. Er war unschuldig, aber er nahm die Schuld _____ sich.
19. Die Behörde hat zu meinem Brief Stellung _____ .
20. Nicole nimmt ihre Migräne nur _____ Vorwand.
21. Du hast es versprochen und ich nehme dich _____ Wort.
22. Nimm dich bloß _____ Acht, sonst bekommst du Ärger mit uns.
23. Man muss das schwierige Unterfangen bald _____ Angriff nehmen.
24. Du solltest dein Recht auf Umtausch _____ Anspruch nehmen.
25. Mein Untermieter nimmt meine ganze Wohnung _____ Beschlag.
26. Der Feldherr nahm das Gebiet _____ Besitz.
27. Drücken Sie den Knopf, um das Gerät _____ Betrieb zu nehmen.
28. Mein Nachbar hat ein Paket für mich _____ Empfang genommen.
29. Mehrere vermummte Demonstranten wurden _____ Haft genommen.
30. Diese Angelegenheit will ich selbst _____ die Hand nehmen.
31. Wir mussten im Urlaub ein paar Regentage _____ Kauf nehmen.
32. Er nimmt immer seine Kinder gegen die anderen _____ Schutz.
33. Das alte Auto wird bei einem Neukauf _____ Zahlung genommen.
34. Er nimmt ihre Verspätung _____ Anlass für einen Streit.
35. Johanna hat einen Ausländer _____ Mann genommen.
36. Er hat sich den Trainer _____ Vorbild genommen.
37. Er trieb seinen Spaß mit mir und nahm mich _____ den Arm.
38. Der Meister nahm den unpünktlichen Lehrling _____ Gebet.°
39. Er hat alles gesagt und kein Blatt _____ Mund genommen.°
40. Er hat d_____ Mund zu voll genommen, dieser Angeber!°
41. Beim Verhör hat man ihn ganz schön _____ die Zange genommen.°
42. Nimm die Sache bloß nicht _____ die leichte Schulter!°
43. Das kannst du mir glauben. Dar_____ kannst du Gift nehmen!°
44. Er hat sich nicht die Butter _____ Brot nehmen lassen.°

neigen – neigte – hat geneigt
 1. Der Tag hat s_____ geneigt.
 2. Sie neigt bei ihrer Geschichte immer _____ Übertreibungen.

nennen – nannte – hat genannt
 1. Tanja nannte ihr_____ Vater die Namen ihrer Freundinnen.
 2. Hannes nannte seine Tochter _____ seiner ersten Jugendliebe.
 3. Ich nenne _____ ein großes Glück, dass wir uns begegnet sind.

nicken – nickte – hat genickt
 Die Figur _____ , wenn man Geld hineinwarf.

nötigen – nötigte – hat genötigt
   Man musste ihn immer _____ Essen nötigen.

nutzen – nutzte – hat genutzt
(= nützen – nützte – hat genützt)
   1. Wir nützten/nutzten das herrliche Wetter _____ einem Ausflug.
   2. Sprachkenntnisse nützen/nutzen ein_____ Globetrotter erheblich.

# O

offen bleiben – blieb offen – ist offen geblieben
   1. Das Dachfenster ist bei dem Gewitter _____ .
   2. Die Frage bleibt _____ , wer der Schuldige war.

offen stehen – stand offen – hat offen gestanden
   1. Das Garagentor hat über Nacht _____ .
   2. Sein Mund stand ihm _____ Staunen offen.
   3. Die Benutzung der Bibliothek _____ jedermann offen.
   4. Mit abgeschlossenem Studium steht dir d_____ Welt offen.
   5. _____ steht Ihnen offen, Ihren Anwalt zu informieren.
   6. Unsere letzte Rechnung steht noch _____ .

öffnen – öffnete – hat geöffnet
   1. Kannst du mal d_____ Fenster öffnen?
   2. Würdest du Judith mal d_____ Kleid öffnen?
   3. Bei dem Erdbeben hat s_____ der Boden geöffnet.
   4. Die Geschäfte _____ am Samstag bis 16 Uhr geöffnet.

operieren – operierte – hat operiert
   1. Der Chirurg hat d_____ Blinddarm operiert.
   2. Man hat dem Soldaten eine Gewehrkugel _____ der Brust operiert.
   3. Der General hat _____ einer glänzenden Taktik operiert.
   4. Die Flugzeugträger operieren _____ Mittelmeer.

ordnen – ordnete – hat geordnet
   1. Er ordnete sein_____ Belege für das Finanzamt.
   2. Er hat die Bücher im Regal _____ Sachgebieten geordnet.

orientieren – orientierte – hat orientiert
   1. Er orientierte mich _____ den Inhalt des Schreibens.
   2. Die Seefahrer orientieren sich _____ den Sternen.

# P

packen – packte – hat gepackt
   1. Sie packt mein_____ Arm.
   2. Er hat den Koffer ins Gepäcknetz _____ .
   3. Wenn du nicht zu streiten aufhörst, packe ich mein_____ Koffer.
   4. Sie hat ihr_____ Siebensachen gepackt und ist verschwunden.
   5. Nur Mut! Man muss den Stier _____ den Hörnern packen!°

parken – parkte – hat geparkt
1. Viele Autos parken _____ dem Bürgersteig.
2. Er hat sein_____ Wagen direkt vor der Ausfahrt geparkt.

passen (passt) – passte – hat gepasst
1. Da kann ich nicht mithalten, da muss ich _____ .
2. Mein Konfirmationsanzug passt m_____ nicht mehr.
3. Seine Frau passt nicht _____ ihm.
4. Das Klavier passte nicht _____ den Aufzug.
5. Jeans sind nicht die passend_____ Kleidung für die Oper. (= Adj.)
6. Das kommt mir ungelegen. Das passt wie die Faust _____ Auge.°

passieren – passierte – hat/ist passiert
1. Die Touristenbusse passieren d_____ Grenze.
2. Die Hausfrau _____ die Äpfel durch ein Tuch passiert.
3. Am Wochenende _____ auf der Autobahn viel passiert.
4. Mein_____ Vater ist neulich eine komische Geschichte passiert.

pfeifen – pfiff – hat gepfiffen
1. Der Wanderer pfeift ein hübsch_____ Lied.
2. Der Schiedsrichter _____ bei dem Foul falsch gepfiffen.
3. Sie hat _____ ihrem Hund gepfiffen.
4. Der Wind hat ums Haus _____ .
5. Er ist ruiniert. Er pfeift _____ dem letzten Loch.°

pflanzen – pflanzte – hat gepflanzt
Als Zeichen der Hoffnung hat er ein_____ Baum gepflanzt.

pflegen – pflegte – hat gepflegt
1. Ruth hat ihre bettlägerige Oma _____ .
2. Nach dem Mittagessen pflegte er _____ schlafen.

plagen – plagte – hat geplagt
Er plagt seine Eltern _____ seinen ständigen Betteleien.

platzen – platzte – ist geplatzt
1. Iss nicht so viel, sonst _____ du noch!
2. Der Luftballon _____ mit einem lauten Knall geplatzt.
3. Er ist fast _____ Neid geplatzt.°

preisen – pries – hat gepriesen
1. Die Gefangenen haben ihre Befreier _____ .
2. Du kannst d_____ glücklich preisen, dass du's geschafft hast!

probieren – probierte – hat probiert
1. Ich würde gern ein Stück von deiner Torte _____ .
2. Darf ich mal probieren, _____ dein Eis schmeckt?
3. Sie probieren, den Fluss _____ überqueren.

produzieren – produzierte – hat produziert
1. Die Firma hat Pflanzenschutzmittel _____ .
2. _____ der Müllverbrennung wird Strom produziert.

Das kommt mir ungelegen.

3. Es ist teuer, einen Film zu _____ .
4. Dieser Angeber hat s_____ wieder mal vor allen produziert.

**protestieren – protestierte – hat protestiert**
Die Studenten haben _____ die Prüfungsordnung protestiert.

**prüfen – prüfte – hat geprüft**
1. Der Professor hat Anja _____ Mathematik geprüft.
2. Der TÜV prüft die Fahrzeuge auf vorhanden_____ Mängel.
3. Er prüft, _____ die Rechnungssumme stimmt.

**prügeln – prügelte – hat geprügelt**
1. Er ist brutal und prügelt oft sein_____ Frau.
2. Die Kinder prügeln s_____ wieder einmal.
3. Martin prügelt sich _____ seinem Freund.
4. Sie prügeln sich _____ den Ball.

**putzen – putzte – hat geputzt**
1. Meine Mutter hat all_____ Fenster geputzt.
2. Die Katze putzt _____ .
3. Silke putzt ihr_____ klein_____ Bruder die Nase.

# Q

**quälen – quälte – hat gequält**
1. Die Katze hat d_____ Maus noch lange gequält.
2. Der Schmerz quält _____ Kranken.
3. Er quält sich _____ einem Problem.

**quellen (quillt) – quoll – ist gequollen**
Eine heiße Quelle quillt _____ der Erde.

# R

**rächen – rächte – hat gerächt**
1. Er wollte sein_____ ermordeten Bruder rächen.
2. Er wollte sich _____ dem Mörder seines Bruders rächen.
3. Er hat sich _____ das erlittene Unrecht gerächt.

**Rad fahren (fährt Rad) – fuhr Rad – ist Rad gefahren**
1. In Holland _____ man viel Rad.
2. Ich _____ dort in meinem Urlaub auch Rad gefahren.
3. Er weiterte sich, im Regen _____ .

**rasieren – rasierte – hat rasiert**
1. Mein Vater rasiert _____ immer nass.
2. Ich rasiere mich lieber _____ einem Rasierapparat.
3. Der Friseur hat mein_____ Großvater den Schnurrbart rasiert.

Übungen zu Verben

raten (rät) – riet – hat geraten
1. _____ Sie, wie der Autor heißt.
2. Der Bankier hat ihm _____ Kauf von Aktien geraten.
3. Ich _____ dir, mit dem Rauchen aufzuhören.

rauben – raubte – hat geraubt
1. Die Bankräuber hatten das ganze Geld _____ .
2. Sein Schnarchen raubt seiner Frau d_____ Schlaf.
3. Sein_____ Hobbys rauben ihm viel Zeit.

rauchen – rauchte – hat geraucht
1. D_____ Schornstein raucht.
2. Meike raucht ein_____ Schachtel pro Tag.
3. D_____ Prüfungskandidaten rauchte der Kopf.°

reagieren – reagierte – hat reagiert
Sie hat bisher noch nicht _____ meinen Brief reagiert.

rechnen – rechnete – hat gerechnet
1. Christel _____ gerade einige Rechenaufgaben.
2. Die Wale rechnen _____ den Säugetieren.
3. Ich rechne _____ einer baldigen Versetzung ins Ausland.
4. Heike rechnete nicht mehr da_____ , dass sie gewinnen würde.

rechtfertigen – rechtfertigte – hat gerechtfertigt
Er versuchte, sich _____ faulen Ausreden zu rechtfertigen.

reden – redete – hat geredet
1. Marina hat blank_____ Unsinn geredet.
2. Man sollte mit den Kindern _____ Gefahren im Verkehr reden.
3. Der Alte redet zu oft _____ den vergangenen Zeiten.
4. Er war so stur, er hat nicht mit sich _____ lassen.
5. Er redet _____ ein Buch.°
6. Er hat mir ein Loch _____ den Bauch geredet.°
7. Du brauchst deinem Chef nicht _____ dem Munde zu reden.°
8. Du kannst ganz offen frei von d_____ Leber weg reden.°
9. Glaub dem nichts! Der redet viel, _____ der Tag lang ist!°

regieren – regierte – hat regiert
Eine Koalitionsregierung regiert d_____ Bundesrepublik.

regnen – es regnete – es hat geregnet
1. _____ regnete ununterbrochen von früh bis spät.
2. Es regnete mein_____ Freundin auf die neue Frisur.

reiben – rieb – hat gerieben
1. Sie hat die Äpfel _____ .
2. Er rieb s_____ schadenfroh die Hände.
3. Sie rieb sich den Schlaf _____ den Augen.
4. Ich werde dir nicht alles _____ die Nase reiben!°

reimen – reimte – hat gereimt
1. „Brot" reimt sich _____ „tot".
2. So ein Blödsinn! Was redest du da für ungereimt_____ Zeug?°

reinigen – reinigte – hat gereinigt
1. Die Hotelzimmer werden ab 11 Uhr _____ .
2. Theresa hat die Bücher _____ Staub gereinigt.
3. Sie können s_____ ihre Schuhe mit der Bürste reinigen.

reisen – reiste – ist gereist
Goethe reiste mehrmals _____ Italien.

reißen – riss – hat/ist gerissen
1. Der Film _____ gerissen.
2. Der Hund _____ an seiner Kette gerissen.
3. Das Telefon hat ihn _____ dem Schlaf gerissen.
4. Er hat alle Macht _____ sich gerissen.
5. Die Fans haben sich _____ ein Autogramm gerissen.
6. Jetzt reißt mir aber d_____ Geduld!
7. Ich war innerlich hin _____ her gerissen.
8. Der Bestseller findet reißend_____ Absatz. (= Adj.)
9. Ruf mich an, wenn alle Stricke _____ !° Ich helfe dir.
10. Ich könnte ihn vor Wut in Stücke _____ !*
11. Er hat sich das Geld _____ den Nagel gerissen.°

reiten – ritt – hat/ist geritten
1. Ich _____ den Deich entlang geritten.
2. Der Dressurreiter _____ einen Apfelschimmel geritten.

reizen – reizte – hat gereizt
1. Der Gedanke an einen Urlaub in der Karibik _____ mich sehr.
2. Der Junge hat d_____ Lehrer mit seiner Unaufmerksamkeit gereizt.
3. Das dumme Argument reizte ihn _____ Widerspruch.

rennen – rannte – ist gerannt
1. Der Jogger rennt jed_____ Morgen um den See.
2. Sie rennt wegen jeder Kleinigkeit gleich _____ Arzt.
3. Als er das Wildschwein sah, ist er _____ sein Leben gerannt.

reparieren – reparierte – hat repariert
1. Der Schuster hat meine Schuhe wieder _____ .
2. Könnten Sie mein_____ Wagen bis Mittwoch reparieren?

repräsentieren – repräsentierte – hat repräsentiert
1. Ein Botschafter repräsentiert sein eigen_____ Land im Ausland.
2. Dieses Grundstück repräsentiert ein_____ groß_____ Wert.

reservieren – reservierte – hat reserviert
1. Ich habe d_____ schon einen Platz reserviert, Sabrina.
2. Wir haben für heute Abend ein_____ Tisch im Hotel reserviert.
3. Man hat _____ den Gast ein Einzelzimmer mit Bad reserviert.

resultieren – resultierte – hat resultiert
   Kriminalität resultiert oft _____ Jugendarbeitslosigkeit.

retten – rettete – hat gerettet
   1. Er hat ein_____ Mensch_____ das Leben gerettet.
   2. Bei der Überschwemmung retteten _____ viele auf die Dächer.
   3. Man rettete sie _____ größter Not.
   4. Der Notarzt rettete das Unfallopfer _____ dem Verbluten.

richten – richtete – hat gerichtet
   1. Man hat d_____ Mörder gerichtet.
   2. Das Gericht hat schnell _____ alle Asylfälle gerichtet.
   3. Er richtete seine Frage _____ den Bürgermeister.
   4. Seine Recherchen richteten sich _____ einen bestimmten Punkt.
   5. Alle müssen sich _____ ihm und seinen Plänen richten.

riechen – roch – hat gerochen
   1. Verdorben_____ Fisch riecht übel.
   2. Das Bouquet eines guten Rieslings riecht _____ Pfirsich.
   3. Mit geschlossenen Augen roch sie _____ dem Parfüm.
   4. Der Magenkranke roch unangenehm _____ dem Mund.
   5. Ich ahnte es schon. Ich habe d_____ Braten gerochen!°

ringen – rang – hat gerungen
   1. Die beiden Ringkämpfer ringen _____ den 1. Platz.
   2. Sie hatte schon seit Wochen _____ dem Tode gerungen.
   3. Der Asthmatiker musste _____ Luft ringen.

rinnen – rann – ist geronnen
   Der Schweiß rann ihm _____ der Stirn.

rufen – rief – hat gerufen
   1. _____ du bitte die Kinder zum Essen?
   2. Die Eltern rufen _____ dem verloren gegangenen Kind.
   3. Mein Nachbar hat etwas _____ mir herübergerufen.
   4. Der Ertrinkende hat _____ Hilfe gerufen.
   5. Man hat eine Stiftung _____ Leben gerufen.

rutschen – rutschte – ist gerutscht
   1. Nach der Diät _____ mir die Hose gerutscht.
   2. Er rutschte d_____ Treppengeländer hinunter.
   3. Lass mich damit in Ruhe! Rutsch mir d_____ Buckel runter!*
   4. Der hat Angst gekriegt, dem ist das Herz _____ die Hose gerutscht.°

# S

sagen – sagte – hat gesagt
   1. Der Präsident sagte einig_____ freundlich_____ Worte.
   2. Ich habe mein_____ Freund die Wahrheit gesagt.
   3. Ich hatte nichts _____ ihr gesagt, sondern mit ihm gesprochen.
   4. Er sagte sich, _____ er den Test schon schaffen würde.
   5. Diese kitschigen Figuren sagen m_____ nichts.

# Übungen zu Verben

**sammeln – sammelte – hat gesammelt**
1. Niklas hat Bierdeckel _____ .
2. Man sammelt _____ die Hungernden in der Sahelzone.
3. Das Regenwasser sammelt _____ in der Dachrinne.
4. Vor meiner Rede will ich noch meine Gedanken _____ .

**saufen (säuft) – soff – hat gesoffen**
1. Die Kühe saufen d_____ Wasser.
2. Er ist Alkoholiker. Er säuft _____ ein Loch!*

**schaden – schadete – hat geschadet**
Zu viel Schokolade schadet dein_____ Figur.

**schaffen – schuf – hat geschaffen**
     **schaffte – hat geschafft**
1. Gott _____ den Menschen nach seinem Bilde.
2. Ein unbekannter Künstler hat den Altar _____ .
3. Die Möbelpacker haben die Kiste ins Bad _____ .
4. Ich habe die Arbeit nicht mehr _____ .
5. Leider _____ er die Prüfung nicht.
6. Der neue Arbeitsplatz war für ihn _____ .
7. Der Stress am Arbeitsplatz hat ihn total _____ .*

**schalten – schaltete – hat geschaltet**
1. Die Ampel schaltet _____ Rot.
2. Der Sender schaltet ein_____ Leitung zu dem Korrespondenten.
3. Wie schaltet man eigentlich _____ den Rückwärtsgang?
4. Ich habe schnell _____ !* Das habe ich sofort begriffen.

**schämen – schämte – hat geschämt**
1. Das Kind schämt _____ wegen seiner Lüge.
2. Sie schämt sich nicht ihr_____ Liebe zu ihm.
3. Er schämte sich _____ seinen Freunden, weil er nackt war.
4. Er schämte sich, durchs Examen gefallen _____ sein.

**schauen – schaute – hat geschaut**
1. Er schaut aufmerksam auf d_____ Tafel.
2. Der Rentner schaut gelangweilt _____ dem Fenster.
3. Schau mal _____ das Kaleidoskop!
4. Meine Begleiterin schaute voll Sehnsucht _____ die Ferne.
5. Der Schüler schaut _____ Lehrer.
6. Die Kinder sind so ruhig. Kannst du mal _____ ihnen schauen?

**scheiden – schied – hat/ist geschieden**
1. Die Sprachgrenze scheidet Belgien _____ zwei Teile.
2. Seine Eltern haben _____ scheiden lassen.
3. Frau Becker ist aus Altersgründen aus dem Amt _____ .

**scheinen – schien – hat geschienen**
1. Die Sonne scheint _____ die Dächer.
2. Hast du Sonnencreme? Die Sonne scheint _____ auf die Glatze.
3. D_____ Angelegenheit scheint damit geklärt zu sein.

scheißen* – schiss – hat geschissen
1. Hätte der Hund nicht _____ , hätte er den Hasen gekriegt.*
2. Der hat Angst. Der scheißt s_____ in die Hosen!*

schelten (schilt) – schalt – hat gescholten
1. Sie hat ihn ein_____ Taugenichts gescholten.
2. Häufig _____ sie den Jungen wegen seiner Vergesslichkeit.

schenken – schenkte – hat geschenkt
1. Winfried schenkt sein_____ Mutter ein Gedicht zum Muttertag.
2. Lass das bleiben! Das kannst du d_____ schenken.*

scheren – schor – hat geschoren
1. Er hat den Schafen d_____ Fell geschoren.
2. Ihm ist egal, was du sagst. Er schert sich nicht dar_____ .

scherzen – scherzte – hat gescherzt
Die Kollegen scherzten _____ seine Ungeschicklichkeit.

scheuen – scheute – hat gescheut
1. Das Pferd scheute _____ den bellenden Hunden.
2. Er scheut kein_____ Kosten, um gesund zu werden.
3. Er scheute _____ , ihr die ganze Wahrheit zu sagen.

schicken – schickte – hat geschickt
1. Sie schickt m_____ jede Woche eine Urlaubskarte.
2. Schick den Nachsendeantrag einfach _____ dein Postamt.
3. Bitte schick endlich die Kinder _____ Bett!
4. Man schickte _____ dem Arzt im Nachbardorf.
5. Eine kurze Hose schickt _____ nicht für einen Kirchenbesuch.
6. Man hat ihn _____ den April geschickt.

schieben – schob – hat geschoben
1. Sie schiebt ihr kaputt_____ Rad den Berg hinauf.
2. Er schob die Schuld _____ seine korrupten Minister.
3. Der gestürzte Diktator schob alle Schuld _____ sich.
4. Er schiebt alles Unangenehme _____ sich her.
5. Tu es jetzt, schieb nicht alles _____ die lange Bank!°
6. Er wollte ihnen die Schuld _____ die Schuhe schieben.°
7. Wer sein Auto liebt, _____ schiebt.*

schießen – schoss – hat/ist geschossen
1. Der Jäger hat ein_____ Bock geschossen.
2. Die Soldaten schossen _____ alles, was sich bewegte.
3. Ihr _____ die Tränen in die Augen geschossen.
4. Mein Sohn ist ganz schön _____ die Höhe geschossen.
5. Mit seinem Eifer _____ er übers Ziel hinaus geschossen.
6. Die Antwort kam wie _____ der Pistole geschossen.
7. Immer langsam! So schnell _____ die Preußen nicht!°

schildern – schilderte – hat geschildert
1. Er schilderte sein_____ Urlaubsreise in den schönsten Farben.
2. Sie schilderte d_____ Polizei, wie der Fremde aussah.

schimpfen – schimpfte – hat geschimpft
1. Er hatte den Polizisten ein_____ „Bullen" geschimpft.
2. Er schimpft auf _____ Polizei.
3. Er schimpft über _____ brutale Durchgreifen.

schlafen (schläft) – schlief – hat geschlafen
1. Der Gast _____ auf der Couch im Wohnzimmer.
2. Vor der Hochzeit hatte sie nie _____ einem Mann geschlafen.

schlagen (schlägt) – schlug – hat/ist geschlagen
1. Der Lehrer hat nicht das Recht, ein_____ Schüler zu schlagen.
2. Er schlägt _____ der Fliege.
3. Er schlug ein_____ Nagel in die Wand.
4. Er hat den ersten Aufschlag _____ Netz geschlagen.
5. Er ist mit dem Kopf auf einen Stein _____ .
6. Die Turmuhr _____ Mitternacht geschlagen.
7. Der Teppich hat Falten _____ .
8. Der Löwe hat d_____ Zebra geschlagen.
9. Ich würde mich jederzeit _____ meine Freunde schlagen.
10. Die Penner schlagen sich _____ einen warmen Schlafplatz.
11. Der Hausbesitzer schlug den Einbrecher _____ die Flucht.
12. Der zweite Sieger _____ sich immerhin ganz gut geschlagen.
13. Ein Opportunist schlägt sich immer _____ die richtige Seite.
14. Ganz der Vater! Sein Kind _____ ganz nach ihm geschlagen.
15. Die schlechte Nachricht ist ihm _____ den Magen geschlagen.
16. Mein Herz schlägt _____ meine kleine Tanja.
17. Die erhoffte Beförderung musst du dir _____ dem Kopf schlagen.
18. Er hat ihre Warnungen _____ den Wind geschlagen.
19. Man kann nicht alles _____ einen Leisten schlagen.
20. Ich habe mir die ganze Nacht _____ die Ohren geschlagen!°
21. Jetzt schlägt's dreizehn. Das schlägt d_____ Fass den Boden aus!°

schleifen – schilff – hat geschliffen
         schleifte – hat geschleift
1. Er hat das Schwert _____ .
2. Brillanten sind _____ Diamanten. (= Adj.)
3. Das Brautkleid hat am Boden _____ .
4. Er _____ die schwere Kiste ins Zimmer.
5. Beim Anfahren muss man die Kupplung etwas _____ lassen.

schließen – schloss – hat geschossen
1. Der Kassierer hat das Geld _____ den Tresor geschlossen.
2. Am Mittag schließt d_____ Bank.
3. Der Diskussionsleiter schileßt d_____ Diskussionsrunde.
4. Was schließt du _____ seinen Überlegungen?

5. Man sollte nicht immer von sich _____ andere schließen.
6. Ich habe einen Ehevertrag _____ meiner Frau geschlossen.

schlingen – schlang – hat geschlungen
1. Er schlang die Arme um sein_____ Freundin.
2. Die Schlange hat sich _____ den Baumstamm geschlungen.

schmecken – schmeckte – hat geschmeckt
1. Sie schmeckt d_____ Meersalz auf seinen Lippen.
2. Mein_____ Kindern schmeckt nie, was ich koche.
3. Die Hähnchen schmecken _____ Fischmehl.
4. Der Wein schmeckt _____ mehr.*

schmeißen* – schmiss – hat geschmissen.
1. Er hat seine Klamotten auf den Boden _____ .*
2. Er hat einen Stein _____ dem Hund geschmissen.*
3. Er hat an seinem Geburtstag ein_____ Runde Bier geschmissen.*
4. Das schaffen wir! Wir werden den Laden schon _____ !*

schmelzen (schmilzt) – schmolz – hat/ist geschmolzen
1. Der ganze Schnee _____ durch das Tauwetter geschmolzen.
2. Die Sonne _____ den Schnee geschmolzen.

schneiden – schnitt – hat geschnitten
1. D_____ Schere schneidet nicht gut, lass sie schleifen!
2. Hast du d_____ Käse geschnitten?
3. Er hat _____ beim Rasieren geschnitten.
4. Die Friseuse hat d_____ ganz gut deine Haare geschnitten.
5. Sein Sohn ist ihm wie _____ dem Gesicht geschnitten.
6. Den hat er nie gegrüßt. Den hat er immer _____ .
7. Du hast d_____ geschnitten, wenn du meinst, ich helfe dir.
8. Arno hat sich mit seinen Ansichten ganz schön _____ den Finger geschnitten.°

schneien – schneite – hat/ist geschneit
1. Es _____ die ganze Nacht über geschneit.
2. Er _____ ohne anzuklopfen plötzlich ins Zimer geschneit.*

schreiben – schrieb – hat geschrieben
1. Er schreibt einen Brief _____ seine Eltern.
2. Die Autorin schreibt _____ einem neuen Roman.
3. Er hat _____ sein Tagebuch geschrieben, was passiert ist.
4. Er hat mir die Telefonnummer _____ einen Zettel geschrieben.
5. Der Arzt hat mein_____ Kollegen zwei Wochen krankgeschrieben.
6. Merk dir das mal! Schreib dir das mal _____ die Ohren!°
7. Pech! Den Kredit müssen wir _____ den Schornstein schreiben.°

schreien – schrie – hat geschrien
1. Als sie Zähne kriegte, hat sie d_____ ganze Nacht geschrien.
2. Jemand hat _____ Hilfe geschrien!
3. Ihr lila Haar war _____ Schreien komisch.
4. Sie hat vor Panik _____ am Spieß geschrien.°

schreiten – schritt – ist geschritten
Der König _____ durch den Saal zum Thron.

schütteln – schüttelte – hat geschüttelt
1. Die Bäuerin hat den Apfelbaum _____ .
2. Er schüttelte sich _____ Ekel.
3. Ihm fällt alles leicht. Er schüttelt alles _____ dem Ärmel.°

schützen – schützte – hat geschützt
1. Sonnencremes können wirksam _____ Hautkrebs schützen.
2. Der Deich schützt das Land _____ Sturmfluten.
3. Die Daten müssen vor unberechtigtem Zugriff _____ werden.
4. Sie schützt sich mit einem Hut _____ die Sonne.

schwärmen – schwärmte – hat geschwärmt
1. Die Käfer schwärmten _____ die Petroleumlampe.
2. Sie schwärmt _____ seinen kaffeebraunen Augen.

schweigen – schwieg – hat geschwiegen
1. Er hat _____ ihren Vorwürfen geschwiegen.
2. Die Pension war schlecht, ganz _____ schweigen von dem Essen!
3. Du kannst es mir sagen. Ich schweige _____ ein Grab!°

schwellen (schwillt) – schwoll – ist geschwollen
         (schwellt) – schwellte – hat geschwellt
1. Die Beine _____ ihr vom vielen Stehen geschwollen.
2. Der Wind _____ die Segel geschwellt.

schwimmen – schwamm – hat/ist geschwommen
1. Fett _____ immer oben.
2. Wir _____ zum anderen Ufer geschwommen.
3. Er hat ein_____ neue Jahresbestzeit geschwommen.
4. Der Milliardär _____ nur so im Geld geschwommen.°

schwinden – schwand – ist geschwunden
Seine Kräfte _____ im eiskalten Wasser schnell geschwunden.

schwingen – schwang – hat geschwungen
1. Das Pendel der Uhr _____ hin und her.
2. Der Schmied schwang d_____ Hammer.
3. Sie schwang _____ aufs Pferd und ritt davon.
4. Jedes Wochenende schwingt er d_____ Tanzbein.

schwitzen – schwitzte – hat geschwitzt
1. Sie schwitzt nach dem Joggen _____ ganzen Körper.
2. Er _____ Blut und Wasser geschwitzt.°

Übungen zu Verben

schwören – schwor – hat geschworen
1. Er hat ein_____ Meineid geschworen.
2. Er schwor _____ seiner Ehre, unschuldig zu sein.
3. Ich schwöre _____ dieses Medikament!
4. Er hat s_____ geschworen, nie mehr zu heiraten.

sehen (sieht) – sah – hat gesehen
1. Ich sehe was, _____ du nicht siehst.
2. Warum siehst du immer _____ deine Uhr?
3. Es ist so still, kannst du mal _____ den Kindern sehen?
4. Ich habe das Unglück kommen _____ .
5. Du siehst d_____ Dinge eben anders als ich.
6. Er sah _____ seinem Adoptivvater einen echten Freund.
7. Ich sehe einen Vorteil dar_____ , Fremdsprachen zu beherrschen.
8. Sie sieht sich schon _____ berühmte Schauspielerin.
9. Er sah _____ gezwungen, ihr die Wahrheit zu sagen.
10. Er sieht den Wald _____ lauter Bäumen nicht!°
11. Horst hat gestern Abend etwas zu tief _____ Glas gesehen.°
12. Klar! Das sieht doch ein Blinder _____ dem Krückstock!*

sehnen – sehnte – hat gesehnt
Er sehnte sich _____ seiner Heimat.

sein (ist) – war – ist gewesen
1. Es ist schön, wieder bei dir zu _____ .
2. Sie _____ in Griechenland.
3. Mein Steuerberater _____ in Urlaub.
4. Ohne Jacke wird d_____ bestimmt kalt.
5. Mein_____ Frau ist von dem Flug noch ganz schlecht.
6. M_____ war, als ob das Telefon geklingelt hätte.
7. Die Rechnung _____ innerhalb von 2 Wochen zu zahlen.
8. Diese antike Statue _____ kaum mit Geld zu bezahlen.
9. Es _____ nicht nötig, dass du mich abholst.
10. _____ ist an ihr, jetzt eine Entscheidung zu treffen.
11. Der Spiegel ist _____ geschliffenem Glas.
12. Ich bin _____ ein vereint_____ Europa.
13. Ich bin da_____ , dass wir uns jetzt ein bisschen beeilen.
14. Amnesty International ist _____ die Todesstrafe.
15. Wir sind ganz dein_____ Meinung.
16. Es war m_____ ein Vergnügen, mit Ihnen zusammenzuarbeiten.
17. Du bist _____ der Reihe.
18. Vor Kampfhunden sollte man auf _____ Hut sein.
19. Ein Journalist muss immer _____ dem Laufenden sein.
20. Der Fahrstuhl ist wegen Reparatur _____ Betrieb.
21. Nach der längeren Verletzung war der Sportler _____ Übung.
22. Eine schwere Gewitterfront ist _____ Anzug.
23. Das neue Rathaus ist schon _____ Bau.
24. Ich war gerade _____ Begriff zu gehen, als du angerufen hast.
25. Das Weingut ist schon seit Generationen _____ Besitz der Familie.

26. Das Manuskript ist schon _____ Druck.
27. Ich habe keine Zeit. Ich bin nämlich ein bisschen _____ Druck.
28. Wegen der Verspätung bin ich etwas _____ Eile.
29. Die Kämpfe um strategische Punkte sind _____ vollem Gange.
30. Die Stabilität der Mark ist nicht _____ Gefahr.
31. Herr Steinke ist als Nachfolger _____ Gespräch.
32. Sie waren _____ dem Glauben, dass ihr Chef nichts merkte.
33. Das ganze Fußballstadion war _____ heller Begeisterung.
34. Bist du dir über die Konsequenzen _____ Klaren?
35. Die neuen Verordnungen sind bereits _____ Kraft.
36. Er war nicht _____ der Lage, die Miete zu zahlen.
37. Leuchtraketen signalisieren, dass jemand _____ Not ist.
38. Deine Zeugnisnoten sind ganz _____ Ordnung.
39. Du meinst wohl, dass du immer _____ Recht bist!
40. Wenn Gefahr _____ Verzug ist, gelten andere Regeln.
41. Die Vorstellung ist erst Mitternacht _____ Ende.

senden – sendete – hat gesendet
          sandte – hat gesandt
1. Er hat sein_____ Patenkind ein Weihnachtspäckchen gesandt.
2. Man hat das Telegramm _____ die falsche Adresse gesandt.
3. Der Rundfunk hat Trauermusik _____ .

setzen – setzte – hat gesetzt
1. Sie setzt d_____ Kind auf den Rücksitz.
2. Sie setzte sich m_____ auf den Schoß.
3. Er setzt _____ sein Lieblingspferd.
4. Sein Pferd setzt _____ das letzte Hindernis.
5. Das Bier muss _____ noch im Glas setzen.
6. Er hat die kaputte Maschine wieder instand _____ .
7. Die Schlange der Wartenden setzt sich langsam _____ Bewegung.
8. Er setzte sich _____ den Besitz der geheimen Pläne.
9. Ein Brandstifter hatte den Bauernhof _____ Brand gesetzt.
10. Seine kluge Antwort hat alle _____ Erstaunen gesetzt.
11. Er setzt das Uhrwerk _____ Gang.
12. Bitte setzen Sie mich von Ihren Plänen _____ Kenntnis.
13. Wenn er sich etwas _____ den Kopf setzt, dann tut er es.
14. Die Behörden setzen bei Smogalarm ein Fahrverbot _____ Kraft.
15. Nach der Pause setzten sich die Soldaten wieder _____ Marsch.
16. Sie verstand es, sich _____ rechte Licht zu setzen.
17. Irgendjemand hat dieses Gerücht _____ Umlauf gesetzt.
18. Du sollst dich mit deinem Büro _____ Verbindung setzen.
19. Hanno will sich in Italien _____ Ruhe setzen.
20. Er setzte sich _____ die ungerechte Behandlung _____ Wehr.
21. Mutig wie er war, hatte er alles _____ eine Karte gesetzt.
22. Wer hat dir denn den Floh _____ Ohr gesetzt?
23. Setz dich endlich _____ deine vier Buchstaben!*
24. Wenn du nicht parierst, dann setzt _____ was hinter die Ohren.*

Übungen zu Verben

siegen – siegte – hat gesiegt
1. Bei der Ausschreibung hat die bessere Idee _____ .
2. Er hat gegen d_____ Schachweltmeister gesiegt.
3. Die Alliierten siegten über d_____ Dritt_____ Reich.

singen – sang – hat gesungen
1. Wer kann mir ein schön_____ Weihnachtslied singen?
2. Der Sänger sang _____ der Schönheit seiner Heimat.
3. Der Gefangene hat _____ Verhör gesungen.*
4. Von seiner Vergesslichkeit kann ich ein Lied _____ !°

sinken – sank – ist gesunken
1. Der Ozeanriese war _____ den Meeresgrund gesunken.
2. Das Fieber _____ glücklicherweise gesunken.
3. Sie sank bewusstlos _____ Boden.

sinnen – sann – hat gesonnen
Der Dichter sitzt und _____ den ganzen lieben langen Tag.

sitzen – saß – hat gesessen
1. Sitzt du lieber _____ dem Sofa oder _____ Sessel?
2. Er hat den ganzen Tag _____ Computer gesessen.
3. Die Hose _____ nicht gut.
4. Der Faustschlag hatte _____ .
5. Der ist dir überlegen. Der sitzt _____ längeren Hebel!°
6. Sie _____ mehrere Jahre gesessen. Nun ist sie wieder frei.
7. Als die Schnapsflasche leer war, hatte er einen _____ .
8. Der letzte Bus ist weg! Jetzt sitzen wir _____ der Patsche!

sitzen bleiben – blieb sitzen – ist sitzen geblieben
1. Meine Tochter ist in der Schule _____ .
2. Die Firma ist _____ ihren Produkten sitzen geblieben.

sitzen lassen (lässt sitzen) – ließ sitzen – hat sitzen (ge)lassen
1. Er ist auf und davon und hat seine Familie _____ .
2. Von wegen Hochzeit! Mein Verlobter hat _____ sitzen (ge)lassen!

sollen – sollte – hat gesollt/sollen
1. Du _____ auf der Stelle nach Hause kommen!
2. Seine ältere Schwester hätte auf ihn aufpassen _____ .
3. Mich nachts noch anzurufen? Das hätte er nicht tun _____ .
4. Er _____ angeblich übersinnliche Kräfte haben.
5. Schwimmen _____ bei Rheuma helfen.

sorgen – sorgte – hat gesorgt
1. Die Mutter hat gut _____ ihre Kinder gesorgt.
2. Sein Vorgesetzter sorgt da_____ , dass er befördert wird.
3. Er sorgt s_____ zu viel.
4. Sie sorgt sich _____ die Gesundheit ihrer Eltern.

sparen – sparte – hat gespart
1. Wir hatten zum Glück etwas Geld _____ .
2. Ein Sozialhilfeempfänger muss auch _____ Essen sparen.
3. Er hat etwas _____ sein Alter gespart.

spazieren gehen – ging spazieren – ist spazieren gegangen
1. Sie _____ im Park spazieren gegangen.
2. Er hatte keine Lust _____ .

spekulieren – spekulierte – hat spekuliert
1. An der Börse spekuliert man _____ Aktien.
2. Er hatte _____ einen größeren Aktiengewinn spekuliert.

sperren – sperrte – hat gesperrt
1. Die Autobahn wurde nach dem Unfall _____ .
2. Er hat die Tiere _____ den Käfig gesperrt.
3. Das Olympische Komitee hat d_____ gedopten Spieler gesperrt.
4. Die Gewerkschaft sperrt sich _____ längere Arbeitszeiten.

spielen – spielte – hat gespielt
1. Sie hat ausgezeichnet Geige _____ können.
2. Heute Abend spielt Frankreich _____ Deutschland.
3. Er spielt den Ball zurück _____ Torwart.
4. Beim Skat wird oft _____ Geld gespielt.
5. Sie spielt das Gretchen _____ „Faust".
6. Der Film spielt _____ der Nachkriegszeit.
7. Er ist gar nicht mutig, aber er spielt immer d_____ Helden.
8. Fritzchen hat dem Lehrer ein_____ Streich gespielt.
9. Sprachkenntnisse spielen in der EU ein_____ wichtige Rolle.
10. Er spielt _____ dem Gedanken, sich selbstständig zu machen.
11. Spiel nicht d_____ beleidigte Leberwurst!*

spinnen – spann – hat gesponnen
1. Sie spinnt d_____ Wolle mit einem alten Spinnrad.
2. Bist du verrückt geworden? Du _____ wohl!*

sprechen (spricht) – sprach – hat gesprochen
1. Unser Baby _____ schon ein paar Sätze.
2. Jakob spricht mehrer_____ Sprachen.
3. Der Pfarrer hat _____ seiner Gemeinde gesprochen.
4. Man versteht nichts, sprechen Sie _____ Mikrofon!
5. Sie hat es erlebt und spricht _____ Erfahrung.
6. Deine Ehrlichkeit spricht _____ dich.
7. Alles spricht da_____ , dass wir endlich eine Wohnung finden.
8. Alles spricht dagegen, _____ du Lottokönig wirst.
9. Er hat darüber gesprochen, _____ er umziehen will.
10. Er hat davon gesprochen, die Stelle _____ wechseln.
11. Ich weiß, wo_____ ich spreche.
12. Ich möchte den Chef _____ vier Augen sprechen.
13. Er hat mir mit seiner Meinung _____ dem Herzen gesprochen.

spießen – spross – ist gesprossen
   Im Frühjahr sprießen die Blumen _____ dem Boden.

springen – sprang – ist gesprungen
   1. Das Pferd sprang _____ den Wassergraben.
   2. Der Löwe ist d_____ Antilope an den Hals gesprungen.
   3. Das Glas _____ durch den hohen Ton gesprungen.
   4. Sie kann nun mal nicht _____ ihren Schatten springen.
   5. Das ist entscheidend! Das ist der springend_____ Punkt!° (= Adj.)
   6. Er ist _____ Freude an die Decke gesprungen.°

starten – startete – hat/ist gestartet
   1. Die Lufthansa-Maschine _____ pünktlich in Rom gestartet.
   2. Er _____ bei der Staffel als Erster gestartet.
   3. Man _____ die Triebwerke der Rakete.
   4. Die Firma _____ eine Werbekampagne für ihr Produkt gestartet.

stattfinden – fand statt – hat stattgefunden
   Die Einweihung des Denkmals hat mittags _____ .

staunen – staunte – hat gestaunt
   1. Ich _____ , was du alles kannst!
   2. Das Publikum hat _____ den Seiltänzer gestaunt.
   3. Der war von den Socken! Der hat Bauklötze _____ !°

stechen (sticht) – stach – hat gestochen
   1. Eine Wespe hat mich _____ den Finger gestochen.
   2. Er fühlte in seiner Schulter einen stechend_____ Schmerz.
   3. Er hat die Karodame mit dem Kreuzbuben _____ .
   4. Der Kerl wird übermütig. Den _____ der Hafer!°
   5. Er sprang plötzlich auf wie _____ der Tarantel gestochen.

stecken – steckte – hat gesteckt
   1. Das Foto steckt _____ Fotoalbum.
   2. Sie steckt ihr d_____ Spange ins Haar.
   3. Er steckte sich das Clubzeichen _____ Revers.
   4. Du brauchst den Kopf nicht _____ den Sand zu stecken!°
   5. Der Ärmste! Ich möchte nicht _____ seiner Haut stecken.
   6. Der Boxer kann jeden _____ den Sack stecken!*
   7. Sie ist ihm überlegen. Sie steckt ihn _____ die Tasche!*
   8. Er steckt bis über den Hals _____ Schulden.°
   9. Die beiden Ganoven stecken _____ einer Decke.°

stecken bleiben – blieb stecken – ist stecken geblieben
   1. Ihr ist eine Gräte im Hals _____ .
   2. Der Wagen _____ im Schnee stecken.
   3. Die Kugel _____ in der Schulter stecken geblieben.
   4. Er blieb mitten _____ seiner Rede stecken.

stehen – stand – hat gestanden
1. D_____ Wecker steht mal wieder.
2. Die neue Frisur steht d_____ wirklich gut.
3. Die Fernsehserie _____ und fällt mit den Hauptdarstellern.
4. Er steht _____ seinem Wort.
5. _____ Mord steht heute keine Todesstrafe mehr.
6. Mir steht der Sinn da_____ , eine Bergwanderung zu machen.
7. Das Mädchen kann schon selbst sein_____ Mann stehen.
8. Die Pressefreiheit darf nicht _____ dem Spiel stehen.
9. Für alle Beamten steht eine Gehaltserhöhung _____ Aussicht.
10. Die Kirschbäume stehen _____ voller Blüte.
11. Die Bodenstation stand _____ Kontakt mit den Astronauten.
12. Der Minister hat _____ dem Ruf gestanden, korrupt zu sein.
13. Man stand über Funk miteinander _____ Verbindung.
14. Die Wahlergebnisse stehen _____ Widerspruch zu den Prognosen.
15. Die Spraydose steht _____ Druck.
16. Die Qualität steht _____ Kontrolle unseres Prüfers.
17. In der Intensivstation stehen alle _____ ständiger Aufsicht.
18. Die Änderung des Paragraphen 218 stand _____ Debatte.
19. Die Rezeption des Hotels steht Ihnen gern _____ Diensten.
20. Eine Fahrpreisänderung steht momentan nicht _____ Diskussion.
21. Er stand seiner Frau bei der Geburt _____ Seite.
22. Bei Rückfragen stehen wir Ihnen jederzeit _____ Verfügung.
23. Das ist etwas anderes! Das steht _____ einem anderen Blatt!°
24. Meine Tochter kann schon _____ eigenen Füßen stehen.°
25. Du stehst mit deiner Meinung _____ verlorenem Posten!
26. Er steht auch bei mir mit 100 DM _____ der Kreide.°
27. Er war entsetzt. Dem standen die Haare _____ Berge!°
28. Bei den Schulden steht ihm das Wasser bis _____ Hals.°
29. Das ist ein richtiger Mann! Ein gestand_____ Mannsbild.° (= Adj.)
30. Ich stehe mehr auf dunkl_____ Männer als auf blonde.

stehen bleiben – blieb stehen – ist stehen geblieben
1. Er _____ nicht stehen, als ich ihn rief.
2. Im Halteverbot darfst du nicht _____ !
3. Meine Uhr _____ stehen geblieben.
4. Der Motor blieb _____ , weil der Tank leer war.
5. Nur wenige Bäume entlang der Straße _____ stehen geblieben.
6. Die schmutzigen Tassen können ruhig bis morgen _____ .
7. Bei welcher Lektion sind wir _____ ?

stehlen (stiehlt) – stahl – hat gestohlen
1. Man hat mein_____ Bruder das Auto gestohlen.
2. Er stahl s_____ heimlich aus dem Haus.
3. Ein toller Bursche! Mit dem kann man Pferde _____ !°
4. Sie hat mit dem Kleid allen d_____ Schau gestohlen.°
5. Hau ab! Du kannst mir _____ bleiben!*

steigen – stieg – ist gestiegen
1. Nach den Regenfällen _____ der Wasserstand stark gestiegen.
2. Der Weg stieg steil d_____ Berg hinauf.
3. Der Schornsteinfeger steigt _____ das Dach.
4. Die Quecksilbersäule des Thermometers stieg _____ 40 Grad.
5. Bei einer Inflation steigen d_____ Preise schnell.
6. Das Fass Rohöl ist um einige Dollar _____ Preis gestiegen.
7. D_____ Frau steigen die Tränen in die Augen.
8. Sein Chef ist ihm mal richtig _____ Dach gestiegen.*

stellen – stellte – hat gestellt
1. Rosa stellt d_____ Essen auf den Tisch.
2. Würdest du bitte d_____ Bier kalt stellen?
3. Ich habe den Wecker _____ 6 Uhr gestellt.
4. Die Demonstranten stellten _____ den Panzern in den Weg.
5. Gert hat sein_____ Mitschüler ein Bein gestellt.
6. Der Quizmaster hat d_____ Kandidat_____ eine Aufgabe gestellt.
7. Er hat seinem Chef die Frage _____ der Bezahlung gestellt.
8. Der Ladendieb wurde von dem Kaufhausdetektiv _____ .
9. Der Agent hat sich d_____ Behörden gestellt.
10. Man muss sich d_____ Asylproblematik stellen.
11. Stell einen Antrag _____ Verlängerung der Arbeitserlaubnis!
12. Stell deinen Antrag auf Wohngeld _____ der Wohngeldstelle!
13. Sie stellt zu hohe Ansprüche _____ ihren Freund.
14. Man sollte den Bewerber _____ die Probe stellen.
15. Der Angeklagte stellte seine Schuld _____ Abrede.
16. Man hatte ihm eine steile Karriere _____ Aussicht gestellt.
17. Die Versicherung stellte den Unfallbericht _____ Frage.
18. Die Kosten für den Versand müssen wir _____ Rechnung stellen.
19. Die Menschenrechte kann man nicht _____ Diskussion stellen.
20. Als er die Nacht über wegblieb, stellte sie ihn _____ Rede.
21. Ein Neureicher stellt seinen Reichtum gern _____ Schau.
22. Für den Umzug hat er uns seinen LKW _____ Verfügung gestellt.
23. Mehrere Kandidaten haben sich _____ Wahl gestellt.
24. Der wollte nicht und hat sich _____ die Hinterbeine gestellt.°
25. Du brauchst dein Licht nicht _____ den Scheffel zu stellen.°

sterben (stirbt) – starb – ist gestorben
1. Eine Fliege _____ bereits nach wenigen Tagen.
2. Er ist _____ einer Lungenentzündung gestorben.

sticken – stickte – hat gestickt
Sie hat ihr zum Muttertag ein klein_____ Kissen gestickt.

still halten (hält still) – hielt still – hat still gehalten
Er hat beim Haareschneiden nicht _____ .

stimmen – stimmte – hat gestimmt
1. Es stimmt einfach nicht, _____ du da erzählst.
2. Die Rechnung _____ nicht gestimmt.

3. Der Besuch seiner Kinder stimmte d_____ Patient_____ glücklich.
4. Auch Oppositionspolitiker stimmten _____ die Regierungspläne.
5. Ich stimme _____ diesen unsinnigen Plan.
6. Vor Konzertbeginn stimmte das Orchester d_____ Instrumente.

stinken – stank – hat gestunken
1. Der Harzer Käse hat ganz schön _____!*
2. Geld stinkt bekanntlich _____.

stören – störte – hat gestört
1. Das Telefon hatte unser_____ Unterredung gestört.
2. Radiomusik stört mich _____ Lernen.
3. Er störte sich dar_____, dass sie im Bett rauchte.

stoßen (stößt) – stieß – hat/ist gestoßen
1. Ich bin im Dunkeln _____ die chinesische Vase gestoßen.
2. Der TÜV ist _____ einige technische Mängel gestoßen.
3. Sie hat sich _____ seinen schlechten Tischmanieren gestoßen.
4. Wie konntest du ihn nur so vor d_____ Kopf stoßen?°
5. Der sieht nichts. Den muss man _____ der Nase darauf stoßen.°

strafen – strafte – hat gestraft
Er strafte d_____ Schülerin mit einem bösen Blick.

strahlen – strahlte – hat gestrahlt
1. Die Sonne strahlte _____ die Dächer.
2. Die Braut strahlte _____ Glück.

sträuben – sträubte – hat gesträubt
Die Anwohner sträuben sich _____ den Bau der Autobahn.

streben – strebte – hat gestrebt
Junge Leute streben _____ Unabhängigkeit.

streichen – strich – hat/ist gestrichen
1. Der Maler _____ meine Wohnung neu gestrichen.
2. Mutter hat Butterbrote für die Kinder _____.
3. Man _____ einige Passagen aus dem Manuskript gestrichen.
4. Die Katze _____ ums Haus gestrichen.

streiken – streikte – hat gestreikt
1. Die Arbeiter streikten _____ höhere Löhne.
2. Der Motor hat _____.

streiten – stritt – hat gestritten
1. Mein Freund streitet sich häufig _____ seiner Schwester.
2. Sie haben sich _____ das Erbe gestritten.
3. _____ Geschmack lässt sich streiten.
4. Sie streiten _____ wie Hund und Katze.
5. Sie streiten _____ des Kaisers Bart: um eine unwichtige Sache.°

streuen – streute – hat gestreut
   Der Hausmeister hat Sand _____ den vereisten Weg gestreut.

strotzen – strotzte – hat gestrotzt
   Der Riese strotzte _____ Kraft.

studieren – studierte – hat studiert
   1. Toni hat Slawistik _____ .
   2. Die Touristen studieren d_____ Informationsprospekt.

stürzen – stürzte – hat/ist gestürzt
   1. Sie _____ aus dem Fenster gestürzt.
   2. Der Reiter stürzte _____ Boden.
   3. Die Putschisten _____ die Regierung gestürzt.
   4. Ihr plötzlicher Reichtum hat sie _____ Unglück gestürzt.
   5. Die Leibwächter stürzten _____ auf den Attentäter.

suchen – suchte – hat gesucht
   1. Er suchte überall _____ seinen Haustürschlüsseln.
   2. Wir haben ein_____ Korb voll Pilze gesucht.
   3. Er hat sich ein_____ besser_____ Arbeitsstelle gesucht.

# T

tanken – tankte – hat getankt
   1. Vor der Grenze hat sie noch einmal _____ .
   2. Er hat auf der Betriebsfeier zu viel _____ .°

tanzen – tanzte – hat/ist getanzt
   1. Sie haben d_____ ganze Nacht hindurch getanzt.
   2. Walter tanzt perfekt argentinisch_____ Tango.
   3. Tanze mit mir _____ den Morgen!
   4. Wir _____ übermütig durch das ganze Haus getanzt.
   5. Ich habe keine Lust, immer _____ deiner Pfeife zu tanzen.°
   6. Wenn die Katze fort ist, _____ die Mäuse auf dem Tisch.°
   7. Die Kinder tanzen ihr _____ der Nase herum.°

taugen – taugte – hat getaugt
   1. Der Film taugt nicht _____ Kinder.
   2. Der Kerl taugt eigentlich _____ nichts.

tauschen – tauschte – hat getauscht
   1. Tauschst du dein Taschenmesser _____ meinem Kaugummi?
   2. Würden Sie Ihren Platz _____ mir tauschen?

täuschen – täuschte – hat getäuscht
   1. Mein erster Eindruck von ihm hat _____ .
   2. Ich habe m_____ in dieser Sache getäuscht.
   3. Der Betrüger hat sein Opfer _____ einem Trick getäuscht.

110

teilen – teilte – hat geteilt
1. Wir teilen uns die Miete. Sie wird _____ drei geteilt.
2. Die Torte wurde _____ gleich große Stücke geteilt.
3. Sie hat ihren Jogurt _____ ihrem Bruder geteilt.
4. Das Grundstück wurde _____ den Erben geteilt.
5. Die Klasse soll sich in zwei Gruppen _____ .
6. Wenn _____ die Straße teilt, dann fahr links!
7. Die Gangster hatten s_____ untereinander die Beute geteilt.
8. Wim teilte voll und ganz mein_____ Meinung.

teilhaben (hat teil) – hatte teil – hat teilgehabt
Behinderte möchten auch gern _____ Geschehen teilhaben.

teilnehmen (nimmt teil) – nahm teil – hat teilgenommen
Der Bundespräsident nahm _____ den Feierlichkeiten teil.

telefonieren – telefonierte – hat telefoniert
1. Erich hat ein_____ Stunde lang ins Ausland telefoniert.
2. Er hat natürlich _____ seiner Freundin telefoniert.

terrorisieren – terrorisierte – hat terrorisiert
Der Diktator hat d_____ Bevölkerung terrorisiert.

töten – tötete – hat getötet
Man musste d_____ tollwütig_____ Fuchs töten.

totschlagen (schlägt tot) – schlug tot – hat totgeschlagen
1. Er hat ihn im Affekt _____ .
2. Sie hat die Zeit _____ Kreuzworträtseln totgeschlagen.

trachten – trachtete – hat getrachtet
Der Scharfschütze trachtete ihm _____ dem Leben.

tragen (trägt) – trug – hat getragen
1. Er trägt sein_____ Tochter gern auf den Schultern.
2. Das Eis hat noch nicht _____ .
3. Der Pflaumenbaum _____ dieses Jahr besonders gut.
4. Festverzinsliche Wertpapiere tragen hoh_____ Zinsen.
5. Der Mörder hat schwer _____ seiner Schuld getragen.
6. Sie trägt die Verantwortung _____ das Scheitern der Beziehung.
7. Viele tragen schwere Bedenken _____ die geplante Autobahn.
8. Man hat den Interessen der Kundschaft Rechnung _____ tragen.
9. Sie tragen sich _____ dem Gedanken auszuwandern.
10. Theodor trägt sein ererbtes Geld _____ Schau.

trauen – traute – hat getraut
1. Der Pfarrer hat d_____ Paar getraut.
2. Er traut s_____ nicht in ein Flugzeug.
3. Sie hat sich nicht _____ fragen getraut.
4. Ich habe mein_____ Augen nicht getraut.
5. Ich bin skeptisch. Ich traue _____ Frieden nicht!
6. Trau kein_____ über dreißig.*

trauern – trauerte – hat getrauert
  Er trauert _____ seinen verstorbenen Vater.

träumen – träumte – hat geträumt
  1. Er hat ein_____ wunderschönen Traum geträumt.
  2. Der Junge träumte da_____ , Pilot zu werden.
  3. Den Lottogewinn haben sie sich nicht _____ lassen!

treffen (trifft) – traf – hat/ist getroffen
  1. Er _____ meist schon beim ersten Steinwurf.
  2. Ich _____ Margarete neulich im Konzert getroffen.
  3. Kathrin trifft s_____ heimlich mit ihrem Freund.
  4. Deine abfällige Bemerkung hat sie tief _____ .
  5. _____ hat mich tief getroffen, von ihrem Tod zu erfahren.
  6. Wir sollten in dieser Sache ein_____ Entscheidung treffen.
  7. Wir _____ noch keine Reisevorbereitungen getroffen.
  8. Agnes hat ihr_____ Wahl bereits getroffen.
  9. Ich habe _____ ihr für heute Abend eine Verabredung getroffen.
  10. Das trifft s_____ gut, dass sie auch Zeit hat.
  11. Er ist auf dem Foto gut _____ .
  12. Er hat damit den Nagel _____ den Kopf getroffen.
  13. Gustav hat mit seiner Bemerkung _____ Schwarze getroffen.
  14. Das traf mich wie ein Blitz _____ heiterem Himmel!

treiben – trieb – hat/ist getrieben
  1. Der Ballon _____ über den See getrieben.
  2. Der Bauer treibt d_____ Kühe in den Stall.
  3. Der Tunnel wurde in den Berg _____ .
  4. Im Frühjahr _____ zuerst die Schneeglöckchen.
  5. Er hat sein ganzes Leben lang Sport _____ .
  6. Was _____ ihr bei dem schlechten Wetter getrieben?
  7. Die Geschäftsleute _____ einen regen Handel getrieben.
  8. Er treibt sie mit dem Trinken noch _____ Scheidung.
  9. Treib es nicht zu weit! Treib es nicht _____ die Spitze!
  10. Der Casanova hat es wirlich _____ jeder getrieben.*

trennen – trennte – hat getrennt
  1. Die Saalordner haben d_____ Streithähne getrennt.
  2. Das Wort hast du falsch _____ .
  3. Mutter trennt den Reißverschluss _____ der Jacke.
  4. Beim Sport werden die Jungen _____ den Mädchen getrennt.
  5. Unsere verschiedene soziale Herkunft trennt _____ voneinander.
  6. Ida lebt schon seit einem Jahr von ihr_____ Mann getrennt. (= Adj.)

treten (tritt) – trat – hat/ist getreten
  1. Er _____ den Hund getreten.
  2. Eleonore tritt _____ dem Haus.
  3. Er tritt _____ die verschlossene Tür.
  4. Der Computervirus _____ mit einem Mal zutage getreten.

5. Der publicityscheue Milliardär trat selten _____ Erscheinung.
6. Das Gesetz ist _____ Kraft getreten.
7. Achim und Gunhild _____ in den Stand der Ehe getreten.
8. Der Fluss ist _____ die Ufer getreten.
9. In vielen Diktaturen wird das Recht _____ Füßen getreten.

triefen – troff – hat/ist getrieft
1. Meine Haare triefen _____ Nässe.
2. Der Mantel hat vom Regen _____ .
3. Das Wasser ist vom Regenschirm _____ den Boden getrieft.
4. Er kam mit triefend_____ Haaren von draußen herein.
5. Ich habe Schnupfen. _____ trieft die Nase.*

trinken – trank – hat getrunken
1. Wer hat sein_____ Orangensaft noch nicht getrunken?
2. Wir trinken _____ deine Gesundheit und alles, was wir lieben.
3. Hannah trinkt _____ jedem fremden Mann gleich Brüderschaft.
4. Er hat _____ dem vergifteten Wein getrunken.

trügen – trog – hat getrogen
1. Das ist ganz anders. Der Schein _____ .
2. Ihre Vorahnungen hatten sie nicht _____ .

tun – tat – hat getan
1. Sie hat immer d_____ getan, was von ihr verlangt wurde.
2. Er tat so, als _____ er uns nicht kennen würde.
3. Kannst du mir ein_____ Gefallen tun?
4. Bei den alternativen Energien tut s_____ viel.
5. Mir tut _____ Rücken weh.
6. Du _____ zu viel des Guten.

turnen – turnte – hat geturnt
Evelyn hat ihr_____ Übung am Stufenbarren geturnt.

# U

übel nehmen (nimmt übel) – nahm übel – hat übel genommen
1. Er nahm ihm seine Verspätung _____ .
2. _____ Sie es mir bitte nicht übel, wenn ich jetzt gehe.

üben – übte – hat geübt
1. Mein Sohn übt d_____ Salto auf dem Trampolin.
2. Ralph übt sich _____ der Kunst des Bogenschießens.
3. Man übte heftige Kritik _____ seiner Rede.
4. Guido hat _____ seinen Idealen Verrat geübt.

überarbeiten – überarbeitete – hat überarbeitet
1. Der Lektor überarbeitete d_____ kurze Manuskript des Autors.
2. Er hat s_____ dabei nicht überarbeitet.

überbacken – überbackte – hat überbacken
   Sie hat die Zwiebelsuppe _____ Käse überbacken.

überbieten – überbot – hat überboten
   1. Er hat den Auktionspreis um ein Vielfaches _____ .
   2. Er überbot d_____ Schanzenrekord um zwei Meter.

übereinander schlagen (schlägt übereinander) – schlug übereinander –
hat übereinander geschlagen
   1. Er _____ die Beine übereinander geschlagen.
   2. Seine Beine _____ übereinander geschlagen.

übereinkommen – kam überein – ist übereingekommen
   1. Sie kamen überein, das gemeinsame Haus _____ verkaufen.
   2. Er ist mit ihm _____ den Kaufpreis übereingekommen.

überessen (überisst) – überaß – hat überessen
   Ich hatte m_____ mit der Weihnachtsgans überessen.

überfahren (überfährt) – überfuhr – hat überfahren
   1. Der Laster hat ein Kind _____ .
   2. Wer die Ampel bei Rot _____ , wird automatisch geblitzt.

überfallen (überfällt) – überfiel – hat überfallen
   1. Die Posträuber haben d_____ Geldtransport überfallen.
   2. Mein Mann überfällt mich oft _____ seinen spontanen Einfällen.

übergreifen – griff über – hat übergegriffen
   Die Cholera hat auch _____ benachbarte Länder übergegriffen.

überholen – überholte – hat überholt
   1. Es ist verboten, ein_____ Wagen rechts zu überholen.
   2. Mein alt_____ Motor muss in der Werkstatt überholt werden.
   3. Deine antiquierten Vorstellungen _____ völlig überholt. (= Adj.)

überlaufen (läuft über) – lief über – ist übergelaufen
              (überläuft) – überlief – hat überlaufen
   1. Die Badewanne ist _____ .
   2. Die Deserteure sind _____ Gegner übergelaufen.
   3. Alle Deutschkurse sind hoffnungslos _____ . (= Adj.)
   4. Es hat mich kalt _____ .

überlegen – überlegte – hat überlegt
   1. Ich _____ gerade etwas.
   2. Arthur hat _____ seine Antwort vorher gut überlegt.
   3. Wir überlegen, _____ wir ein Kind adoptieren sollen.

überlisten – überlistete – hat überlistet
   Der Flüchtling hat seine Verfolger mit einem Trick _____ .

übernachten – übernachtete – hat übernachtet
   Egbert hat bei uns in der Badewanne _____ .

114

übernehmen (übernimmt) – übernahm – hat übernommen
1. Die Baufirma übernimmt d_____ Auftrag.
2. Niemand will die Verantwortung _____ das Unglück übernehmen.
3. Er hat _____ mit seinen Projekten etwas übernommen.

überqueren – überquerte – hat überquert
   In Deutschland überquert kaum jemand d_____ Ampel bei Rot.

überraschen – überraschte – hat überrascht
1. Roger hat uns _____ seinem Besuch völlig überrascht.
2. Sie wurde _____ Spionieren überrascht.
3. Es überrascht mich, _____ du einverstanden bist.
4. _____ überrascht uns zu hören, dass ihr schon abreisen wollt.

überreden – überredete – hat überredet
1. Jochen wollte Klara _____ einem Glas Sekt überreden.
2. Wir mussten ihn _____ Segeln überreden.
3. Überrede sie doch da_____ , dass sie dir ihr Auto leiht!

überschlagen (überschlägt) – überschlug – hat überschlagen
1. Seine Stimme hat _____ vor Zorn überschlagen.
2. Die politischen Ereignisse haben sich im Osten _____ .
3. Sie hat _____ , was der Urlaub wohl kosten würde.
4. Sie las nicht alles. Sie hat einige Kapitel _____ .
5. Er hat sich fast überschlagen _____ lauter Dankbarkeit.°

übersetzen – übersetzte – hat übersetzt
              setzte über – hat übergesetzt
1. Der Dolmetscher übersetzt _____ Deutschen ins Polnische.
2. Sie hat den Prospekt _____ dem Russischen übersetzt.
3. Der Fährmann hat uns zum anderen Ufer _____ .

überspringen – sprang über – ist übergesprungen
              übersprang – hat übersprungen
1. Mein Sohn hat die zweite Klasse _____ .
2. Das Feuer ist auf die anderen Dächer _____ .

übertreffen (übertrifft) – übertraf – hat übertroffen
1. Er übertraf unser_____ Erwartungen bei weitem.
2. Er hat alle _____ Schnelligkeit übertroffen.
3. Er war in Höchstform. Er übertraf _____ selbst.

übertreiben – übertrieb – hat übertrieben
1. Er hat maßlos _____ .
2. Sie übertreibt es ein bisschen _____ dem Sport.

übertreten (übertritt) – übertrat – hat übertreten
              (tritt über) – trat über – ist übergetreten
1. Der Waffenhändler hat das Gesetz _____ .
2. Sie ist zum Islam _____ .

115

überweisen – überwies – hat überwiesen
1. Ich habe d_____ Hausbesitzer die Miete überwiesen.
2. Gastarbeiter überweisen viel Geld _____ ihre Angehörigen.
3. Ihr Hausarzt überwies sie _____ einen Frauenarzt.

überwerfen (überwirft) – überwarf – hat überworfen
    (wirft über) – warf über – hat übergeworfen
1. Er hat sich mit seinen Eltern völlig _____ .
2. Als es klingelte, hat er sich ein Badetuch _____ .

überwiegen – überwog – hat überwogen
1. In der Wählergunst haben die Demokraten klar _____ .
2. Bei den ausländischen Touristen überwiegen d_____ Amerikaner.

überzeugen – überzeugte – hat überzeugt
1. Ich würde Christopher gern _____ Gegenteil überzeugen.
2. Der Chef überzeugt sich selbst da_____ , dass alles stimmt.
3. Sie hat ihn davon überzeugt, _____ er studieren sollte.

überziehen – überzog – hat überzogen
        zog über – hat übergezogen
1. Die Betten wurden mit frischen Laken _____ .
2. Sie hat mal wieder ihr Konto _____ .
3. Der Moderator hat die Sendezeit _____ 5 Minuten überzogen.
4. Er hat sich einen warmen Pulli _____ .

übrig lassen (lässt übrig) – ließ übrig – hat übrig gelassen
1. Wir _____ dir von der Torte noch was übrig gelassen.
2. Unser Hotel hat nichts _____ wünschen übrig gelassen.

umfallen (fällt um) – fiel um – ist umgefallen
1. Die Stehlampe _____ umgefallen.
2. Der Zeuge hat seine Aussage widerrufen; er ist _____ .*

umgehen – umging – hat umgangen
        ging um – ist umgegangen
1. Er hat alle gesetzlichen Bestimmungen _____ .
2. Die Furcht vor dem Revolverhelden ging in dem Städtchen _____ .
3. Er kann nicht _____ kleinen Kindern umgehen.

umkommen – kam um – ist umgekommen
1. Ihr erster Mann war im Krieg _____ .
2. Er ist _____ einen Unfall umgekommen.
3. Mach das Fenster auf, hier kommt man _____ Hitze fast um!

umschalten – schaltete um – hat umgeschaltet
1. Wenn Sie d_____ Hebel umschalten, bleibt die Maschine stehen.
2. Kannst du _____ einen anderen Sender umschalten?

umschmeißen* – schmiss um – hat umgeschmissen
1. Das Kind hatte alle Dominosteine _____ .*
2. Der Chef darf meine Urlaubspläne nicht _____ .*
3. Ein Gläschen Cognac wird dich nicht gleich _____ !*

umsehen (sieht um) – sah um – hat umgesehen
1. Du darfst _____ nicht umsehen, wenn wir uns verstecken!
2. Der Kommissar sah _____ im Haus um.
3. Er sah sich immer wieder nach d_____ Blondine um.
4. Er hat sich _____ einer neuen Stelle umgesehen.
5. Junge Leute sollten reisen und sich _____ der Welt umsehen.

umspringen – sprang um – ist umgesprungen
　　　　　　umsprang – hat umsprungen
1. Der Hund ht sein Herrchen wie wild vor Freude _____ .
2. Zum Glück sprang beim Waldbrand d_____ Wind um.
3. Der Turnlehrer ist _____ seinen Schülern hart umgesprungen.

umsteigen – stieg um – ist umgestiegen
1. Du musst in Konstanz _____ einen anderen Zug umsteigen.
2. Lothar ist _____ einen ganz anderen Beruf umgestiegen.

umziehen – zog um – hat/ist umgezogen
1. Die Schulzes _____ nach Dortmund umgezogen.
2. Wolfdieter _____ sich in der Umkleidekabine umgezogen.

umzingeln – umzingelte – hat umzingelt
Die Indianer umzingelten d_____ Lager der Siedler.

unterbieten – unterbot – hat unterboten
1. Er hat d_____ Rekord im Kugelstoßen noch unterboten.
2. Er unterbot den Preis _____ etliches.

unterbrechen (unterbricht) – unterbrach – hat unterbrochen
1. Das Telefonat wurde _____ .
2. Man unterbrach d_____ Sendung wegen einer Verkehrsmeldung.

unterbringen – brachte unter – hat untergebracht
Man hat mich in einem preiswerten Gasthof _____ .

untergehen – ging unter – ist untergegangen
1. Seine Argumente _____ in der Diskussion untergegangen.
2. Viele Hochkulturen _____ im Laufe der Geschichte unter.
3. Die Schiffsbesatzung ist mit Mann und Maus _____ .

unterhalten (unterhält) – unterhielt – hat unterhalten
1. Der Showmaster hat die Zuschauer bestens _____ .
2. Sie haben _____ über den neuesten Film unterhalten.
3. Er unterhält noch ein_____ Sohn aus erster Ehe.
4. Es kostet viel Geld, das alte Schloss _____ unterhalten.
5. Die Mafia hat verschieden_____ Amüsierbetriebe unterhalten.

unterlassen (unterlässt) – unterließ – hat unterlassen
1. Es wird gebeten, das Rauchen in der U-Bahn zu _____ .
2. Er unterließ _____ , seine Kollegen zu informieren.

unterliegen – unterlag – ist unterlegen
  Sie unterlagen haushoch d_____ gegnerischen Mannschaft.

unterrichten – unterrichtete – hat unterrichtet
  1. Der Lehrer unterrichtet seine Klasse _____ Geografie.
  2. Sie hat ihn _____ vertrauliche Interna unterrichtet.
  3. Die Fahrgäste wurden _____ der Zugverspätung unterrichtet.

unterscheiden – unterschied – hat unterschieden
  1. Ich konnte d_____ Zwillinge kaum unterscheiden.
  2. Man unterscheidet die Säugetiere _____ den Reptilien.
  3. Man muss _____ verschiedenen Möglichkeiten unterscheiden.
  4. Die beiden Brüder unterscheiden _____ in ihrem Charakter.

unterschlagen (unterschlägt) – unterschlug – hat unterschlagen
  1. Unser Buchhalter hat einen großen Betrag _____ .
  2. Warum hast du unterschlagen, _____ du heiraten wirst?

unterschreiben – unterschrieb – hat unterschrieben
  Bitte unterschreiben Sie hier unten d_____ Bestellformular!

unterstreichen – unterstrich – hat unterstrichen
  1. _____ Sie bitte alle Verben im Text.
  2. Einige Verben _____ bereits unterstrichen.
  3. Sie haben Recht; was Sie sagen, kann ich nur _____ !

unterstützen – unterstützte – hat unterstützt
  Er unterstützte sein_____ studierenden Sohn.

untersuchen – untersuchte – hat untersucht
  1. Der Betriebsarzt hat mich _____ .
  2. Man untersuchte die Leiche _____ Hinweise für einen Mord.

untertreiben – untertrieb – hat untertrieben
  1. Die Gefährlichkeit der Cholera sollte man nicht _____ .
  2. Er ist ein ausgezeichneter Fachmann, aber er _____ gern.

unterziehen – unterzog – hat unterzogen
  Er musste sich ein_____ ärztlichen Behandlung unterziehen.

urteilen – urteilte – hat geurteilt
  1. Er urteilte nur _____ seinem ersten Eindruck.
  2. Die Jury urteilte _____ die Entwürfe der Architekten.

# V

verabreden – verabredete – hat verabredet
  1. Sie hatten ein_____ genauen Zeitpunkt verabredet.
  2. Die Freunde hatten sich _____ Schwimmen verabredet.
  3. Wir hatten verabredet, uns am Marienplatz _____ treffen.
  4. Ingo hat sich _____ heute Abend mit seinem Freund verabredet.
  5. Bist du heute schon _____ ?

verabschieden – verabschiedete – hat verabschiedet
1. Die Partygäste verabschiedeten sich _____ Roswitha.
2. Herr Hoffmann geht in Rente. Wir haben _____ verabschiedet.
3. Der Bundestag hat das neue Gesetz _____ .

verachten – verachtete – hat verachtet
1. Der Maler verachtet d_____ eingebildet_____ Galeriebesucher.
2. Victor verachtet es, den Kinderwagen _____ schieben.
3. Ein selbstgebackener Kuchen ist nicht _____ verachten.

verändern – veränderte – hat verändert
1. Die Erfindung des Automobils hat die Welt sehr _____ .
2. Oliver hat sich sehr _____ seinem Vorteil verändert.

veranlassen (veranlasst) – veranlasste – hat veranlasst
1. Der Bürgerkrieg veranlasste die Familie _____ Flucht.
2. Der Chef hatte ihn veranlasst, die Stelle _____ wechseln.
3. Der Zwischenfall veranlasste uns da_____ , den Code zu verändern.

verarbeiten – verarbeitete – hat verarbeitet
1. Die Papierfabrik verarbeitet alt_____ Zeitungspapier.
2. Er musste sein_____ viel_____ Eindrücke von der Reise verarbeiten.
3. Das Korn wird _____ Brot verarbeitet.

verbauen – verbaute – hat verbaut
1. Die Kartons im Gang verbauen im Brandfall d_____ Fluchtweg.
2. Mit einem Handwerksberuf verbaust du dir nicht d_____ Zukunft.
3. Viele Steine wurden _____ den Turm verbaut.

verbergen (verbirgt) – verbarg – hat verborgen
1. Der Nebel verbirgt d_____ Sonne.
2. Der Ausbrecher hat sich _____ der Polizei verborgen.

verbessern – verbesserte – hat verbessert
1. Man hat d_____ Kantinenessen etwas verbessert.
2. Der Schüler hat all_____ Fehler in den Hausaufgaben verbessert.
3. Er hat sich _____ Hochsprung um einige Zentimeter verbessert.

verbeugen – verbeugte – hat verbeugt
Der Dirigent verbeugte sich _____ seinem Publikum.

verbieten – verbot – hat verboten
1. Das deutsche Recht verbietet nicht d_____ Prostitution.
2. Der Arzt hat mein_____ Vater verboten zu rauchen.
3. Es verbietet _____ von selbst, Rauschgift zu legalisieren.

verbinden – verband – hat verbunden
1. Die Krankenschwester hat die Wunde _____ .
2. Man sollte das Angenehme _____ dem Nützlichen verbinden.
3. Mit ihrer Religion verbanden s_____ auch politische Ideen.
4. Uns _____ die Freude am Musizieren.

verbrennen – verbrannte – hat/ist verbrannt
1. Sie hat alle seine Liebesbriefe _____ .
2. Er hat s_____ die Finger verbrannt.
3. Pass auf, dass du d_____ nicht am Ofen verbrennst!
4. Das Schnitzel _____ leider in der Pfanne verbrannt.
5. Sein Gesicht war von der Sonne _____ .
6. Das Papier war _____ Asche verbrannt.
7. Pass auf, was du sagst. Verbrenn d_____ nicht wieder die Zunge!°

verbringen – verbrachte – hat verbracht
1. Sie haben ihren Urlaub auf Kuba _____ .
2. Den letzten Abend sollten wir noch gemeinsam _____ .
3. Er hatte sein Leben _____ bitterer Armut verbracht.
4. Er hatte die Nacht da_____ verbracht, Gedichte zu schreiben.

verdächtigen – verdächtigte – hat verdächtigt
Die Polizei verdächtigte ihn d_____ Diebstahls.

verdammen – verdammte – hat verdammt
1. In der Predigt verdammte der Pfarrer d_____ Fremdenhass.
2. Seine Lähmung verdammte ihn _____ einem Leben im Rollstuhl.

verdanken – verdankte – hat verdankt
Er verdankte seine Rettung d_____ Bergwacht.

verderben (verdirbt) – verdarb – hat/ist verdorben
1. Das Fleisch _____ in der Wärme verdorben.
2. Er _____ seine Kinder durch schlechte Erziehung verdorben.
3. Mit ihrer schlechten Laune _____ sie ihm den Urlaub verdorben.
4. Durch Lesen bei Kerzenlicht hat er _____ die Augen verdorben.
5. Durch seinen Eigensinn hat er es _____ allen verdorben.

verdienen – verdiente – hat verdient
1. Bernhard verdient ein_____ gut_____ Beurteilung.
2. Die Baufirma hat gut _____ den Schwarzarbeitern verdient.
3. Er hat es verdient, den Nobelpreis _____ erhalten.
4. Er hat sich mit der Erfindung eine golden_____ Nase verdient.°
5. Der verdient sein Geld ja _____ Schlaf!°

vereinbaren – vereinbarte – hat vereinbart
Er hatte _____ ihm absolutes Stillschweigen vereinbart.

vererben – vererbte – hat vererbt
1. Der Fabrikant hat sein_____ Sohn ein Vermögen vererbt.
2. Charaktereigenschaften vererben _____ .

verfolgen – verfolgte – hat verfolgt
1. Der Detektiv verfolgte d_____ Unbekannten.
2. Er verfolgt mit dem Schachzug ein_____ bestimmten Plan.

verfügen – verfügte – hat verfügt
1. Nicht jedes Land verfügt _____ größere Goldreserven.
2. Das Gebäude verfügt über mehrer_____ Notausgänge.
3. Die Umweltbehörde verfügte d_____ Schließung des Werkes.

verführen – verführte – hat verführt
1. Der ältere Mann hat d_____ junge Mädchen verführt.
2. Sie hat ihn _____ Rauchen verführt.

vergeben (vergibt) – vergab – hat vergeben
1. Der Ehemann hat sein_____ Frau den Seitensprung vergeben.
2. Das Ministerium vergab den Auftrag _____ eine andere Firma.
3. Du vergibst _____ nichts, wenn du ihn auch einlädst.

vergehen – verging – hat/ist vergangen
1. Alle Lebewesen müssen _____ .
2. Leider vergehen sich manche Väter _____ ihren Kindern.
3. Er hat sich _____ ein ungeschriebenes Gesetz vergangen.
4. Sie ist fast _____ Sehnsucht nach ihrer Heimat vergangen.

vergessen (vergisst) – vergaß – hat vergessen
1. D_____ Termin habe ich doch glatt vergessen!
2. Er hatte sich vor Wut völlig _____ .
3. Pass auf, sonst _____ du noch mal deinen Kopf!*

vergleichen – verglich – hat verglichen
1. Sie darf nicht Äpfel mit Birnen _____ .
2. Er vergleicht das Essen seiner Frau _____ dem seiner Mutter.
3. Die Schüler sollten beide Baustile mit_____ vergleichen.
4. Der Beklagte hat _____ mit dem Kläger verglichen.

verhaften – verhaftete – hat verhaftet
Die Polizei hat den Betrüger _____ .

verhalten (verhält) – verhielt – hat verhalten
1. Die Sache verhält _____ völlig anders, als Sie meinen.
2. Die Kinder sollen _____ endlich ruhig verhalten!
3. _____ meinen Einkünften verhält es sich nicht zum Besten.

verheimlichen – verheimlichte – hat verheimlicht
1. Sie hat bei der Einstellung ihre Schwangerschaft _____ .
2. Er wollte seine Krankheit _____ Frau verheimlichen.

verheiraten – verheiratete – hat verheiratet
1. Er hat seine Tochter _____ einem Ausländer verheiratet.
2. Er hat _____ mit einer Adligen verheiratet.
3. Seit wann seid ihr _____ ? (= Adj.)

verhelfen (verhilft) – verhalf – hat verholfen
Seine Freundin hat ihm _____ Flucht verholfen.

verhindern – verhinderte – hat verhindert
Seine schnelle Reaktion verhinderte ein_____ Zusammenstoß.

verhungern – verhungerte – ist verhungert
1. Viele Menschen _____ in der Nachkriegszeit verhungert.
2. Er wollte ihn _____ ausgestrecktem Arm verhungern lassen.°

verkaufen – verkaufte – hat verkauft
1. Dagmar verkauft ihrer Bekannt_____ ihr altes Auto.
2. Sie verkauft ihren Wagen _____ eine Bekannte.
3. Die Exportfirma verkauft Stahl _____ Ausland.
4. Ihr wollt mich wohl _____ dumm verkaufen?*
5. Er war zu bescheiden. Er konnte _____ nicht gut verkaufen.*

verklagen – verklagte – hat verklagt
Das Unfallopfer hat den schuldigen Autofahrer _____ .

verlangen – verlangte – hat verlangt
1. Raimund hat d_____ Geschäftsführer verlangt.
2. Der Kranke verlangte _____ einem Priester.
3. Er verlangte danach, seinen Anwalt _____ sprechen.
4. Sie verlangt _____ ihm, dass er ihr mehr Geld gibt.

verlängern – verlängerte – hat verlängert
1. Der Schneider verlängert mir mein_____ Mantelärmel.
2. Wir haben den Urlaub _____ eine Woche verlängert.
3. Die Laufzeit des Kredits wurde auf 12 Monat_____ verlängert.

verlassen (verlässt) – verließ – hat verlassen
1. Der Redner hat d_____ Tribüne verlassen.
2. Sie hat ihren Mann wegen eines jüngeren _____ .
3. Ich kann mich ganz _____ meine Freunde verlassen.
4. Du kannst dich dar_____ verlassen, dass Boris gewinnt.
5. Die Ratten _____ das sinkende Schiff.*

verlaufen (verläuft) – verlief – hat/ist verlaufen
1. Die Grenze _____ in der Mitte des Flusses.
2. Die Wasserfarben _____ auf dem Papier verlaufen.
3. Er hat s_____ in der fremden Stadt verlaufen.
4. Die Demonstranten _____ sich nach der Kundgebung verlaufen.

verlegen – verlegte – hat verlegt
1. Ich hatte mein_____ Pass verlegt. Er war nirgends zu finden.
2. Die Premiere wird _____ das kommende Wochenende verlegt.
3. Er hat seinen Wohnsitz _____ Land verlegt.
4. Der Teppichboden _____ verlegt worden.
5. Nach der Haftentlassung verlegte er sich _____ Einbrüche.
6. Berliner sind nie _____ eine Antwort verlegen. (= Adj.)

verleiten – verleitete – hat verleitet
Die Bande hat ihn _____ Autodiebstahl verleitet.

verletzen – verletzte – hat verletzt
1. Seine Bemerkung hat mich sehr _____ .
2. Wobei hast du d_____ denn den Knöchel verletzt?

verlieben – verliebte – hat verliebt
Ich habe mich _____ eine ganz tolle Frau verliebt.

verlieren – verlor – hat verloren
1. Ich habe in der U-Bahn mein_____ Brieftasche verloren.
2. Der Weltmeister hat d_____ Schachpartie verloren.
3. Kristin hatte schon im Krieg ihr_____ Eltern verloren.
4. Der Umweltschutz hat nicht _____ Aktualität verloren.
5. Bei der Wette hat er ein Bier _____ seinen Freund verloren.
6. Der Vogelzug verlor s_____ am Horizont.
7. Ich habe einige frühere Freunde _____ den Augen verloren.
8. Wir wollen über die dumme Sache kein Wort mehr _____ !
9. Was wollte ich sagen? Ich hab' jetzt d_____ Faden verloren.
10. Ruhig Blut! Nur nicht d_____ Kopf verlieren!°
11. Der ist nicht zu ändern, an dem ist Hopfen und Malz _____ .°

verloben – verlobte – hat verlobt
1. Sie haben s_____ heimlich verlobt.
2. Er hat sich _____ seiner Schulfreundin verlobt.

vermeiden – vermied – hat vermieden
1. Man sollte möglichst jeden Fehler _____ .
2. Soziale Härten müssen _____ werden.
3. Er vermied _____ , sie anzuschauen.

vermieten – vermietete – hat vermietet
1. Frau Schmidt vermietet ein möbliert_____ Zimmer.
2. Sie hat ein_____ berufstätigen Herrn ein Zimmer vermietet.
3. Sie vermietet das Zimmer _____ ein_____ ausländisch_____ Studentin.

vermuten – vermutete – hat vermutet
1. Der Notarzt hatte ein_____ Herzinfarkt vermutet.
2. Sie vermutet ein_____ Bären in der Höhle.
3. Ich kann nur vermuten, _____ das Geld gestohlen hat.

veröffentlichen – veröffentlichte – hat veröffentlicht
1. Man veröffentlichte den Leserbrief _____ der Süddeutschen Zeitung.
2. Der Doktorand veröffentlichte seine Arbeit _____ einem Verlag.

verordnen – verordnete – hat verordnet
Der Arzt hat dem Patient_____ strenge Bettruhe verordnet.

verpassen (verpasst) – verpasste – hat verpasst
1. Er hatte d_____ letzt_____ Straßenbahn verpasst.
2. Du hast ein_____ gut_____ Gelegenheit verpasst.
3. Die Hostess hat ihm einen Strafzettel _____ .*

verpflichten – verpflichtete – hat verpflichtet
   Jeder Arzt ist _____ Schweigen verpflichtet.

verraten (verrät) – verriet – hat verraten
   1. Er wollte sein_____ Freund das Geheimnis verraten.
   2. Das Versteck der Anne Frank wurde _____ die Gestapo verraten.
   3. Sein Gesichtsausdruck verriet sein_____ Verlegenheit.
   4. Dem bist du ausgeliefert. Du bist _____ und verkauft!*

verreisen – verreiste – ist verreist
   Ich verreise nächst_____ Woche.

versagen – versagte – hat versagt
   1. Die Autobatterie hat bei der Kälte _____ .
   2. Die Baubehörde versagte d_____ Bauherrn die Baugenehmigung.
   3. Ein Einsiedler versagt s_____ das Leben in der Zivilisation.

verschaffen – verschaffte – hat verschafft
   1. Er konnte sich einen Pass auf dem Schwarzmarkt _____ .
   2. Der neue Lehrer hat sich sofort Respekt _____ .
   3. Er wollte es genau wissen und verschaffte s_____ Gewissheit.
   4. Was _____ mir die Ehre Ihres Besuchs?

verschlafen (verschläft) – verschlief – hat verschlafen
   1. Tut mir Leid, ich _____ heute Morgen verschlafen.
   2. Er hat ein_____ wichtig_____ Termin verschlafen.

verschließen – verschloss – hat verschlossen
   1. Die Haustür wird jeden Abend _____ .
   2. Sie hat sich sein_____ Bitten verschlossen.

verschreiben – verschrieb – hat verschrieben
   1. Der Gynäkologe hat mein_____ Freundin d_____ Pille verschrieben.
   2. Ich habe m_____ bei diesem Fremdwort verschrieben.
   3. Sie hatte sich d_____ Obdachlosenproblem verschrieben.

verschweigen – verschwieg – hat verschwiegen
   1. Er _____ uns sein schweres Leiden verschwiegen.
   2. Er _____ , dass er für den Geheimdienst gearbeitet hatte.
   3. Ich kann alles sagen. Ich habe nichts _____ verschweigen.
   4. Er _____ verschwiegen wie ein Grab.° (= Adj.)

verschwinden – verschwand – ist verschwunden
   1. Das Geld ist _____ dem Tresor verschwunden.
   2. Der Taschendieb ist in der Menge _____ .
   3. Die Ladendiebin ließ den Schmuck in der Tasche _____ .
   4. Er war plötzlich _____ der Bildfläche verschwunden.

versehen (versieht) – versah – hat versehen
   1. Er versieht sein_____ Dienst als Pförtner im Krankenhaus.
   2. Man hat das Haus _____ einem neuen Anstrich versehen.
   3. Vor der Reise haben sie s_____ mit Proviant versehen.
   4. Das ist kein Mann, sondern ein Baum. Du hast dich _____ !

**versetzen – versetzte – hat versetzt**
1. Das Institut _____ viele Mitarbeiter nach Berlin versetzt.
2. Er war pleite und musste seine goldene Uhr _____ .
3. Der schlechte Schüler konnte nicht _____ werden.
4. Er versetzte ihm ein___ Faustschlag ins Gesicht.
5. Die Musik versetzte sie in d___ Zeit ihrer Jugend.
6. Versetz dich bitte mal _____ meine Lage!
7. Wir waren verabredet, aber sie _____ mich versetzt.

**versichern – versicherte – hat versichert**
1. Ich habe mich _____ einer privaten Krankenkasse versichert.
2. Er _____ bei der Allgemeinen Ortskrankenkasse (AOK) versichert.
3. Der Wagen ist _____ Diebstahl versichert.
4. Ich versichere Ihnen, _____ ich mein Möglichstes tun werde.

**verspäten – verspätete – hat verspätet**
1. Der Bus hat s___ um eine Viertelstunde verspätet.
2. Du hast dich _____ dem Aufstehen verspätet.

**versperren – versperrte – hat versperrt**
1. Die umgefallenen Bäume versperren d___ Straße.
2. Der Neubau hat ihnen d___ Sicht auf den Wald versperrt.

**verspotten – verspottete – hat verspottet**
Der Redner der Opposition verspottete d___ Regierungspartei.

**versprechen (verspricht) – versprach – hat versprochen**
1. Die Firma hat ihr___ Angestellten höher___ Löhne versprochen.
2. Er hatte ihr d___ Ehe versprochen.
3. Der Nachrichtensprecher hatte _____ mehrmals versprochen.
4. Ich verspreche mir _____ Fitnesstraining eine bessere Figur.
5. Sie hat mir hoch _____ heilig versprochen zu kommen.

**verstecken – versteckte – hat versteckt**
1. Die alte Dame hatte ihr___ Schmuck im Schrank versteckt.
2. Anne Frank versteckte _____ im Hinterhaus vor der Gestapo.

**verstehen – verstand – hat verstanden**
1. Ich hatte d___ Satz nicht verstanden.
2. Verstehst du mein___ finanzielle Notlage?
3. Ich _____ nicht, wie das passieren konnte.
4. Er versteht es, die Frauenherzen _____ erobern.
5. _____ Demokratie versteht man überall dasselbe.
6. Frauen verstehen angeblich nichts _____ Politik.
7. Sie versteht _____ aufs Stricken von hübschen Pullis.
8. Am besten verstehe ich mich _____ mein___ jüngst___ Bruder.
9. Alle Preise verstehen _____ inklusive Mehrwertsteuer.
10. Entwicklungshilfe versteht sich _____ Hilfe zur Selbsthilfe.
11. Es versteht sich _____ selbst, dass jeder die Hälfte zahlt.
12. Wovon redet ihr? Ich _____ immer nur Bahnhof.*

Übungen zu Verben

verstoßen (verstößt) – verstieß – hat verstoßen
1. Er hat seine Tochter _____ seinem Haus verstoßen.
2. Er hat _____ das Gesetz verstoßen.

versuchen – versuchte – hat versucht
1. Darf ich mal d_____ Pralinen versuchen?
2. Willst du mal versuchen, auf dem Surfbrett _____ stehen?
3. Ich versuche lieber erst mal, _____ die Milch sauer ist.
4. Bertolt versucht sich _____ Jongleur.
5. Renate versucht sich _____ Kanufahren.
6. Versuch es mal, _____ dem Schlüssel die Flasche zu öffnen!

verteidigen – verteidigte – hat verteidigt
1. Die Katze verteidigte ihr_____ Jungen.
2. Der Hund verteidigte ihn vor d_____ Angreifer.
3. Er hat die Doktorarbeit vor der Prüfungskommission _____ .
4. Die Soldaten verteidigten s_____ gegen den Angriff.

verteilen – verteilte – hat verteilt
1. Die Flugblätter wurden in der Mensa _____ .
2. Er verteilte sein ganz_____ Vermögen unter die Armen.
3. Carmen hat die Schokolade _____ die Kinder verteilt.
4. Die Hotelgäste wurden _____ ihre Zimmer verteilt.

vertiefen – vertiefte – hat vertieft
1. Der Brunnen muss bis zum Grundwasserspiegel _____ werden.
2. Er vertiefte sich _____ sein Buch.

vertrauen – vertraute – hat vertraut
1. Mein_____ Freunden kann ich absolut vertrauen.
2. Sie vertraut fest _____ ihr Glück.
3. Er vertraut dar_____ , dass seine Frau ihm treu bleibt.

vertreten (vertritt) – vertrat – hat vertreten
1. Frau Wagner vertritt ihr_____ krank_____ Kollegin.
2. Er vertrat in der Diskussion mein_____ Standpunkt.
3. Der Förster vertrat d_____ Wilddieb den Weg.
4. Er hat s_____ beim Jogging den Fuß vertreten.

verüben – verübte – hat verübt
Die Nazis haben schwere Verbrechen _____ den Juden verübt.

verurteilen – verurteilte – hat verurteilt
1. Der Richter hat d_____ Einbrecher verurteilt.
2. Er verurteilte ihn _____ einem Jahr Freiheitsentzug.
3. Die Abgeordneten verurteilten d_____ Aggression.

verwandeln – verwandelte – hat verwandelt
Der Frosch verwandelte sich nach dem Kuss _____ einen Prinzen.

verwechseln – verwechselte – hat verwechselt
Pia hat meine Stimme _____ der meines Bruders verwechselt.

verweigern – verweigerte – hat verweigert
1. Er verweigerte jed____ Auskunft.
2. Die Einreise wird den Wirtschaftsflüchtlingen _____ .
3. Der Hund verweigerte sein____ Herrn den Gehorsam.

verweisen – verwies – hat verwiesen
1. Man hat mich in dieser Angelegenheit _____ Sie verwiesen.
2. Die Mannschaft wurde _____ den zweiten Platz verwiesen.
3. Man hat den Schüler _____ der Schule verwiesen.

verwenden – verwendete – hat verwendet
                verwandte – hat verwandt
1. Zum Würzen sollte man wenig Salz _____ .
2. Er verwendet das kleine Zimmer _____ Abstellraum.
3. Sie hat viel Zeit _____ die Erziehung der Kinder verwendet.
4. Es wäre schön, wenn Sie s____ für mich verwenden würden.

verzeihen – verzieh – hat verziehen
1. Na gut, ich verzeihe d____ .
2. Kannst du mir noch einmal mein____ Vergesslichkeit verzeihen?
3. Ich verzeihe dir, _____ du wieder den Termin verschlafen hast.*

verzichten – verzichtete – hat verzichtet
1. Der Sohn hat _____ sein Erbteil verzichtet.
2. Er verzichtet dar____ , in den Urlaub zu fahren.

verzollen – verzollte – hat verzollt
Die Reisenden müssen Kaffee, Alkohol und Tabakwaren _____ .

voraussehen (sieht voraus) – sah voraus – hat vorausgesehen
1. Beobachter hatten _____ Sturz des Diktators vorausgesehen.
2. Man konnte _____ , dass das so kommen würde.
3. Das war zu erwarten. Das war _____ .

vorbeigehen – ging vorbei – ist vorbeigegangen
1. Er ging _____ der gesuchten Hausnummer vorbei.
2. Die Kugel _____ um Haaresbreite an ihm vorbeigegangen.
3. Auch die schönste Zeit geht einmal _____ .

vorbeikommen – kam vorbei – ist vorbeigekommen
1. Kommen Sie einfach mal _____ und besuchen Sie uns!
2. Sie machten Platz, damit er mit seinem Bauch _____ .
3. Bei der Stadtrundfahrt sind wir an der Siegessäule _____ .
4. Er ist gerade noch _____ einer Gefängnisstrafe _____ .
5. An dieser Tatsache kommt doch niemand _____ .

vorbeilassen (lässt vorbei) – ließ vorbei – hat vorbeigelassen
Ich muss aussteigen. Könnten Sie mich _____ ?

vorbereiten – bereitete vor – hat vorbereitet
1. Mutter hat unser____ Ausflug ins Grüne gut vorbereitet.
2. Du solltest dich _____ die Mittelstufenprüfung vorbereiten.
3. Bereite dich schon mal dar____ vor, dass der Chef sauer ist.*

vorlesen (liest vor) – las vor – hat vorgelesen
1. Die Tante hat d_____ Kindern ein schön_____ Märchen vorgelesen.
2. Oma liest Opa _____ der Zeitung vor.

vorschlagen (schlägt vor) – schlug vor – hat vorgeschlagen
1. Der Diskussionsleiter hatte eine kurze Pause _____ .
2. Sie schlug ihnen vor, nur in der Pause _____ rauchen.

vorsehen (sieht vor) – sah vor – hat vorgesehen
1. Der Vertrag sah ein_____ dreimonatig_____ Kündigungsfrist vor.
2. Das Programm _____ eine einstündig_____ Mittagspause vorgesehen.
3. Dein Unterhemd sieht unter d_____ Hemd vor.
4. Du solltest dich _____ ansteckenden Krankheiten vorsehen!

vorsetzen – setzte vor – hat vorgesetzt
1. Er setze den Turm zwei Züge _____ .
2. Sie setzte d_____ Kindern Pudding vor.

vorstellen – stellte vor – hat vorgestellt
1. Darf ich Ihnen mein_____ Bruder vorstellen?
2. Der Verlobte wurde bei d_____ Nachbarn vorgestellt.
3. Er hat s_____ mir bisher noch nicht vorgestellt.
4. Ich stelle m_____ jetzt einen weißen Strand mit Palmen vor.
5. Das Modehaus stellte sein_____ neu_____ Kollektion vor.

vorübergehen – ging vorüber – ist vorübergegangen
1. Sie ging an mir _____ , ohne mich anzusehen.
2. Es geht alles _____ , es geht alles vorbei.
3. Hier deine Medizin. Die Schmerzen werden bald _____ .
4. Die Ehescheidung _____ nicht spurlos an ihr vorübergegangen.

vorwerfen (wirft vor) – warf vor – hat vorgeworfen
1. Er hat sein_____ Hund einen Knochen vorgeworfen.
2. Man hatte dem Deserteur Feigheit vor dem Feind _____ .
3. Ich habe mir nichts _____ , ich habe keine Schuld.

vorziehen – zog vor – hat vorgezogen
1. Wenn es dunkel wird, zieht er d_____ Vorhänge vor.
2. Kannst du das Regal _____ ? Dahinter liegen fünf Mark.
3. Er zieht seinen Teddy unter d_____ Sofa vor.
4. Die Lehrerin zieht ihre Lieblingsschüler immer _____ .
5. Ich ziehe südländisches Essen d_____ deutschen vor.
6. Montags habe ich keine Zeit. Können wir den Termin _____ ?
7. Er zog _____ vor, seinen Anwalt reden zu lassen.

# W

wachen – wachte – hat gewacht
1. Er hat die ganze Nacht am Bett des Kranken _____ .
2. Der Datenschutzbeauftragte wacht _____ die Datenspeicherung.

wachsen (wächst) – wuchs – ist gewachsen
           (wachst) – wachste – hat gewachst
1. Mein Gummibaum _____ nach dem Düngen kräftig gewachsen.
2. Mein_____ Onkel ist im Urlaub ein Vollbart gewachsen.
3. Er war d_____ starken psychischen Belastungen nicht gewachsen.
4. In der Waschanlage werden die Autos auch gleich _____ .
5. _____ du deine Skier schon gewachst?
6. Über die dumme Sache _____ schon längst Gras gewachsen.°
7. Lass dir über die Sache _____ grauen Haare wachsen!°
8. Meine Kinder sind mir sehr _____ Herz gewachsen.
9. Seine Arbeit im Haushalt ist ihm _____ den Kopf gewachsen.°
10. Wo der Kerl hinhaut, da _____ kein Gras mehr!*
11. Die Idee ist nicht _____ deinem Mist gewachsen!*
12. Verschwinde! Geh dahin, _____ der Pfeffer wächst!*

wagen – wagte – hat gewagt
1. David wagte d_____ Kampf mit Goliath.
2. Wagst du es, auf einem Seil _____ balancieren?
3. Wer nicht wagt, _____ nicht gewinnt.°
4. Der Prüfungskandidat wagte sich _____ ein schweres Thema.
5. Er wagte sich _____ die Höhle des Löwen.

wählen – wählte – hat gewählt
1. Sie haben d_____ falsch_____ Telefonnummer gewählt.
2. Der Aufsichtsrat wählt d_____ Vorsitzenden.
3. Man wählte ihn in d_____ Vorstand.
4. Man sollte unter verschieden_____ Angeboten wählen können.
5. Er wählte zwischen ein_____ Rheinwein und ein_____ Mosel.
6. Man wählte sie _____ Schönheitskönigin.

wandern – wanderte – ist gewandert
1. Wir _____ um den See gewandert.
2. Das Gerümpel wandert _____ den Müllhaufen.*

warnen – warnte – hat gewarnt
1. Sei vorsichtig, ich warne d_____ zum letzten Mal!
2. Das Blinklicht am Ufer warnte die Segelboote _____ dem Sturm.

warten – wartete – hat gewartet
1. Ich habe immer _____ Post von dir gewartet.
2. Wir haben noch _____ dem Essen auf dich gewartet.
3. Wor_____ warten wir noch? Gehen wir!
4. Das Auto ist regelmäßig von der Werkstatt _____ worden.

waschen (wäscht) – wusch – hat gewaschen
1. Das Bad ist besetzt. Regina _____ gerade ihre Pullis.
2. Roman wusch d_____ Wagen, um sein Taschengeld aufzubessern.
3. Er wäscht s_____ nie gründlich den Hals.
4. Bei der Scheidung wurde viel schmutzige Wäsche _____ .°
5. Er war _____ allen Wassern gewaschen.°
6. Er wäscht seine Hände _____ Unschuld.°

wechseln – wechselte – hat/ist gewechselt
1. Das Wetter _____ häufig gewechselt.
2. Ich habe vor einiger Zeit mein_____ Stelle gewechselt.
3. Wenn man ihn kritisiert, wechselt er sofort _____ Thema.
4. Goethe hat _____ Schiller Briefe gewechselt.
5. Sie wechselten einig_____ freundlich_____ Worte miteinander.
6. Könntest du mir eine Mark _____ Groschen wechseln?
7. Die Rehe _____ über die Straße gewechselt.

wecken – weckte – hat geweckt
1. Bitte wecken Sie m_____ morgen früh per Telefon.
2. Dornröschen wurde _____ einem hundertjährigen Schlaf geweckt.
3. Das Klassentreffen weckte _____ vielen alte Erinnerungen.

wegfallen (fällt weg) – fiel weg – ist weggefallen
Die Grenzkontrollen werden künftig innerhalb der EU _____ .

weglaufen (läuft weg) – lief weg – ist weggelaufen
1. Der Junge ist sein_____ Eltern weggelaufen.
2. Die Katze ist _____ dem Hund nicht weggelaufen.

wegziehen – zog weg – hat/ist weggezogen
1. Sie zieht d_____ Gardine weg.
2. Er hat sein_____ schlafenden Vater die Decke weggezogen.
3. Sie zog ihr Kind _____ Treppengeländer weg.
4. Im Herbst _____ alle Zugvögel weg in den Süden.
5. Er ist _____ seinem Heimatort weggezogen, um Arbeit zu finden.

wehren – wehrte – hat gewehrt
1. Er hat s_____ bei der Schlägerei natürlich gewehrt.
2. Der Angestellte wehrte sich _____ die Vorwürfe des Chefs.

weichen – wich – ist gewichen
1. Die Schmerzen _____ durch die Betäubungsspritze gewichen.
2. Der Igel ist nicht _____ der Stelle gewichen.
3. Die Soldaten sind _____ der gegnerischen Übermacht gewichen.

weigern – weigerte – hat geweigert
1. Der Fahrer weigerte s_____ , einen Alkoholtest zu machen.
2. Er weigerte sich, Hilfe _____ leisten.

weinen – weinte – hat geweint
1. Wer wird denn _____ , wenn man auseinandergeht?
2. Niemand weinte _____ ihn.
3. Das Volk weinte um d_____ verstorben_____ Dichter.
4. Sie hat Krokodilstränen _____ .°

weisen – wies – hat gewiesen
1. Der Spaziergänger hat uns d_____ Weg aus dem Wald gewiesen.
2. Das Opfer wies bei der Gegenüberstellung _____ den Täter.
3. Die Kompassnadel weist genau _____ Norden.

4. Sie hat den Vertreter _____ der Wohnung gewiesen.
5. Der Schüler wurde wegen Diebstahls _____ der Schule gewiesen.
6. Seine Argumente sind nicht _____ der Hand zu weisen.

weitergeben (gibt weiter) – gab weiter – hat weitergegeben
Er hat die Anwesenheitsliste _____ mich weitergegeben.

weitergehen – ging weiter – ist weitergegangen
1. Bitte _____ ! Nicht stehen bleiben!
2. Du musst das ändern. So kann das nicht _____ .
3. Mach dir nichts draus. Das Leben geht _____ .

wenden – wendete – hat gewendet
        wandte – hat gewandt
1. Der Rettungswagen hat mitten auf der Autobahn _____ .
2. Sie hat die Tischdecke _____ , weil sie schmutzig war.
3. Das Blatt hat sich bei der Schachpartie _____ .
4. Der Vortragende hat sich _____ den Fragesteller gewandt.
5. Er hat sich mit der Bitte _____ seinen Vorgesetzten _____ .
6. Die Meuterer wandten sich gegen ihr_____ Kapitän.
7. Ich wende m_____ gegen jede Beamtenwillkür.

werben (wirbt) – warb – hat geworben
1. Er warb _____ die Zuneigung der Frauen.
2. Er hat mich _____ ein Zeitungsabonnement geworben.

werden (wird) – wurde – ist geworden
1. Reinhard wird sicher mal ein gut_____ Lehrer.
2. _____ all ihren guen Vorsätzen ist nichts geworden.
3. Durch seine Erziehung wurde er _____ einem Wunderkind.
4. Am Nordpol wird _____ im Sommer nicht Nacht.
5. Gestern Abend ist _____ etwas spät geworden.
6. Auf der Achterbahn ist mein_____ Freund ganz schlecht geworden.

werfen (wirft) – warf – hat geworfen
1. Der Volleyballspieler warf den Ball _____ Netz.
2. Du sollst nicht _____ Steinen nach Hunden werfen!
3. Der Rausschmeißer warf ein_____ Randalierer aus dem Lokal.
4. Die Explosion warf ihn _____ Boden.
5. Die Polizisten warfen sich _____ den Flüchtigen.
6. Er warf einen Blick _____ die Uhr.
7. Darf ich mal einen Blick _____ ihre Küche werfen?
8. Unsere Hündin hat sieben Junge _____ .
9. Der Tod seiner Eltern hat ihn _____ der Bahn geworfen.
10. Du brauchst nicht gleich die Flinte _____ Korn zu werfen!
11. Ich habe meine Urlaubspläne wieder _____ Bord geworfen.
12. Er warf mit seinem Geld nur so um _____ .
13. Du wirfst ja alles _____ einen Topf!°
14. Er wollte mit der Wurst _____ der Speckseite werfen.°
15. Man sollte nicht alle Rentner _____ alten Eisen werfen!°

131

wetteifern – wetteiferte – hat gewetteifert
   Die Turnierspieler wetteiferten _____ den ersten Platz.

widerrufen – widerrief – hat widerrufen
   1. Galileo Galilei musste seine Lehre _____ .
   2. Der Angeklagte hatte sein_____ Aussage widerrufen.

widersprechen (widerspricht) – widersprach – hat widersprochen
   1. Tut mir Leid, ich muss Ihr_____ Ansichten widersprechen.
   2. Unsere Meinungen widersprechen s_____ .

widerstehen – widerstand – hat widerstanden
   Eva konnte d_____ Versuchung nicht widerstehen.

widerstreben – widerstrebte – hat widerstrebt
   Der Gedanke ans Hausfrauendasein widerstrebt ihr_____ Gefühl.

widmen – widmete – hat gewidmet
   1. Sie widmete ihr_____ behindert_____ Kind sehr viel Zeit.
   2. Er widmete s_____ ganz seiner Arbeit.

wieder finden – fand wieder – hat wieder gefunden
   1. Er hat sein_____ Brieftasche wieder gefunden.
   2. Erst war er perplex, dann hat er seine Sprache _____ .

wiederholen – wiederholte – hat wiederholt
   1. Könnten Sie dies_____ Frage vielleicht wiederholen?
   2. Mein Kind soll d_____ letzt_____ Schuljahr wiederholen.
   3. Bei deinen Erzählungen wiederholst du d_____ andauernd.

wiegen – wog – hat gewogen
         wiegte – hat gewiegt
   1. Heute morgen habe ich 77 Kilo _____ .
   2. Die Verkäuferin _____ die Wurst auf der Waage gewogen.
   3. Grammatikfehler _____ schwerer als Zeichensetzungsfehler.
   4. Unsere Oma _____ uns als Kind immer in den Schlaf gewiegt.
   5. Der Kommissar wiegte den Geiselnehmer _____ Sicherheit.

winden – wand – hat gewunden
   1. Die Mädchen winden ein_____ Kranz aus Blumen.
   2. Er windet das Seil _____ den Baum.
   3. Er sagte es nicht direkt. Er hat s_____ wie ein Aal gewunden.

winken – winkte – hat gewinkt
   1. Onkel Rolf winkt _____ dem Fenster.
   2. Der Streifenwagen winkte d_____ Raser an die Seite.
   3. M_____ winkt mit dieser Hochzeit vielleicht das große Glück.

wischen – wischte – hat gewischt
   1. Wer muss diese Woche d_____ Treppe wischen?
   2. Sie wischt ihr_____ Kind die Tränen aus dem Gesicht.
   3. Er wischt s_____ den Schweiß von der Stirn.

wissen (weiß) – wusste – hat gewusst
1. Ich weiß ein toll____ Geheimnis.
2. Niemand wollte etwas _____ den Kriegsverbrechen gewusst haben.
3. Er wusste um d____ Manipulationen bei der Bilanz.
4. Er wusste seit langem dar____ Bescheid.
5. Er hat sich kein____ Rat mehr gewusst.
6. Der kennt sich aus, der weiß, _____ der Hase läuft!°
7. Keine Ahnung! Das _____ der Kuckuck!°

wohnen – wohnte – hat gewohnt
1. Viele Studenten wohnen _____ Wohnheimen.
2. Ich würde gern _____ dem Land und nicht in der Stadt wohnen.
3. Bei einer ganz netten Wirtin wohne ich _____ Untermiete.

wundern – wunderte – hat gewundert
1. Sein____ komisch____ Reaktion wundert mich wirklich.
2. _____ wundert mich, dass du diesmal allein verreisen willst.
3. Alfred wunderte sich _____ die Gastfreundschaft im Ausland.
4. Sie hat sich dar____ gewundert, dass sie rote Rosen bekam.
5. Er wunderte sich, _____ sehr sich die Stadt verändert hatte.

wünschen – wünschte – hat gewünscht
1. Ich wünsche Ihnen all____ Gute zum Geburtstag.
2. Man wünscht d____ Brautpaar viel Glück.
3. Sie wünscht nichts als ihr____ Ruhe.
4. Er wünscht, über den Vorfall lückenlos aufgeklärt _____ werden.
5. Ich wünsche dir _____ Herzen viel Erfolg!

# Z

zahlen – zahlte – hat gezahlt
1. Ich würde jed____ Preis zahlen.
2. Könnten Sie d____ Betrag gleich in bar zahlen?
3. Die Einkommensteuer wird _____ das Finanzamt gezahlt.
4. Herbert hat seinen Beitrag _____ die Vereinskasse gezahlt.
5. Kann man den Videorekorder _____ monatlichen Raten zahlen?

zählen – zählte – hat gezählt
1. Als Kind habe ich gern die Güterwagen der Züge _____ .
2. Ich zähle _____ zwanzig, dann suche ich euch.
3. Alkoholismus zählt _____ Krankheit.
4. _____ meinen besten Freund kann ich immer zählen.
5. Die Türkei und Griechenland zählen _____ NATO.
6. Ich darf m____ zu seinen engsten Vertrauten zählen.
7. Die Tage des alten Königs waren _____ .
8. Er tut, als ob er nicht _____ drei zählen könnte.°

*Übungen zu Verben*

zanken – zankte – hat gezankt
1. Die Nachbarn zanken s_____ öfters / öfter miteinander.
2. Sie zanken sich _____ den Obstbaum am Zaun.

zeichnen – zeichnete – hat gezeichnet
1. Er zeichnete ein_____ Schlange mit einem Elefanten im Bauch.
2. Leopold hat sein_____ Oma ein Bild gezeichnet.
3. Mitarbeiter unserer Firma können Vorzugsaktien _____ .

zeigen – zeigte – hat gezeigt
1. Der Wegweiser zeigt _____ Süden.
2. Können Sie m_____ den Weg zum Bahnhof zeigen?
3. Der Zeiger der Turmuhr zeigt _____ zwölf.
4. Es wird _____ noch zeigen, wer Recht behält.
5. Karsten zeigt sich heute _____ seiner besten Seite.
6. Als er zudringlich wurde, hat sie ihm d_____ Zähne gezeigt.°
7. Sie hat ihrem Verehrer nur d_____ kalte Schulter gezeigt.°

zerbrechen (zerbricht) – zerbrach – hat/ist zerbrochen
1. Er _____ das Streichholz zerbrochen.
2. Die Tasse _____ zerbrochen.
3. Er ist fast _____ der Trauer um seinen Hund zerbrochen.
4. Er hat sich über das Problem d_____ Kopf zerbrochen.

zerfallen (zerfällt) – zerfiel – ist zerfallen
1. Die alte Ruine ist schon stark _____ .
2. Das Römische Reich _____ unter dem Ansturm der Germanen.
3. Die Gliederung des Buchs zerfällt _____ drei Teile.

zerlaufen (zerläuft) – zerlief – ist zerlaufen
Das Eis ist in der Sonne _____ .

zerreißen – zerriss – hat zerrissen
1. Er hat d_____ Liebesbrief zerrissen.
2. Ich könnte den Kerl vor Wut _____ der Luft zerreißen!*

zerschneiden – zerschnitt – hat zerschnitten
Sie hat die Zeitung mit dieser Schere _____ .

ziehen – zog – hat/ist gezogen
1. Ausgerechnet Gottfried hat d_____ Hauptgewinn gezogen!
2. Der Zahn _____ ihm schon noch gezogen!°
3. Wie lange hat der Tee schon _____ ?
4. Mach die Tür zu, _____ zieht!
5. Wir mussten _____ seiner Entscheidung die Konsequenzen ziehen.
6. Wir hatten einen Wohnungswechsel _____ Erwägung gezogen.
7. Ich habe darüber nur meine Frau _____ Vertrauen gezogen.
8. Niemand will deine Darstellung _____ Zweifel ziehen.
9. Ich muss in der Frage meinen Steuerberater _____ Rate ziehen.
10. Alle Kriegsverbrecher sollte man _____ Rechenschaft ziehen.
11. Schlampige Mitarbeiter muss man _____ Verantwortung ziehen.

12. Die Zugvögel _____ im Herbst nach Süden gezogen.
13. Er hat bei der Schlägerei d_____ Kürzeren gezogen.
14. Er hat einen dicken Auftrag für die Firma _____ Land gezogen.°
15. Er _____ den Karren aus dem Dreck gezogen.°
16. Hier zieht's _____ Hechtsuppe!° Steht das Fenster offen?

zittern – zitterte – hat gezittert
  Sie zitterte _____ lauter Angst.

zögern – zögerte – hat gezögert
  Sie hatte _____ ihrer Antwort einige Sekunden gezögert.

zubewegen – bewegte zu – hat zubewegt
  Der Mann mit dem Messer hat sich langsam _____ sie zubewegt.

zubinden – band zu – hat zugebunden
  1. Hilfst du mir, das Paket _____ ?
  2. Sie hat den Sack _____ einer Schnur zugebunden.
  3. Der Sack _____ noch zugebunden. Hast du ein Taschenmesser?

zucken – zuckte – hat gezuckt
  1. Das geköpfte Huhn hat noch lange _____ .
  2. Es war ihm egal. Er hat nur _____ den Achseln gezuckt.
  3. Er hat das Huhn geschlachtet, ohne _____ der Wimper zu zucken.°

zudrücken – drückte zu – hat zugedrückt
  1. Es war schwer, die Tür bei dem Sturm _____ .
  2. Trotz der Fehler hat der Lehrer ein Auge _____ .

zufrieden geben (gibt zufrieden) – gab zufrieden – hat zufrieden gegeben
  Er musste sich _____ ihrer kurzen Antwort zufrieden geben.

zufrieden lassen (lässt zufrieden) – ließ zufrieden – hat zufrieden gelassen
  1. Lass Manfred endlich in Ruhe! Kannst du ihn nicht _____ ?
  2. Mir reicht's! Lass mich _____ deinem Gemeckere zufrieden.*

zugeben (gibt zu) – gab zu – hat zugegeben
  1. Geben Sie d_____ Kartoffelbrei etwas Butter zu!
  2. Nach dem Applaus hat man noch einige Stücke _____ .
  3. Du solltest dein_____ Irrtum besser zugeben!

zugehen – ging zu – ist zugegangen
  1. Der Reißverschluss ist nicht _____ .
  2. Die Studienbescheinigung geht Ihnen in Kürze _____ .
  3. Die Arbeit geht d_____ Ende zu.
  4. Er geht schon _____ die Neunzig zu.
  5. In dem Spukschloss ging es nicht _____ rechten Dingen zu.

zuhören – hörte zu – hat zugehört
  1. Die Studenten hörten interessiert sein_____ Vortrag zu.
  2. Er war geistesabwesend und hat nur _____ halbem Ohr zugehört.

zumachen – machte zu – hat zugemacht
  1. Sie machte ihr_____ Brüderchen die Schuhe zu.
  2. Die meisten Kneipen haben schon um eins _____ .

zunehmen (nimmt zu) – nahm zu – hat zugenommen
  1. Er hat in letzter Zeit _____ .
  2. Sie hat deutlich _____ Gewicht zugenommen.

zurechtfinden – fand zurecht – hat zurechtgefunden
  1. Mit d_____ Stadtplan finde ich mich hier ganz gut zurecht.
  2. Nach der Entlassung fand er s_____ draußen nicht mehr zurecht.

zurechtkommen – kam zurecht – ist zurechtgekommen
  1. Er _____ mit der Gebrauchsanweisung nicht zurechtgekommen.
  2. _____ meinem früheren Chef bin ich nicht gut zurechtgekommen.
  3. Ohne seine Frau kommt er ziemlich schlecht _____ .

zürnen – zürnte – hat gezürnt
  Der Vater zürnte d_____ Tochter, die heiraten wollte.

zurückfahren (fährt zurück) – fuhr zurück – ist zurückgefahren
  1. Er hatte etwas vergessen und fuhr nach Hause _____ .
  2. Erschrocken fuhr sie _____ dem bärtigen Mann an der Tür zurück.

zurückgehen – ging zurück – ist zurückgegangen
  1. Ich gehe d_____ Weg zurück, um die Schlüssel zu suchen.
  2. Bei Ebbe geht das Meer _____ .
  3. Das Fieber ist endlich _____ .
  4. Die Umsätze sind _____ .
  5. Der Weihnachtsbaum geht _____ einen heidnischen Brauch zurück.

zurückgreifen – griff zurück – hat zurückgegriffen
  Er musste _____ seine früheren Ersparnisse zurückgreifen.

zurückhalten (hält zurück) – hielt zurück – hat zurückgehalten
  1. Er hielt sie vor d_____ Sprung von der Brücke zurück.
  2. Er hielt sie von ihr_____ Entschluss zurück.
  3. Kannst du d_____ mit dem Trinken etwas zurückhalten?
  4. Der Regierungssprecher hielt _____ der Wahrheit zurück.

zurückkehren – kehrte zurück – ist zurückgekehrt
  1. Die Zugvögel _____ aus Afrika zurückgekehrt.
  2. Er kehrte _____ sein Heimatland zurück.

zurückkommen – kam zurück – ist zurückgekommen
  1. Er ist erst nachts _____ der Geschäftsreise zurückgekommen.
  2. Ich komme später noch einmal _____ Ihre Frage zurück.
  3. _____ Ihr Angebot kommen wir gern zurück.

zurücklassen (lässt zurück) – ließ zurück – hat zurückgelassen
  1. Man hat ihn nicht in das brennende Haus _____ .
  2. Er hat alles in dem brennenden Haus _____ .

3. Das Unfallopfer ließ eine sechsköpfige Familie _____ .
4. Er hat ihr einen Abschiedsbrief _____ .

zurückschrecken – schreckte zurück – ist zurückgeschreckt
  Die Erpresser sind _____ keinem Mittel zurückgeschreckt.

zurückweichen – wich zurück – ist zurückgewichen
  Die Katze ist nicht _____ dem Hund zurückgewichen.

zurückweisen – wies zurück – hat zurückgewiesen
  1. Die Asylsuchenden wurden an der Grenze _____ .
  2. Dies____ bösartige Unterstellung müssen wir zurückweisen!

zurückziehen – zog zurück – hat/ist zurückgezogen
  1. Sie zieht d____ Vorhang zurück.
  2. Die Militärbeobachter wurden aus dem Kampfgebiet _____ .
  3. Er hat seine Klage _____ .
  4. Er hat s____ mit der Zeitung ins Arbeitszimmer zurückgezogen.
  5. Von Frankfurt _____ sie wieder nach Kassel zurückgezogen.

zurufen – rief zu – hat zugerufen
  1. Ich rief ihm _____ , er solle aufpassen.
  2. Sie rief mir etwas Unverständlich____ zu.

zusagen – sagte zu – hat zugesagt
  1. Er hat mir d____ Termin fest zugesagt.
  2. Eine Arbeit am Schreibtisch sagt mein____ Freund nicht zu.

zusammenbleiben – blieb zusammen – ist zusammengeblieben
  Gänsepaare sind treu. Sie bleiben ihr Leben lang _____ .

zusammenfinden – fand zusammen – hat zusammengefunden
  Die Damen haben sich _____ Kartenspiel zusammengefunden.

zusammenhalten (hält zusammen) – hielt zusammen – hat zusammengehalten
  1. Die geleimten Bretter hielten nicht gut _____ .
  2. Der Koffer wurde von einem Gürtel _____ .
  3. Die drei Musketiere haben immer _____ .
  4. Die Entenmutter hatte Mühe, ihre Kinder _____ .
  5. Er konnte seine paar Mark nicht _____ .

zusammenschlagen (schlägt zusammen) – schlug zusammen – hat zusammengeschlagen
  1. Man hat einen Ausländer in der Diskothek _____ .
  2. Die Wellen _____ über dem Boot zusammen.

zuschauen – schaute zu – hat zugeschaut
  1. Ich konnte d____ grausamen Film nicht zuschauen.
  2. Viele Neugierige schauten _____ den Rettungsarbeiten zu.

zuschließen – schloss zu – hat zugeschlossen
  Vergiss nicht, die Tür hinter dir _____ !

zusehen (sieht zu) – sah zu – hat zugesehen
1. Viele haben _____ den Rettungsarbeiten zugesehen.
2. Sieh _____ , dass du pünktlich zu Hause bist!

zustehen – stand zu – hat zugestanden
D_____ Arbeitnehmern steht ein dreizehntes Gehalt zu.

zusteigen – stieg zu – ist zugestiegen
Der Schaffner: Ist noch jemand _____ ?

zustimmen – stimmte zu – hat zugestimmt
Die Verteidigung stimmte d_____ Gerichtsurteil zu.

zustoßen (stößt zu) – stieß zu – hat/ist zugestoßen
1. Er stieß mit _____ Schwert zu.
2. Er hat die Schranktür _____ dem Ellbogen zugestoßen.
3. Hoffentlich ist ihr unterwegs nichts Schlimmes _____ !

zutrauen – traute zu – hat zugetraut
1. Man traut d_____ Läufer einen neuen Weltrekord zu.
2. Ich traue ihm zu, den Rekord _____ brechen.

zutreffen (trifft zu) – traf zu – hat zugetroffen
Die Beschreibung traf ganz genau _____ ihn zu.

zweifeln – zweifelte – hat gezweifelt
1. Viele Menschen zweifeln _____ der Existenz des Teufels.
2. Benno zweifelt nicht dar_____ , dass seine Lösung stimmt.
3. Der Schüler zweifelt, _____ er die richtige Lösung kennt.

zwingen – zwang – hat gezwungen
1. Man sollte niemanden _____ seinem Glück zwingen.
2. Sie zwang s_____ dazu, mit dem Rauchen aufzuhören.

# Verbliste I

## Verben mit Besonderheiten

| | | |
|---|---|---|
| abbeißen | **von + D** | von der Wurst abbeißen |
| abberufen | **von + D** | jemanden von einer Stelle abberufen |
| abbrechen | **von + D** | einen Ast vom Baum abbrechen |
| abbringen | **von + D** | jemanden von einer Idee abbringen |
| abbuchen | **von + D** | die Miete wird jeden Monat vom Konto abgebucht |
| abfahren | **von + D** | von einem Ort abfahren |
| abfärben | **auf + A** | seine Erziehung hat auf die Kinder abgefärbt |
| abfinden | **mit + D** | jemanden mit einem Geldbetrag abfinden |
| sich abfinden | **mit + D** | er hat sich mit seiner Lage abgefunden |
| abführen | **an + A** | Geld an das Finanzamt abführen |
| | **von + D** | seine Zwischenfrage führt vom Thema ab |
| abgeben | **an + A** | Bonbons an seinen Bruder abgeben |
| | **für + A** | seine Stimme für jemanden abgeben |
| | **über + A** | ein Urteil über etwas abgeben |
| sich abgeben | **mit + D** | sich mit kleinen Kindern abgeben |
| (sich) abgrenzen | **von + D** | die Astronomie grenzt sich von der Astrologie ab/ Pflichten gegeneinander abgrenzen |
| abhalten | **von + D** | jemanden von einer Dummheit abhalten |
| abhängen | **von + D** | etwas hängt vom Wetter ab |
| sich abhärten | **gegen + A** | sich gegen eine Infektion abhärten |
| abhauen | **aus + D** | aus dem Elternhaus abhauen |
| | **von + D** | von den Eltern abhauen |
| sich abheben | **von + D** | sich vom Durchschnitt abheben |
| abhelfen | **+ D** | einem Übel abhelfen |
| abholen | **an + D** | jemanden am Bahnhof abholen |
| | **von + D** | jemanden vom Bahnhof abholen |
| sich abkehren | **von + D** | sich von der alten Tradition abkehren |
| abkommen | **von + D** | vom richtigen Weg abkommen |
| abladen | **von + D** | die Fracht vom Schiff abladen |
| ablassen | **von + D** | von seinem Opfer ablassen |
| ablenken | **von + D** | jemanden von der Arbeit ablenken |
| ablesen | **von + D** | jemandem etwas von den Lippen ablesen |
| abmachen | **von + D** | das Preisschild vom Geschenk abmachen |
| abmelden | **bei + D** | sein Kind beim Lehrer abmelden |
| | **von + D** | sein Kind von der Schule abmelden |
| abmessen | **mit + D** | die Strecke mit einem Bandmaß abmessen |
| sich abmühen | **mit + D** | sich mit dem schweren Koffer abmühen |
| abnehmen | **an + D** | an Umfang abnehmen |
| | **um + A** | um einige Kilo abnehmen |
| abordnen | **zu + D** | jemanden zum Dienst abordnen |
| sich abplagen | **mit + D** | sich mit dem schweren Gepäck abplagen |
| sich abrackern | **mit + D** | sich mit der Feldarbeit abrackern |

| | | |
|---|---|---|
| abraten | **von + D** | jemandem von einer Dummheit abraten |
| abrücken | **von + D** | von seiner ursprünglichen Meinung abrücken |
| absagen | **+ D** | jemandem (einen Termin) absagen müssen |
| abschirmen | **vor + D** | einen Politiker vor Reportern abschirmen |
| abschleppen | **mit + D** | einen Wagen mit einem Seil abschleppen |
| abschließen | **mit + D** | das Tor mit einem Schloss abschließen |
| abschneiden | **von + D** | jemanden von Informationen abschneiden |
| abschreiben | **bei + D** | die Lösung beim Nachbarn abschreiben |
| | **von + D** | die Lösung vom Nachbarn abschreiben |
| abschweifen | **von + D** | vom Thema abschweifen |
| abschwören | **+ D** | dem Terrorismus abschwören |
| absehen | **von + D** | von der gerechten Strafe absehen |
| absenden | **an + A** | den Brief an den Brieffreund absenden |
| abspalten | **von + D** | den Ast vom Baum abspalten |
| abspringen | **mit + D** | mit einem Fallschirm abspringen |
| | **von + D** | vom fahrenden Zug abspringen |
| abstammen | **von + D** | vom Affen abstammen |
| absteigen | **in + A** | in die zweite Mannschaft absteigen |
| | **in + D** | in einem schlechten Hotel absteigen |
| | **von + D** | vom ersten Platz absteigen |
| abstimmen | **auf + A** | die Politik auf die Erfordernisse abstimmen |
| | **über + A** | über einen Antrag abstimmen |
| sich abstimmen | **mit + D** | sich mit den Kollegen abstimmen |
| | **über + A** | sich über einen Termin abstimmen |
| abstoßen | **von + D** | das Boot vom Steg abstoßen |
| sich abstoßen | **mit + D** | sich mit dem Fuß abstoßen |
| abtreten | **an + A** | seine Rechte an jemanden abtreten |
| | **von + D** | von der politischen Bühne abtreten |
| abwaschen | **von + D** | den Schmutz von der Scheibe abwaschen |
| abwehren | **von + D** | eine Attacke von jemandem abwehren |
| abweichen | **von + D** | von einer Meinung abweichen |
| abwenden | **von + D** | Gefahr von jemandem abwenden |
| abziehen | **von + D** | ein Etikett von der Verpackung abziehen |
| abzielen | **auf + A** | auf technische Verbesserungen abzielen |
| achten | **auf + A** | auf die Rechtschreibung achten |
| Acht geben | **auf + A** | auf spielende Kinder Acht geben |
| addieren | **mit + D** | die Mehrwertsteuer mit dem Betrag addieren |
| adressieren | **an + A** | den Brief an den Minister adressieren |
| ähneln | **+ D** | der Mutter ähneln |
| sich amüsieren | **über + A** | sich über einen Witz amüsieren |
| anbieten | **zu + D** | die Ware zum Kauf anbieten |
| anbinden | **an + A** | den Hund an die Leine anbinden |
| | **an + D** | den Esel am Baum anbinden |
| ändern | **an + D** | nichts an einer Sache ändern können |
| | **in + A** | der Richter änderte die Strafe in eine mildere |
| anerkennen | **als + A** | jemanden als politischen Flüchtling anerkennen |
| anfangen | **mit + D** | mit der Arbeit anfangen |
| anfragen | **bei + D** | bei der Auskunft anfragen |
| angeben | **mit + D** | mit seinem Reichtum angeben |
| angehen | **gegen + A** | gegen ein ungerechtes Urteil angehen |
| angehören | **+ D** | einer politischen Partei angehören |

| | | |
|---|---|---|
| angeln | **nach + D** | er angelte nach seinem Hut im Wasser |
| angrenzen | **an + A** | die Bundesrepublik grenzt an die Schweiz an |
| sich ängstigen | **vor + D** | sich vor dem Gewitter ängstigen |
| anhalten | **um + A** | um die Hand der Prinzessin anhalten |
| anklagen | **wegen + G** | er wurde wegen Landesverrats angeklagt |
| | **+ G** | jemanden eines Verbrechens anklagen |
| anklopfen | **an + A** | an die Tür anklopfen |
| anknüpfen | **an + A** | an eine lange Tradition anknüpfen |
| ankommen | **auf + A** | es kommt auf den richtigen Zeitpunkt an |
| anlegen | **an + D** | am Ufer anlegen |
| | **auf + A** | es auf einen Streit anlegen |
| | **in + D** | Geld in Immobilien anlegen |
| sich anlegen | **mit + D** | sich mit den Nachbarn anlegen |
| anlehnen | **an + A** | die Leiter an den Baum anlehnen |
| anmachen | **mit + D** | den Salat mit Öl und Essig anmachen |
| (sich) anmelden | **bei + D** | den Gast / sich beim Pförtner anmelden |
| | **für + A** | seine Tochter / sich für den Kurs anmelden |
| | **in + D** | sein Kind / sich im Gymnasium anmelden |
| | **zu + D** | seine Tochter / sich zu einem Deutschkurs anmelden |
| annähen | **an + A** | den Knopf ans Hemd annähen |
| annehmen | **als + A** | jemanden als sein Adoptivkind annehmen |
| | **von + D** | Geschenke von jemandem annehmen |
| sich annehmen | **+ G** | sich einer Angelegenheit annehmen |
| sich anpassen | **an + A** | sich an die Umwelt anpassen |
| anreden | **mit + D** | jemanden mit seinem Titel anreden |
| anregen | **zu + D** | jemanden zu einer Idee anregen |
| anreichern | **mit + D** | den Salat mit Kräutern anreichern |
| anreizen | **zu + D** | jemanden zum Kauf anreizen |
| sich anschicken | **zu + D** | sich zum Gehen anschicken |
| (sich) anschließen | **+ D** | sich einer Gruppe anschließen |
| | **an + D** | sich an eine Gruppe anschließen |
| sich anschmiegen | **an + A** | sich an die Mutter anschmiegen |
| anschuldigen | **wegen + G** | jemanden wegen einer Schlägerei anschuldigen |
| ansehen | **als + A** | jemanden als Führungskraft ansehen |
| ansetzen | **zu + D** | zum Sprung ansetzen |
| anspielen | **auf + A** | auf eine Schwäche anspielen |
| anspornen | **zu + D** | jemanden zu höheren Leistungen anspornen |
| ansprechen | **auf + A** | jemanden auf ein Problem ansprechen |
| | **mit + D** | jemanden mit seinem Vornamen ansprechen |
| anstecken | **mit + D** | jemanden mit einer Krankheit anstecken |
| anstehen | **nach + D** | vor dem Geschäft nach Lebensmitteln anstehen |
| | **zu + D** | ein Problem steht zur Beratung an |
| anstellen | **als + A** | jemanden als seinen Fahrer anstellen |
| sich anstellen | **nach + D** | sich nach Lebensmitteln anstellen |
| anstiften | **zu + D** | jemanden zum Mord anstiften |
| anstoßen | **auf + A** | auf die Gesundheit anstoßen |
| anstrengen | **gegen + A** | eine Klage gegen jemanden anstrengen |
| anstürmen | **gegen + A** | gegen das gegnerische Tor anstürmen |
| antreffen | **bei + D** | jemanden bei bester Gesundheit antreffen |
| antreiben | **zu + D** | jemanden zu mehr Arbeit antreiben |
| antreten | **gegen + A** | die Dänen treten gegen die Deutschen an |

| | | |
|---|---|---|
| | zu + D | zum Kampf antreten |
| antworten | + D | jemandem schnell antworten |
| | auf + A | auf eine Frage antworten |
| anwenden | auf + A | viel Mühe auf eine Sache anwenden |
| anzeigen | bei + D | jemanden bei der Polizei anzeigen |
| appellieren | an + A | an die Vernunft appellieren |
| arbeiten | als + N | als Hilfsarbeiter arbeiten |
| | an + D | am Entwurf eines Vertrages arbeiten |
| | bei + D | bei einer Firma arbeiten |
| sich ärgern | über + A | sich über den Vertreterbesuch ärgern |
| aufbauen | auf + D | auf den Erfahrungen aufbauen |
| | zu + D | jemanden zu seinem Nachfolger aufbauen |
| sich aufbäumen | gegen + A | sich gegen die Unterdrücker aufbäumen |
| auffahren | auf + A | auf den Vordermann auffahren |
| | aus + D | aus einem leichten Schlaf auffahren |
| auffallen | + D | dem Chef unangenehm auffallen |
| auffordern | zu + D | jemanden zum Duell auffordern |
| aufgeben | bei + D | ein Paket bei der Post aufgeben |
| aufgehen | in + D | ganz in seiner Arbeit aufgehen |
| aufhalten | mit + D | jemanden mit einer langen Erzählung aufhalten |
| aufheben | für + A | das Gesparte für seine Kinder aufheben |
| | von + D | ein Taschentuch vom Boden aufheben |
| aufhören | mit + D | mit dem Streit aufhören |
| aufklären | über + A | jemanden über die Wahrheit aufklären |
| aufkommen | für + A | für einen Schaden aufkommen |
| aufladen | auf + A | die Kisten auf den LKW aufladen |
| auflauern | + D | jemandem hinter einer Ecke auflauern |
| sich auflehnen | gegen + A | sich gegen die Diktatur auflehnen |
| auflesen | von + D | Papier von der Straße auflesen |
| sich aufmachen | zu + D | sich zu einem Spaziergang aufmachen |
| aufmucken | gegen + A | gegen die Autorität aufmucken |
| aufnehmen | mit + D | es mit einem Gegner aufnehmen |
| sich aufopfern | für + A | sich für seine Kinder aufopfern |
| aufpassen | auf + A | auf seine kleine Schwester aufpassen |
| aufprallen | auf + A | auf eine Mauer aufprallen |
| sich aufraffen | zu + D | sich endlich zur Arbeit aufraffen |
| aufräumen | mit + D | mit einem Vorurteil aufräumen |
| sich aufregen | über + A | sich über eine ungerechte Behandlung aufregen |
| aufrufen | zu + D | zum Boykott aufrufen |
| aufschauen | zu + D | zu seinem Idol aufschauen |
| aufsehen | zu + D | zu den Wolken aufsehen |
| aufsetzen | auf + D | auf der Landebahn aufsetzen |
| aufspielen | zu + D | zum Tanz aufspielen |
| aufspringen | auf + A | auf den anfahrenden Zug aufspringen |
| aufstapeln | zu + D | die Dosen zu einer Pyramide aufstapeln |
| aufstehen | von + D | vom Boden aufstehen |
| aufsteigen | auf + A | auf das Fahrrad aufsteigen |
| | in + A | in die Bundesliga aufsteigen |
| | zu + D | zum Gipfel aufsteigen |
| sich aufstützen | auf + A | sich auf einen Stock aufstützen |
| aufwachen | aus + D | aus tiefer Bewusstlosigkeit aufwachen |

| | | |
|---|---|---|
| aufwenden | für + A | viel Geld für die Sanierung aufwenden |
| aufziehen | mit + D | jemanden mit einer Anspielung aufziehen |
| ausarten | in + A | das Fußballspiel artete in eine Schlägerei aus |
| ausbrechen | aus + D | aus dem Gefängnis ausbrechen |
| | in + A | in schallendes Gelächter ausbrechen |
| sich auseinander setzen | mit + D | sich mit theologischen Fragen auseinander setzen |
| ausersehen | zu + D | jemanden zu seinem Nachfolger ausersehen |
| ausfüllen | mit + D | die Freizeit mit Fernsehen ausfüllen |
| ausfüttern | mit + D | das Kleid mit Seide ausfüttern |
| ausgeben | an + A | Lebensmittelmarken an die Einwohner ausgeben |
| | für + A | sein ganzes Taschengeld für Bonbons ausgeben |
| sich ausgeben | als + N | sich fälschlicherweise als Doktor ausgeben |
| ausgehen | + D | das Geld geht ihm aus |
| | von + D | von einer realistischen Einschätzung ausgehen |
| ausgießen | mit + D | das Kind mit dem Bade ausgießen |
| ausgleiten | + D | das Tablett ist ihm ausgeglitten |
| | auf + D | auf dem nassen Fußboden ausgleiten |
| aushalten | bei + D | es nicht mehr bei den Eltern aushalten können |
| | mit + D | es nicht mehr mit dem Schmerz aushalten können |
| aushelfen | mit + D | jemandem mit ein paar Mark aushelfen |
| ausholen | zu + D | er holte zu einem kräftigen Schlag aus |
| sich auskennen | in + D | sich in einem Spezialgebiet auskennen |
| | mit + D | sich mit Jazzmusik auskennen |
| auskommen | mit + D | mit dem Taschengeld/Vater nicht auskommen |
| auslassen | an + D | seine Aggressionen an jemandem auslassen |
| sich ausruhen | auf + D | sich auf seinen Lorbeeren ausruhen |
| | von + D | sich von den Strapazen ausruhen |
| (sich) ausrüsten | mit + D | sich/jemanden mit Proviant ausrüsten |
| ausscheiden | aus + D | aus dem Berufsleben ausscheiden |
| | in + D | im Europacup-Finale ausscheiden |
| ausschließen | aus + D | jemanden aus der Partei ausschließen |
| | von + D | jemanden von der Teilnahme ausschließen |
| ausschmücken | mit + D | das Zimmer mit Blumen ausschmücken |
| sich ausschweigen | über + A | sich über seine Vorstrafen ausschweigen |
| aussehen | nach + D | der Himmel sieht ganz nach einem Gewitter aus |
| sich äußern | über + A | sich über tagespolitische Themen äußern |
| sich aussöhnen | mit + D | sich mit seinem Feind aussöhnen |
| sich aussprechen | für + A | sich für Reformen aussprechen |
| | gegen + A | sich gegen die Todesstrafe aussprechen |
| | mit + D | sich mit ihr über ein Problem aussprechen |
| | über + A | sich über einen Streit aussprechen |
| ausstatten | mit + D | das Auto war mit einer Klimaanlage ausgestattet |
| aussteigen | aus + D | aus dem Rauschgifthandel aussteigen |
| ausstoßen | aus + D | jemanden aus der Gemeinschaft ausstoßen |
| austeilen | an + A | Kleidung an Bedürftige austeilen |
| | unter + D | die Hefte wurden unter den Schülern ausgeteilt |
| austreten | aus + D | aus einer Partei austreten |
| ausüben | auf + A | er übt einen starken Einfluss auf die Kinder aus |
| auswandern | in + A | in ein anderes Land auswandern |
| | nach + D | viele Verfolgte sind nach Amerika ausgewandert |

Verbliste I

| | | |
|---|---|---|
| auswechseln | **gegen + A** | den Motor gegen einen neuen auswechseln |
| ausweichen | **+ D** | er konnte dem Auto gerade noch ausweichen |
| ausweisen | **aus + D** | jemanden aus einem Land ausweisen |
| sich ausweisen | **als + N** | er wies sich als Kontrolleur aus |
| | **durch + A** | sich durch seinen Personalausweis ausweisen |
| sich auswirken | **auf + A** | Kohlendioxid wirkt sich auf das Weltklima aus |
| auszeichnen | **mit + D** | jemanden mit einem Orden auszeichnen |
| bangen | **um + A** | um seinen Gesundheitszustand bangen |
| basieren | **auf + D** | die Ergebnisse basieren auf einer Hochrechnung |
| bauen | **auf + A** | auf seine eigenen Kräfte bauen |
| beauftragen | **mit + D** | jemanden mit einer Arbeit beauftragen |
| beben | **vor + D** | er bebte vor Wut |
| sich bedanken | **für + A** | sich für ein Geschenk bedanken |
| bedecken | **mit + D** | man bedeckte den Verletzten mit einer Decke |
| bedenken | **mit + D** | man hatte das Paar mit Geschenken bedacht |
| sich bedienen | **+ G** | er bediente sich häufig einer Wahrsagerin |
| bedrängen | **mit + D** | jemanden mit einer unangenehmen Frage bedrängen |
| bedrohen | **mit + D** | jemanden mit einem Messer bedrohen |
| bedürfen | **+ G** | Behinderte bedürfen unserer Hilfe |
| beehren | **mit + D** | jemanden mit seinem Besuch beehren |
| sich beeilen | **mit + D** | sich mit der Arbeit beeilen |
| befähigen | **zu + D** | das Abitur befähigt zum Studium |
| sich befassen | **mit + D** | sich mit einem Problem befassen |
| befinden | **für + Adj.** | eine Ware für gut befinden |
| | **über + A** | die Jury befand über die Leistungen |
| sich befinden | **in + D** | sich in einer unangenehmen Situation befinden |
| befragen | **nach + D** | man befragte die Passanten nach ihrer Meinung |
| befreien | **aus + D** | jemanden aus einer schlimmen Lage befreien |
| | **von + D** | jemanden von Schmerzen befreien |
| sich befreunden | **mit + D** | sich mit den Nachbarn befreunden |
| befristen | **auf + A** | das Visum ist auf drei Monate befristet |
| begegnen | **+ D** | einem alten Bekannten auf der Straße begegnen |
| begehen | **an + D** | einen Mord an einem Kind begehen |
| (sich) begeistern | **für + A** | sich/jemanden für eine neue Idee begeistern |
| beginnen | **als + N** | er begann seine Karriere als Tellerwäscher |
| | **mit + D** | mit einer Diskussion beginnen |
| beglückwünschen | **zu + D** | jemanden zum Jubiläum beglückwünschen |
| sich begnügen | **mit + D** | sich mit zu wenig Lohn begnügen |
| begrenzen | **auf + A** | den Schaden auf ein Minimum begrenzen |
| behagen | **+ D** | die unbequeme Frage behagt dem Politiker nicht |
| behalten | **für + sich** | ein Geheimnis für sich behalten |
| beharren | **auf + D** | er beharrt auf seinem Standpunkt |
| sich behaupten | **gegen + A** | sich gegen einen überlegenen Gegner behaupten |
| sich behelfen | **mit + D** | sich mit einem Draht behelfen |
| behüten | **vor + D** | sein Schutzengel hat ihn vor dem Unfall behütet |
| beiliegen | **+ D** | der Zeitschrift liegt ein Prospekt bei |
| beipflichten | **+ D** | dem Vorredner in seiner Meinung beipflichten |
| beißen | **auf + A** | sie biß auf einen Kern |
| | **in + A** | in den sauren Apfel beißen |
| beistehen | **+ D** | jemandem in höchster Not beistehen |
| beistimmen | **+ D** | man konnte seinen Argumenten nur beistimmen |

| | | |
|---|---|---|
| beitragen | **zu + D** | die Band trug zum Gelingen des Festes bei |
| beitreten | **+ D** | einem Verein beitreten |
| bekannt machen | **mit + D** | seine Freundin mit den Eltern bekannt machen |
| bekehren | **zu + D** | die Missionare bekehrten sie zum Christentum |
| sich bekennen | **zu + D** | er bekennt sich zum Judentum |
| sich beklagen | **bei + D** | sie beklagt sich beim Chef über ihren Job |
| | **über + A** | sich über die Raucher beklagen |
| beklecksen | **mit + D** | er hat seine Hose mit Spagettisoße bekleckst |
| bekommen | **+ D** | mir bekommt das fette Essen nicht |
| beladen | **mit + D** | das Auto mit Sand beladen |
| belasten | **mit + D** | jemanden mit einer Aussage schwer belasten |
| belästigen | **mit + D** | jemanden mit seinem Klavierspiel belästigen |
| sich belaufen | **auf + A** | der Schaden beläuft sich auf eine Million |
| belegen | **mit + D** | das Brötchen mit Salami belegen |
| belieben | **+ D** | tun Sie, wie (es) Ihnen beliebt |
| beliefern | **mit + D** | der Milchmann beliefert uns mit frischer Milch |
| belohnen | **für + A** | er belohnt seine Tochter für das gute Zeugnis |
| | **mit + D** | er hat das Kind mit einem Eis belohnt |
| belustigen | **mit + D** | der Redner belustigte uns mit seinen Anekdoten |
| sich bemächtigen | **+ G** | man bemächtigte sich seines Eigentums |
| bemerken | **zu + D** | er bemerkte etwas zur Geschäftsordnung |
| sich bemühen | **um + A** | sich um eine Klärung des Problems bemühen |
| benachrichtigen | **von + D** | man benachrichtigte sie von ihrem Lottogewinn |
| beneiden | **um + A** | jemanden um sein Geld beneiden |
| benennen | **nach + D** | sein Kind nach dem Großvater benennen |
| benützen/benutzen | **als + A** | er benutzt Kinder als billige Arbeitskräfte |
| | **zu + D** | den Teller zum Trinken benützen/benutzen |
| beraten | **in + D** | jemanden in einer Angelegenheit beraten |
| sich beraten | **mit + D** | sich mit einem Arzt beraten |
| beratschlagen | **über + A** | man beratschlagte über die beste Lösung |
| berauben | **+ G** | die Schönheit beraubte ihn seiner Sinne |
| sich berauschen | **an + D** | er berauschte sich an der Musik Wagners |
| berechtigen | **zu + D** | die Reifeprüfung berechtigt zu einem Studium |
| berichten | **über + A** | über die Reise um die Welt berichten |
| | **von + D** | von einer Reise berichten |
| berufen | **zu + D** | der Präsident berief ihn zum obersten Richter |
| sich berufen | **auf + A** | sich auf die Menschenrechte berufen |
| beruhen | **auf + D** | die Mitteilung beruht auf einem Missverständnis |
| (sich) beschäftigen | **mit + D** | sich/jemanden mit einem Spiel beschäftigen |
| bescheißen* | **bei + D** | er hat ihn beim Pokerspielen beschissen |
| beschießen | **mit + D** | man beschoss die Stadt mit schwerer Artillerie |
| beschmieren | **mit + D** | die Tapete mit Buntstiften beschmieren |
| sich beschränken | **auf + A** | sich auf das Minimum beschränken |
| beschuldigen | **+ G** | man beschuldigte ihn des Landesverrats |
| beschützen | **vor + D** | jemanden vor einer Gefahr beschützen |
| sich beschweren | **bei + D** | er beschwert sich beim Nachbarn über die Musik |
| | **über + A** | sie beschweren sich über den Fluglärm |
| besetzen | **mit + D** | die Stelle mit einem Spezialisten besetzen |
| sich besinnen | **auf + A** | sich auf das Wesentliche besinnen |
| | **+ G** | er besann sich eines Besseren |
| bespannen | **mit + D** | den Drachen mit Papier bespannen |

**Verbliste I**

| | | |
|---|---|---|
| (sich) besprechen | mit + D | sich/etwas mit seinem Vorgesetzten besprechen |
| bespritzen | mit + D | die Kinder mit der Wasserpistole bespritzen |
| bestehen | auf + D | auf der getroffenen Vereinbarung bestehen |
| | aus + D | die Verpackung besteht aus Plastik |
| bestellen | bei + D | er bestellt den Wein direkt beim Winzer |
| | zu + D | er bestellte sie zu sich / für 8 Uhr / zum Ausgang |
| bestimmen | über + A | über das Schicksal der Gefangenen bestimmen |
| | zu + D | er bestimmte seinen Sohn zum Nachfolger |
| bestrafen | für + A | jemanden für ein Verbrechen bestrafen |
| beteiligen | an + D | seinen Partner am Gewinn beteiligen |
| beten | für + A | für die Hinterbliebenen beten |
| | zu + D | Menschen in Not beten zu Gott |
| betrachten | als + A | er betrachtet seine Frau als Eigentum |
| betrauen | mit + D | jemanden mit einer Aufgabe betrauen |
| betrügen | mit + D | er betrog seine Frau mit seiner Sekretärin |
| | um + A | jemanden um sein Erbe betrügen |
| betteln | um + A | um ein Stück Brot betteln |
| sich beunruhigen | über + A | sich über das Ozonloch beunruhigen |
| beurteilen | als + A | man beurteilte ihn als einen Versager |
| | nach + D | jemanden nach seinen Taten beurteilen |
| bevollmächtigen | zu + D | jemanden zum Empfang der Post bevollmächtigen |
| (sich) bewaffnen | mit + D | sich / eine Armee mit chemischen Kampfstoffen bewaffnen |
| bewahren | vor + D | Kinder vor Gewalt im Fernsehen bewahren |
| sich bewegen lassen | zu + D | er ließ sich nicht zum Nachgeben bewegen |
| sich bewerben | bei + D | sie bewirbt sich bei der Firma um die Stelle |
| | um + A | sich um eine ausgeschriebene Stelle bewerben |
| bewerfen | mit + D | die Kinder bewarfen die Besatzer mit Steinen |
| bewerten | als + A | man bewertete das Projekt als Erfolg |
| bezahlen | für + A | für die Speisen und Getränke bezahlen |
| | mit + D | mit einem Hundertmarkschein bezahlen |
| bezeichnen | als + A | sie bezeichneten ihn als ihren Führer |
| beziehen | aus + D | Nachrichten aus einer sicheren Quelle beziehen |
| | mit + D | das Bett mit einem frischen Laken beziehen |
| sich beziehen | auf + A | sich auf ein Schreiben beziehen |
| biegen | um + A | das Fluchtauto bog um die Ecke |
| bieten | für + A | einen Höchstpreis für die Antiquitäten bieten |
| (sich) binden | an + A | sich an eine Frau binden / das Pferd an den Baum binden |
| bitten | um + A | jemanden um einen Gefallen bitten |
| blättern | in + D | gelangweilt in einer Illustrierten blättern |
| bleiben | + D | ihnen bleibt nur wenig Hoffnung |
| | bei + D | er bleibt bei seiner Meinung |
| brauchen | für + A | einen Nagel für das Bild brauchen |
| bringen | auf + A | er hat mich auf eine gute Idee gebracht |
| | um + A | man brachte ihn um seinen Anteil an der Beute |
| sich brüsten | mit + D | sich mit seinen Erfolgen brüsten |
| buchen | für + A | einen Platz im Hotel für jemanden buchen |
| bürgen | für + A | für den Kredit seines Freundes bürgen |
| büßen | für + A | für seine Verbrechen büßen müssen |

| | | |
|---|---|---|
| danebentreffen | **mit + D** | mit einem Stein danebentreffen |
| danken | **+ D** | man dankt den Helfern |
| | **für + A** | jemandem für seine Hilfsbereitschaft danken |
| d(a)reinreden | **+ D** | du solltest mir nicht immer d(a)reinreden |
| sich darstellen | **als + N** | er stellte sich als Opfer dar |
| davonkommen | **mit + D** | mit einem blauen Auge davonkommen |
| davonlaufen | **+ D** | er ist seinen Eltern davongelaufen |
| debattieren | **über + A** | über Gott und die Welt debattieren |
| sich decken | **mit + D** | die Analyse deckt sich mit unserer Erkenntnis |
| degradieren | **zu + D** | der Offizier wurde zum Rekruten degradiert |
| denken | **an + A** | an seine Freunde denken |
| | **über + A** | schlecht über Zigarettenwerbung denken |
| | **von + D** | nur das Beste von jemandem denken |
| dienen | **+ D** | dem Umweltschutz dienen |
| | **als + N** | der Korken dient häufig als Verschluss |
| | **zu + D** | der Schlüssel dient zum Öffnen |
| diskutieren | **mit + D** | mit den Studenten diskutieren |
| | **über + A** | über die Konsequenzen diskutieren |
| dispensieren | **von + D** | der Priester wurde von seinem Amt dispensiert |
| sich distanzieren | **von + D** | sich von einer Falschmeldung distanzieren |
| dividieren | **durch + A** | eine Zahl durch drei dividieren |
| dotieren | **mit + D** | der erste Preis war mit 1000 DM dotiert |
| drängen | **auf + A** | auf eine schnelle Änderung drängen |
| | **zu + D** | man drängte ihn zu einer raschen Entscheidung |
| (sich) drehen | **um + A** | die Planeten drehen sich um die Sonne / etwas dreht um 90° |
| dringen | **auf + A** | er drang auf schnelles Handeln |
| drohen | **+ D** | dem Aggressor drohen |
| | **mit + D** | mit dem Abbruch der Beziehungen drohen |
| drucken | **auf + A** | etwas auf ein T-Shirt drucken |
| drücken | **auf + A** | auf den Klingelknopf drücken |
| sich drücken | **vor + D** | sich vor dem Militärdienst drücken |
| duften | **nach + D** | ihr Parfüm duftet nach Rosen |
| durchfallen | **in + D** | er ist im Staatsexamen durchgefallen |
| sich durchringen | **zu + D** | er konnte sich nicht zum Handeln durchringen |
| sich durchsetzen | **mit + D** | sich mit seinen Ansichten durchsetzen |
| sich eignen | **für + A** | er eignet sich nicht für diesen Beruf |
| | **zu + D** | auch Männer eignen sich zu sozialen Berufen |
| (sich) einarbeiten | **in + A** | sich/jemanden in ein neues Arbeitsgebiet einarbeiten |
| einbauen | **in + A** | einen Tresor in die Wand einbauen |
| einbeziehen | **in + A** | jemanden in ein Gespräch einbeziehen |
| sich einbilden | **auf + A** | sich etwas auf seine Herkunft einbilden |
| einbrechen | **bei + D** | bei einer Bank einbrechen |
| | **in + A** | in eine Villa einbrechen |
| (sich) eindecken | **mit + D** | sich/jemanden mit Lebensmitteln eindecken |
| eindringen | **auf + A** | auf jemanden mit Worten eindringen |
| | **in + A** | in einen verschlossenen Raum eindringen |
| einfallen | **+ D** | das Wort fällt mir nicht ein |
| (sich) einfügen | **in + A** | sich gut in ein Team einfügen / einen neuen Text in ein Kapitel einfügen |
| einführen | **bei + D** | den Freund bei den Eltern einführen |

| | | |
|---|---|---|
| | in + A | jemanden in die Astrologie einführen |
| eingeben | in + A | Daten in den Computer eingeben |
| eingehen | auf + A | auf die Sorgen der Bevölkerung eingehen |
| | in + A | in die Geschichte eingehen |
| eingemeinden | in + A | das Dorf in die Stadt eingemeinden |
| eingreifen | in + A | in die Kämpfe eingreifen |
| sich einigen | auf + A | sich auf einen Kompromiss einigen |
| | mit + D | sich mit dem Gegner auf einen Kompromiss einigen |
| | über + A | sich über die Vertragsbedingungen einigen |
| einkehren | in + D | die Wanderer kehrten in einem Gasthof ein |
| einladen | in + A | jemanden in die Oper einladen |
| | zu + D | er lud ihn zu seiner Geburtstagsfeier ein |
| sich einlassen | auf + A | sich auf ein gefährliches Spiel einlassen |
| | mit + D | sich mit dem Fremden auf ein Geschäft einlassen |
| einlegen | gegen + A | Berufung gegen ein Urteil einlegen |
| einleuchten | + D | seine Erklärung leuchtet mir ein |
| einliefern | in + A | jemanden ins Krankenhaus einliefern |
| einmarschieren | in + A | die Truppen marschierten in die Stadt ein |
| sich einmischen | in + A | er mischte sich in ihren Streit ein |
| einmünden | in + A | der Nil mündet in das Mittelmeer ein |
| einordnen | in + A | die Dokumente in den Aktenordner einordnen |
| (sich) einreiben | mit + D | sich/jemand mit Sonnencreme einreiben |
| sich einrichten | auf + A | sich auf einen längeren Zeitraum einrichten |
| einschleusen | in + A | Schmuggelware in ein Land einschleusen |
| einschließen | in + A | jemanden in einen Raum einschließen |
| | in + D | das Geld in dem Tresor einschließen |
| (sich) einschmieren | mit + D | sich/jemandem die Haut mit Sonnencreme einschmieren |
| (sich) einschreiben | in + A | sich/jemanden in einen Sprachkurs einschreiben |
| einschreiten | gegen + A | gegen die Demonstranten einschreiten |
| einschüchtern | mit + D | jemanden mit einer Drohung einschüchtern |
| einsenden | an + A | eine Karte an die Redaktion einsenden |
| sich einsetzen | für + A | sich für die Rechtlosen einsetzen |
| einsperren | in + A | einen Betrüger ins Gefängnis einsperren |
| einspringen | für + A | für einen kranken Kollegen einspringen |
| einstehen | für + A | für einen guten Freund einstehen |
| einsteigen | in + A | in die Straßenbahn einsteigen |
| sich einstellen | auf + A | sich auf eine neue Situation einstellen |
| einstufen | in + A | jemanden in einen Anfängerkurs einstufen |
| eintauchen | in + A | die Ruder ins Wasser eintauchen |
| eintauschen | gegen + A | Briefmarken gegen andere eintauschen |
| einteilen | in + A | das Essen in Portionen einteilen |
| | zu + D | jemanden zur Frühschicht einteilen |
| (sich) eintragen | in + A | sich/jemanden in eine Liste eintragen |
| eintreten | für + A | für die bedrohte Tierwelt eintreten |
| | in + A | ins Zimmer eintreten |
| einwandern | in + A | in die Schweiz einwandern |
| einweihen | in + A | seinen Freund in ein Geheimnis einweihen |
| einweisen | in + A | jemanden in die psychiatrische Klinik einweisen |
| einwenden | gegen + A | etwas gegen ein Argument einzuwenden haben |
| einwickeln | in + A | etwas in Silberpapier einwickeln |

| | | |
|---|---|---|
| einwilligen | **in + A** | in eine Operation einwilligen |
| einwirken | **auf + A** | die Feuchtigkeitscreme wirkt auf die Haut ein |
| einzahlen | **auf + A** | Geld auf ein Konto einzahlen |
| einziehen | **in + A** | in eine neue Wohnung einziehen |
| | **zu + D** | die Männer wurden zum Wehrdienst eingezogen |
| (sich) ekeln | **vor + D** | sich vor großen Spinnen ekeln / es ekelt ihn vor Spinnen |
| empfinden | **als + A** | wir empfanden ihn als einen Angeber |
| sich empören | **über + A** | sich über die Tiefflieger empören |
| enden | **auf + D** | viele Nomen enden auf der Silbe „-heit" |
| | **mit + D** | das Fest endete mit einem Feuerwerk |
| entbinden | **von + D** | die Frau von einem gesunden Kind entbinden |
| entfallen | **+ D** | sein Vorname ist mir entfallen |
| sich entfernen | **von + D** | sich unerlaubt von der Truppe entfernen |
| entfliehen | **+ D** | der Wirklichkeit entfliehen |
| entgegengehen | **+ D** | dem Freund entgegengehen |
| entgegenkommen | **+ D** | jemandem ein Stück entgegenkommen |
| entgegnen | **+ D** | jemandem freundlich entgegnen |
| | **auf + A** | etwas Freundliches auf eine Frage entgegnen |
| entgehen | **+ D** | seine Antwort ist mir entgangen |
| entgleiten | **+ D** | die Porzellanvase ist dem Verkäufer entglitten |
| sich enthalten | **+ G** | sie enthielten sich der Stimme |
| entheben | **+ G** | man enthob den Präsidenten seines Amtes |
| entkommen | **aus + D** | aus einer Strafanstalt entkommen |
| | **+ D** | den Verfolgern entkommen |
| entlassen | **aus + D** | jemanden aus dem Krankenhaus entlassen |
| | **in + A** | jemanden in die Freiheit entlassen |
| entlasten | **von + D** | den Angeklagten von einem Verdacht entlasten |
| entlaufen | **+ D** | unserem Nachbarn ist seine Katze entlaufen |
| sich entledigen | **+ G** | er entledigte sich seiner Verantwortung |
| entnehmen | **aus + D** | man entnahm das Geld aus der Portokasse |
| entrinnen | **+ D** | niemand kann seinem Schicksal entrinnen |
| sich entrüsten | **über + A** | sich über den Ausländerhass entrüsten |
| entscheiden | **auf + A** | der Schiedsrichter entschied auf einen Elfmeter |
| | **über + A** | die Operation entschied über Leben und Tod |
| sich entscheiden | **für + A** | sich für die bessere Alternative entscheiden |
| | **gegen + A** | du musst dich für oder gegen ihn entscheiden |
| | **zu + D** | sich zum Handeln entscheiden |
| sich entschließen | **zu + D** | sich zum baldigen Aufbruch entschließen |
| sich entschuldigen | **für + A** | sich (bei jemandem) für das Versehen entschuldigen |
| sich entsinnen | **an + A** | sich an seine Jugend entsinnen |
| | **+ G** | er konnte sich keiner Schuld entsinnen |
| entsprechen | **+ D** | seinem Wunsch gern entsprechen |
| entstammen | **+ D** | er entstammte einem alten Adelsgeschlecht |
| entstehen | **aus + D** | aus dem Spiel mit dem Feuer entstand ein Brand |
| entweichen | **aus + D** | radioaktiver Dampf entwich aus dem Reaktor |
| sich entwickeln | **zu + D** | sich zu einem beachtlichen Künstler entwickeln |
| entwischen | **+ D** | er konnte seinen Verfolgern entwischen |
| sich erbarmen | **+ G** | sie erbarmte sich des Bettlers an der Tür |
| sich erbauen | **an + D** | sich an einer Predigt erbauen |
| erben | **von + D** | ein Vermögen von seinem Onkel erben |
| erblicken | **in + D** | er erblickt in ihm den Messias |

Verbliste I

| | | |
|---|---|---|
| sich erfreuen | an + D | sich an der Natur erfreuen |
| | + G | sie erfreut sich bester Gesundheit |
| sich ergeben | + D | sich dem Gegner ergeben |
| | aus + D | der Preis ergibt sich aus der Kalkulation |
| | in + A | sich in sein Schicksal ergeben |
| ergehen | + D | ihm ist es im Gefängnis schlecht ergangen |
| sich ergötzen | an + D | sich an einem Konzert ergötzen |
| erheben | zu + D | die Stadt wurde zum Bischofssitz erhoben |
| sich erheben | gegen + A | sich gegen die Besatzer des Landes erheben |
| sich erholen | von + D | sich von den Anstrengungen erholen |
| (sich) erinnern | an + A | sich/jemanden an die Kindheit erinnern |
| erkennen | an + D | jemanden an seiner Stimme erkennen |
| | auf + A | auf einen Freispruch erkennen |
| erklären | für + Adj. | jemanden für tot erklären |
| erkranken | an + D | er ist an einer unheilbaren Krankheit erkrankt |
| sich erkundigen | bei + D | sich bei der Auskunft nach dem Zug erkundigen |
| | nach + D | sich nach dem Weg erkundigen |
| erliegen | + D | er ist seinen schweren Verletzungen erlegen |
| ermächtigen | zu + D | jemand zur Verfügung über das Konto ermächtigen |
| ermahnen | zu + D | jemanden zur Wahrheit ermahnen |
| sich ermäßigen | um + A | der Preis ermäßigt sich um die Hälfte |
| sich ernähren | von + D | sich von vitaminreicher Kost ernähren |
| ernennen | zu + D | jemanden zum Ehrenbürger der Stadt ernennen |
| sich erregen | über + A | sich über eine Ungerechtigkeit erregen |
| erröten | über + A | sie errötete über seinen Heiratsantrag |
| | vor + D | vor Scham erröten |
| erschrecken | über + A | über einen plötzlichen Knall erschrecken |
| | vor + D | vor dem bellenden Hund erschrecken |
| ersehen | aus + D | den Preis aus der Preisliste ersehen |
| ersetzen | durch + A | eine Person durch eine andere ersetzen |
| erstarren | vor + D | vor Kälte erstarren |
| sich erstrecken | auf + A | die Untersuchungen erstrecken sich auf 5 Jahre |
| | über + A | das Gebiet erstreckt sich weit über den Fluss |
| ersuchen | um + A | jemanden um Hilfe ersuchen |
| erwachen | aus + D | aus einem tiefen Schlaf erwachen |
| | von + D | von dem Lärm erwachen |
| erwachsen | aus + D | aus dem häufigen Trinken erwuchsen ihm Probleme |
| erwarten | von + D | Hilfe von jemandem erwarten |
| sich erwehren | + G | der Star konnte sich kaum seiner Fans erwehren |
| sich erweisen | als + N | er erwies sich als ein besonderes Talent |
| erweitern | um + A | die Autobahn um eine dritte Spur erweitern |
| erzählen | über + A | Oma erzählte immer über ihre Kindheit |
| | von + D | von seinen Abenteuern erzählen |
| erzeugen | aus + D | Mehl aus Getreide erzeugen |
| erziehen | zu + D | den Hund zum Gehorsam erziehen |
| essen | aus + D | den Salat aus der Schüssel essen |
| experimentieren | mit + D | mit neuen Arzneimitteln experimentieren |
| fahnden | nach + D | nach dem entlaufenen Verbrecher fahnden |
| sich fassen | an + A | sich an den Kopf fassen |
| fehlen | + D | ihm fehlt die nötige Zivilcourage |
| | an + D | es fehlt an Medikamenten |

| | | |
|---|---|---|
| feilschen | um + A | um einen höheren Preis feilschen |
| fernbleiben | + D | er ist der Veranstaltung ferngeblieben |
| (sich) fern halten | von + D | die Kinder / sich von dem bissigen Hund fern halten |
| fern stehen | + D | er steht marxistischem Gedankengut fern |
| festbinden | an + D | jemanden am Stuhl festbinden |
| festhalten | an + D | an seiner Meinung festhalten |
| sich festklammern | an + D | sich an der Felswand festklammern |
| sich festkrallen | an + D | die Katze krallt sich am Baumstamm fest |
| festmachen | an + D | das Boot macht am Ufer fest |
| feuern | auf + A | die Soldaten feuerten auf die Rebellen |
| fiebern | nach + D | er fiebert nach dem neuen Computerspiel |
| finden | bei + D | er findet nichts beim Schwarzfahren |
| | zu + D | er findet keine Zeit zum Urlaub |
| fischen | nach + D | er fischt nach dem Stück Fleisch in der Suppe |
| flehen | um + A | er flehte um Gnade |
| fliehen | aus + D | aus der Gefangenschaft fliehen |
| | vor + D | vor den Verfolgern fliehen |
| fließen | durch + A | Wasser fließt durch ein Rohr |
| | in + A | der Fluss fließt in einen See |
| fluchen | auf + A | auf den Streik der Müllabfuhr fluchen |
| | über + A | er flucht über die Arbeitsbedingungen |
| flüchten | vor + D | das Zebra flüchtete vor dem Löwen |
| folgen | + D | die Polizei folgte ihm |
| | auf + A | auf Regen folgt Sonnenschein |
| | aus + D | der Bericht folgte aus unserer Untersuchung |
| folgern | aus + D | die Lösung aus der Aufgabenstellung folgern |
| fordern | für + A | Geld für den Unterhalt der Kinder fordern |
| | von + D | die Rückzahlung des Geldes von jemandem fordern |
| | zu + D | jemanden zum Duell fordern |
| forschen | nach + D | nach einem Impfstoff gegen AIDS forschen |
| fortfahren | mit + D | mit seinen mündlichen Ausführungen fortfahren |
| fortlaufen | von + D | von zu Hause fortlaufen |
| fragen | nach + D | nach der Adresse fragen |
| | um Rat | jemanden um (einen) Rat fragen |
| sich freimachen | von + D | sich von seinen Vorurteilen freimachen |
| freisprechen | von + D | jemanden vom Vorwurf des Betruges freisprechen |
| freistehen | + D | es steht dir frei, wie du entscheidest |
| sich freuen | + G | sie freut sich ihres Lebens |
| | an + D | sich an einem Geschenk freuen |
| | auf + A | sich auf den kommenden Urlaub freuen |
| | über + A | sie freut sich über seine Grüße |
| frieren | + D | ihm fror die Nase |
| | an + D | an den Füßen frieren |
| sich fügen | + D | sich seinem Schicksal fügen |
| | in + A | sie musste sich in ihr Schicksal fügen |
| fühlen | mit + D | mit den Trauernden fühlen |
| füllen | mit + D | sie füllte das Gefäß mit Wasser |
| fürchten | um + A | um sein Leben fürchten |
| sich fürchten | vor + D | sich vor aggressiven Menschen fürchten |
| fußen | auf + D | das Urteil fußt nur auf Indizien als Beweisen |
| füttern | mit + D | die Kühe mit Heu füttern |

Verbliste I

| | | |
|---|---|---|
| garantieren | **für + A** | für die Qualität der Ware garantieren |
| gären | **in + D** | Weißbier gärt in der Flasche |
| geben | **auf + A** | nichts auf eine fremde Meinung geben |
| | **für + A** | eine Spende für die Waisenkinder geben |
| gebieten | **über + A** | Napoleon gebot über fast ganz Europa |
| gebühren | **+ D** | der Rettungsmannschaft gebührt unser Dank |
| gedenken | **+ G** | man gedachte der Opfer des Faschismus |
| gefallen | **+ D** | das Mädchen gefällt mir |
| sich gegenüber-sehen | **+ D** | sich einer wachsenden Opposition gegenübersehen |
| geheim halten | **vor + D** | die Wahrheit vor jemandem geheim halten |
| gehorchen | **+ D** | er gehorcht seinem Vater |
| gehören | **+ D** | das Fahrrad gehört mir |
| | **zu + D** | zum Rinderbraten gehört ein guter Rotwein |
| geizen | **mit + D** | mit seinem Geld geizen |
| gelangen | **zu + D** | zum Ende eines Vortrags gelangen |
| gelingen | **+ D** | das Experiment ist den Forschern gelungen |
| gelten | **+ D** | die Warnung gilt dir |
| | **als + N** | er galt als größter Maler der Epoche |
| | **für + A** | die Parkerlaubnis gilt nur für Behinderte |
| genesen | **von + D** | von einer schweren Krankheit genesen |
| genügen | **+ D** | mein Gehalt genügt mir nicht |
| | **für + A** | das Essen genügt für alle Gäste |
| geradestehen | **für + A** | für eine Dummheit geradestehen müssen |
| geraten | **+ D** | der Kuchen ist ihr gut geraten |
| | **an + A** | an den Falschen geraten |
| | **in + A** | in einen Hinterhalt geraten |
| | **nach + D** | das Mädchen gerät ganz nach ihrer Großmutter |
| geschehen | **+ D** | dir wird nichts Schlimmes geschehen |
| | **mit + D** | niemand weiß, was mit dem Müll geschehen soll |
| sich gesellen | **zu + D** | er gesellte sich zu unserer Tischrunde |
| gewinnen | **an + D** | im Alter gewinnen manche an Weisheit |
| | **aus + D** | man gewinnt Benzin aus Rohöl |
| | **für + A** | jemanden für seine Pläne gewinnen |
| (sich) gewöhnen | **an + A** | sich ans Rauchen gewöhnen / das Pferd an den Sattel gewöhnen |
| glänzen | **vor + D** | das Auto glänzt vor Sauberkeit |
| glauben | **+ D** | ich kann dir nicht glauben |
| | **an + A** | an den technischen Fortschritt glauben |
| gleichen | **+ D** | sie gleicht ihrer Zwillingsschwester aufs Haar |
| gleichtun | **+ D** | der Junge wollte es seinem Vater gleichtun |
| gleiten | **über + A** | das Segelboot gleitet über die Wellen |
| glücken | **+ D** | ihm sind sechs Richtige im Lotto geglückt |
| graben | **nach + D** | nach einem vergrabenen Schatz graben |
| gratulieren | **+ D** | ich gratuliere dir herzlich |
| | **zu + D** | ich gratuliere ganz herzlich zum Geburtstag |
| grauen | **vor + D** | ihm graut vor seiner Steuererklärung |
| grausen | **vor + D** | es graust ihr vor Fledermäusen |
| greifen | **nach + D** | nach den Sternen greifen |
| | **zu + D** | er griff zum Messer |
| | **um sich** | die Cholera hat weiter um sich gegriffen |

| | | |
|---|---|---|
| grenzen | an + A | an ein hohes Gebirge grenzen |
| sich gründen | auf + A | sich auf frühere Erfahrungen gründen |
| sich gruseln | vor + D | der Junge gruselt sich vor Gespenstern |
| grüßen | von + D | die Eltern von einem Bekannten grüßen |
| gut tun | + D | die Seeluft tat ihr gut |
| haften | an + D | der Zettel haftet am schwarzen Brett |
| | für + A | Eltern haften für ihre Kinder |
| halten | auf + A | er hält viel auf sich und seine Kleidung |
| | von + D | mein Arzt hält nichts von Akupunktur |
| (sich) halten | für + A | jemanden/sich für einen großen Künstler halten |
| sich halten | an + A | sich an die Vorschriften halten |
| handeln | mit + D | er handelt mit Münzen und Briefmarken |
| | von + D | eine Fabel handelt von Tieren |
| sich handeln | um + A | bei Walfischen handelt es sich um Säugetiere |
| hängen | an + A | etwas an den Nagel hängen |
| | an + D | der Junge hängt an seiner Mutter |
| hauen | auf + A | jemandem auf die Schulter hauen |
| heißen | nach + D | nach einem christlichen Heiligen heißen |
| helfen | + D | ich helfe dir gern |
| | bei + D | sie hilft ihm bei der Arbeit |
| | gegen + A | Kaffee hilft gegen Müdigkeit |
| | mit + D | er hilft mir mit seiner Erfahrung |
| herabfallen | von + D | der Schnee ist vom Dach herabgefallen |
| herangehen | an + A | an eine neue Aufgabe herangehen |
| sich heranmachen | an + A | er versuchte, sich an das Mädchen heranzumachen |
| sich heran-schleichen | an + A | sich an das Lagerfeuer heranschleichen |
| heranwachsen | zu + D | das Mädchen wuchs zu einer schönen Frau heran |
| sich heranwagen | an + A | keiner wagte sich an den entlaufenen Bären heran |
| herausfordern | zu + D | er forderte ihn zum Duell heraus |
| (sich) heraushalten | aus + D | sie/sich aus dem Streit heraushalten |
| herauslesen | aus + D | er las ihre Gedanken aus ihrem Brief heraus |
| sich herausreden | aus + D | sich aus der Schuld herausreden wollen |
| | mit + D | er wollte sich mit einer Lüge herausreden |
| hereinbrechen | über + A | die Nacht brach über das Land herein |
| hereinfallen | auf + A | auf einen plumpen Trick hereinfallen |
| herfallen | über + A | die Wölfe fielen über ihr Opfer her |
| hergeben | für + A | sein letztes Hemd für jemanden hergeben |
| sich hermachen | über + A | sie machten sich über ihre Beute her |
| herrschen | über + A | der König herrschte über ein großes Reich |
| herrühren | von + D | der Riss rührt von einem Materialfehler her |
| herstellen | aus + D | Leder wird aus Tierhäuten hergestellt |
| herumkommen | um + A | er kam nicht um seine Steuererklärung herum |
| herumreden | um + A | um den heißen Brei herumreden |
| herumstochern | in + D | er stocherte lustlos in seinem Essen herum |
| sich herumtreiben | in + D | er treibt sich in den Kneipen herum |
| herunterfallen | von + D | der Teller ist vom Tisch heruntergefallen |
| herunterspringen | von + D | er ist vom 10-Meter-Brett heruntergesprungen |
| hervorbrechen | aus + D | der Löwe brach aus dem Gebüsch hervor |
| hervorkommen | aus + D | aus seinem Versteck hervorkommen |
| herziehen | über + A | die Schüler zogen über den Neuen her |

| | | |
|---|---|---|
| hinabsteigen | **in + A** | in die Kanalisation hinabsteigen |
| hinarbeiten | **auf + A** | auf eine Verbesserung hinarbeiten |
| hinaufblicken | **zu + D** | zu den Wolken hinaufblicken |
| hinaufschauen | **zu + D** | zum Berggipfel hinaufschauen |
| hinaufsehen | **zu + D** | zu der Baumhütte hinaufsehen |
| hinausgehen | **auf + A** | das Fenster geht auf den See hinaus |
| | **über + A** | der Preis ging über seine Möglichkeiten hinaus |
| hinauslaufen | **auf + A** | der Streit läuft auf einen Kompromiss hinaus |
| hindern | **an + D** | niemand hat ihn an der Flucht gehindert |
| | **bei + D** | die nasse Kleidung hinderte ihn beim Schwimmen |
| hindeuten | **auf + A** | auf das Segelflugzeug hindeuten |
| hindurchsehen | **durch + A** | durch ein Loch hindurchsehen |
| hineinlassen | **in + A** | Wasser in die Badewanne hineinlassen |
| sich hineinversetzen | **in + A** | sich in die Lage eines anderen hineinversetzen |
| hinfinden | **zu + D** | sie konnte nicht zum Bahnhof hinfinden |
| hinführen | **zu + D** | der Weg führt zum See hin |
| sich hingeben | **+ D** | sich einer Illusion hingeben |
| hinkommen | **mit + D** | er kommt nicht mit seinem Geld hin |
| hinsehen | **zu + D** | die Kinder sahen lachend zu dem Clown hin |
| hinterherfahren | **+ D** | das Polizeiauto fuhr dem Motorrad hinterher |
| hinterherlaufen | **+ D** | einem Hasen hinterherlaufen |
| hinwegkommen | **über + A** | sie kam nicht über den Tod ihres Kindes hinweg |
| hinwegsehen | **über + A** | sie sah über manche seiner Fehler hinweg |
| sich hinwegsetzen | **über + A** | er setzte sich über ihre Warnungen hinweg |
| sich hinwegtrösten | **über + A** | sich über seinen Liebeskummer hinwegtrösten |
| hinweisen | **auf + A** | auf eine Gefahr hinweisen |
| hinwirken | **auf + A** | auf eine Verbesserung der Zustände hinwirken |
| hinzukommen | **zu + D** | oft kommt ein Unglück zu einem anderen hinzu |
| hinzuziehen | **zu + D** | jemanden zu einer Beratung hinzuziehen |
| hoffen | **auf + A** | auf eine rasche Genesung hoffen |
| horchen | **auf + A** | sie horchte auf das Geräusch an der Tür |
| hören | **auf + A** | auf seine Eltern hören |
| | **von + D** | sie hat noch nichts von der Neuigkeit gehört |
| huldigen | **+ D** | die Fans huldigten ihrem Idol |
| hungern | **nach + D** | es hungert sie nach Gerechtigkeit |
| sich hüten | **vor + D** | sich vor Skorpionen und Giftschlangen hüten |
| sich identifizieren | **mit + D** | sich mit den Zielen der Partei identifizieren |
| imponieren | **+ D** | er wollte den Frauen imponieren |
| (sich) infizieren | **mit + D** | sich/jemanden mit einer Hepatitis infizieren |
| (sich) informieren | **aus + D** | sich aus der Zeitung informieren |
| | **über + A** | man informierte mich/sich über seine Vergangenheit |
| inspirieren | **zu + D** | die Musik inspirierte ihn zu einem Gedicht |
| interessiert sein | **an + D** | er ist an moderner Musik interessiert |
| sich interessieren | **für + A** | sich für moderne Architektur interessieren |
| intrigieren | **gegen + A** | gegen seinen Vorgesetzten intrigieren |
| sich irren | **in + D** | er irrt sich in der Uhrzeit |
| jagen | **nach + D** | sie jagen nach den Tigern im Dschungel |
| jammern | **über + A** | er jammert über sein verlorenes Geld |
| jubeln | **über + A** | die Kinder jubeln über den hitzefreien Tag |
| kämpfen | **für + A** | für die Unabhängigkeit des Landes kämpfen |

| | | |
|---|---|---|
| | **gegen + A** | gegen die Ausbreitung der Malaria kämpfen |
| | **mit + D** | sie kämpfen mit schwerer Artillerie |
| | **um + A** | er kämpft um sein Leben |
| kandidieren | **für + A** | er kandidiert für das Amt des Bürgermeisters |
| kennen | **als + A** | wir kennen ihn als Liebling vieler Zuschauer |
| kennzeichnen | **als + A** | sein Akzent kennzeichnet ihn als einen Fremden |
| | **mit + D** | gefangene Vögel mit einem Ring kennzeichnen |
| klagen | **auf + A** | auf hohen Schadensersatz klagen |
| | **gegen + A** | gegen den Unfallgegner klagen |
| | **über + A** | sie klagt über Schmerzen in den Beinen |
| | **um + A** | sie klagt um den Verlust ihres Arbeitsplatzes |
| klappen | **mit + D** | es klappt nicht mit seiner neuen Freundin |
| klarkommen | **mit + D** | er kommt mit der Gebrauchsanweisung nicht klar |
| sich klar werden | **über + A** | sich über die Konsequenzen klar werden |
| klettern | **auf + A** | auf einen hohen Baum klettern |
| klingeln | **an + D** | an der Haustür klingeln |
| klopfen | **an + A** | er klopft an die Fensterscheibe |
| knausern | **mit + D** | er knausert mit seinem Vermögen |
| kollidieren | **mit + D** | die Fähre kollidierte mit einem Frachter |
| kommen | **auf + A** | nicht auf die Lösung der Aufgabe kommen |
| | **um + A** | viele sind bei dem Unglück ums Leben gekommen |
| | **von + D** | die Schmerzen kommen von dem Unfall |
| | **zu + D** | er kommt zu spät zum Abendessen |
| konfrontieren | **mit + D** | jemanden mit der Realität konfrontieren |
| konkurrieren | **mit + D** | die Deutschen konkurrieren mit den Japanern |
| sich konzentrieren | **auf + A** | sich auf das Wesentliche konzentrieren |
| korrespondieren | **mit + D** | mit einem Brieffreund korrespondieren |
| kramen | **in + D** | in einem Karton mit alten Fotos kramen |
| kränken | **mit + D** | jemanden mit einer dummen Bemerkung kränken |
| krönen | **zu + D** | man krönte Karl den Großen zum Kaiser |
| sich krümmen | **vor + D** | sich vor Schmerzen krümmen |
| sich kümmern | **um + A** | sich um pflegebedürftige Menschen kümmern |
| kündigen | **+ D** | jemandem wegen Unpünktlichkeit kündigen |
| kurieren | **mit + D** | er kurierte seine Grippe mit Vitamin C |
| | **von + D** | jemanden von einem Leiden kurieren |
| lächeln | **über + A** | über seine Tolpatschigkeit lächeln |
| lachen | **über + A** | über einen gelungenen Witz lachen |
| landen | **auf + D** | auf dem Flugplatz landen |
| | **in + D** | sie landen um 8 Uhr in Frankfurt |
| | **bei + D** | sie konnte bei ihrem Chef nicht landen* |
| langweilen | **mit + D** | jemanden mit alten Witzen langweilen |
| sich langweilen | **bei + D** | er langweilte sich immer beim Schachspielen |
| lassen | **von + D** | die Katze ließ nur kurze Zeit von der Maus |
| lasten | **auf + D** | die Verantwortung lastet auf seinen Schultern |
| lästern | **über + A** | über einen Abwesenden kann man gut lästern |
| lauern | **auf + A** | der Räuber lauerte hinter einem Busch auf sie |
| lauschen | **+ D** | sie lauschen den Worten des Dichters |
| leben | **für + A** | für eine Idee leben |
| | **von + D** | er lebt von früheren Ersparnissen |
| leicht fallen | **+ D** | ihm fällt die Arbeit leicht |
| leiden | **an + D** | an einer schweren Krankheit leiden |

| | | |
|---|---|---|
| | unter + D | unter häufigen Migräneanfällen leiden |
| sich leihen | von + D | sie leiht sich die Schallplatte von ihm |
| leiten | an + A | ein Schreiben an jemanden leiten |
| | durch + A | Wasser durch ein Rohr leiten |
| | in + A | Abwässer in den Fluss leiten ist verboten |
| lenken | auf + A | den Verdacht auf einen anderen lenken |
| lernen | aus + D | aus den gemachten Erfahrungen lernen |
| | von + D | sie hat vieles von ihm gelernt |
| lesen | in + D | etwas in der Zeitung lesen |
| | über + A | der Professor liest über den Faschismus |
| liefern | an + A | Ware an den Kunden liefern |
| liegen | + D | ihm liegt die Arbeit in der freien Natur |
| | an + D | seine Müdigkeit liegt am Wetter |
| (sich) lösen | von + D | die Briefmarke vom Umschlag lösen / sie hat sich von ihm gelöst |
| loskommen | von + D | vom Rauschgift loskommen |
| loslassen | auf + A | den Hund auf den Einbrecher loslassen |
| losmachen | von + D | das Boot vom Steg losmachen |
| (sich) losreißen | von + D | der Hund riss sich von der Kette los / der Sturm riss das Boot los |
| sich lossagen | von + D | sich von einer Jugendsekte lossagen |
| losstürzen | auf + A | die Plünderer stürzten auf das Geschäft los |
| machen | aus + D | Wein wird aus Traubensaft gemacht |
| sich machen | an + A | sich endlich an die Arbeit machen |
| mahlen | zu + D | der Müller mahlt das Getreide zu Mehl |
| mahnen | zu + D | man mahnte den Schuldner zur Zahlung |
| mäkeln | an + D | die Kinder mäkelten an dem Essen |
| malnehmen | mit + D | eine Zahl mit einer anderen malnehmen |
| mangeln | an + D | es mangelte im Lager an Lebensmitteln |
| meditieren | über + A | er meditierte über den Sinn des Lebens |
| meinen | mit + D | er meint dich mit der Warnung |
| | zu + D | etwas zur Politik der Regierung meinen |
| (sich) melden | bei + D | sich/jemanden beim Pförtner melden |
| meutern | gegen + A | gegen den Kapitän meutern |
| sich mischen | in + A | sich in fremde Angelegenheiten mischen |
| missfallen | + D | seine freche Antwort hat ihr missfallen |
| missglücken | + D | der erste Versuch ist ihm missglückt |
| misslingen | + D | auch der zweite Versuch ist ihm misslungen |
| missraten | + D | die Sahnetorte ist ihr leider heute missraten |
| misstrauen | + D | jeder misstraut den Sonntagsreden der Politiker |
| mithalten | bei + D | er konnte beim Marathonlauf nicht mit ihm mithalten |
| mithelfen | bei + D | dem Bauern bei der Ernte mithelfen |
| mitwirken | an + D | am Gelingen des Festes mitwirken |
| | bei + D | bei einem Konzert mitwirken |
| sich mokieren | über + A | sich über eine Ungeschicklichkeit mokieren |
| multiplizieren | mit + D | die Summe mit zwei multiplizieren |
| munden | + D | der Wein mundete ihnen ganz vorzüglich |
| murren | über + A | über die schlechte Bezahlung murren |
| nachblicken | + D | sie blickte lange dem fahrenden Zug nach |
| nachdenken | über + A | über Raum und Zeit nachdenken |
| nacheifern | + D | er eifert seinem Vater nach |

| | | |
|---|---|---|
| nacheilen | + D | die Reporter eilten dem Politiker nach |
| nachfahren | + D | er fuhr dem Taxi nach |
| nachfolgen | + D | der Vizepräsident folgte seinem Vorgänger nach |
| nachgeben | + D | er gab ihrem Drängen nach |
| nachgehen | + D | der Detektiv ging einem Verdacht nach |
| nachhelfen | + D | er wollte dem Prüfungskandidaten etwas nachhelfen |
| nachlaufen | + D | der fremde Hund ist ihm immer nachgelaufen |
| nachlesen | bei + D | ein bestimmtes Zitat bei Goethe nachlesen |
| nachschlagen | in + D | etwas in einem Wörterbuch nachschlagen |
| nachstellen | + D | ein fremder Mann hat ihr nachgestellt |
| nachsuchen | um + A | er suchte um eine Audienz beim Papst nach |
| nachtrauern | + D | er trauerte seiner verstorbenen Frau nach |
| nachwinken | + D | sie winkte dem Schiff nach |
| nagen | an + D | der Hund nagt an seinem Knochen |
| nähen | an + A | den Knopf an die Bluse nähen |
| sich nähern | + D | wir näherten uns unserem Ziel |
| nahe stehen | + D | meine Geschwister stehen mir sehr nahe |
| neigen | zu + D | sie neigt leider zu hysterischen Anfällen |
| nennen | nach + D | einen Stern nach seinem Entdecker nennen |
| nippen | an + D | an seinem Glas nippen |
| nörgeln | an + D | an der Bedienung im Hotel nörgeln |
| | über + A | über das schlechte Essen nörgeln |
| nötigen | zu + D | er nötigte ihn zu einem weiteren Bier |
| nützen/nutzen | + D | sein Reichtum hat ihm nicht viel genützt |
| | zu + D | er nützte die gute Gelegenheit zur Flucht |
| offen stehen | + D | dir stehen alle Türen offen |
| ordnen | nach + D | die Akten nach dem Alphabet ordnen |
| (sich) orientieren | über + A | man orientierte ihn/sich über den Stand der Dinge |
| sich orientieren | an + D | sich an den Hinweisschildern orientieren |
| packen | an + D | jemanden am Kragen packen |
| | bei + D | jemanden beim Kragen packen |
| passen | + D | mein Konfirmationsanzug passt mir nicht mehr |
| | zu + D | der Hut passt wunderbar zum Kleid |
| passieren | + D | mir ist heute eine komische Geschichte passiert |
| pfeifen | auf + A | er pfeift auf die ständigen Ermahnungen |
| | auf + D | auf dem letzten Loch pfeifen |
| | nach + D | nach seinem Hund pfeifen |
| philosophieren | über + A | Plato philosophierte über die Ideenlehre |
| plädieren | für + A | für eine sofortige Aktion plädieren |
| (sich) plagen | mit + D | er plagt seine Mutter / sich mit vielen Fragen |
| plaudern | mit + D | mit der Nachbarin plaudern |
| pochen | auf + A | er pocht auf sein Recht |
| polemisieren | gegen + A | die Opposition polemisierte gegen die Regierung |
| prahlen | mit + D | er prahlte mit seinen Erfolgen bei den Frauen |
| prallen | gegen + A | gegen einen Baum prallen |
| prasseln | auf + A | der Hagel prasselte aufs Dach |
| produzieren | aus + D | aus der Müllverbrennung wird Strom produziert |
| profitieren | von + D | von seiner Investition profitieren |
| protestieren | gegen + A | gegen untragbare Zustände protestieren |
| prüfen | auf + A | jemanden auf Herz und Nieren prüfen |
| | in + D | jemanden in einem Hauptfach prüfen |

Verbliste I

| | | |
|---|---|---|
| sich prügeln | mit + D | er prügelt sich mit seinen Klassenkameraden |
| | um + A | sich um den Fußball prügeln |
| quälen | mit + D | die Katze quält die Maus mit ihrem Spiel |
| sich qualifizieren | für + A | sich für die Teilnahme am Spiel qualifizieren |
| quellen | aus + D | aus dem Loch quoll heißes Wasser |
| sich rächen | an + D | sich an dem Mörder rächen |
| | für + A | sich für ein erlittenes Unrecht rächen |
| ragen | aus + D | gefährliche Eisberge ragen aus dem Wasser |
| rasen | vor + D | der Chef rast vor Wut |
| (sich) rasieren | mit + D | er rasiert ihn/sich nass mit einer Klinge |
| raten | + D | man riet ihm zu schweigen |
| | zu + D | man riet ihm zu einer Kreditaufnahme |
| rauchen | + D | mir raucht der Kopf |
| raufen | mit + D | meine Tochter rauft gern mit den Jungen |
| reagieren | auf + A | unfreundlich auf eine Frage reagieren |
| rebellieren | gegen + A | der Stamm rebelliert gegen die Zentralregierung |
| rechnen | mit + D | mit einem hohen Gewinn rechnen |
| | zu + D | Heroin rechnet man zu den schlimmsten Drogen |
| sich rechtfertigen | mit + D | sich mit einer Entschuldigung rechtfertigen |
| reden | mit + D | er redet nicht mit mir / mit gespaltener Zunge reden (idiom.) |
| | über + A | über die Nachbarn reden |
| | von + D | von wichtigen Dingen reden |
| reduzieren | auf + A | sie reduzieren die Einfuhren auf die Hälfte |
| referieren | über + A | er referierte über die Bebauungspläne |
| reflektieren | auf + A | er reflektiert auf eine Beförderung zum Chef |
| sich reimen | auf + A | „weiß" reimt sich auf das Wort „heiß" |
| reinigen | mit + D | die Schuhe mit einem Lappen reinigen |
| | von + D | das Hemd von den Flecken reinigen |
| reißen | an + D | der Hund reißt an der Leine |
| reizen | zu + D | ein rotes Tuch reizt den Stier zum Angriff |
| reservieren | für + A | einen Tisch für jemanden reservieren |
| resultieren | aus + D | die Ergebnisse resultieren aus einer Umfrage |
| retten | aus + D | jemanden aus großer Gefahr retten |
| | vor + D | jemanden vor seinen Verfolgern retten |
| sich revanchieren | für + A | sich für eine Niederlage revanchieren |
| revoltieren | gegen + A | die Gefangenen revoltierten gegen die Zustände |
| richten | an + A | eine Frage an jemanden richten |
| | auf + A | das Gewehr auf jemanden richten |
| | über + A | über die Kriegsgefangenen richten |
| sich richten | nach + D | wir richten uns ganz nach Ihren Wünschen |
| riechen | nach + D | sie riecht nach einem verführerischen Parfüm |
| sich ringeln | um + A | die Pythonschlange ringelt sich um ihr Opfer |
| ringen | mit + D | sie ringt mit dem Tode |
| | nach + D | der Taucher rang nach Luft |
| | um + A | um die Wahrheit ringen |
| rufen | nach + D | er ruft nach seinem entflogenen Wellensittich |
| | um + A | um Hilfe rufen |
| rütteln | an + D | sie rüttelte ihn an der Schulter |
| sagen | zu + D | er sagt nichts zu meinem Vorschlag |
| sammeln | für + A | Kleider für die Erdbebenopfer sammeln |

| | | |
|---|---|---|
| schaden | + D | Rauchen schadet der Gesundheit |
| schalten | auf + A | die Ampel schaltet auf Rot |
| sich schämen | + G | er schämte sich seiner Tat |
| | vor + D | sich vor seinen Mitschülern schämen |
| sich scharen | um + A | sich um den Gruppenleiter scharen |
| schätzen | auf + A | man schätzt sein Einkommen auf viele Millionen |
| schaudern | vor + D | ihn schauderte vor dem schrecklichen Gedanken |
| schauen | auf + A | er schaut auf die Uhr |
| scheiden | aus + D | aus dem Leben scheiden |
| sich scheiden | von + D | sich von seinem Ehepartner scheiden lassen |
| scheinen | auf + A | die Sonne scheint auf die Fensterbank |
| sich scheren | um + A | wenige scheren sich um Randgruppen |
| scherzen | über + A | man soll nicht über Behinderte scherzen |
| sich scheuen | vor + D | sich vor dem Sprung in die Tiefe scheuen |
| schicken | an + A | ein Telegramm an jemanden schicken |
| | nach + D | man schickte nach dem Landarzt |
| | zu + D | er schickte mich zur Post |
| schieben | auf + A | die Schuld auf einen anderen schieben |
| schießen | auf + A | er schoss mit der Schleuder auf den Vogel |
| schimpfen | auf + A | er schimpft auf seine Nachbarin |
| | über + A | er schimpfte über die niedrigen Renten |
| schlafen | mit + D | mit seiner Ehefrau schlafen |
| schlagen | nach + D | nach einer Fliege schlagen |
| schließen | auf + A | von sich auf andere schließen |
| | aus + D | eine Prognose aus der Statistik schließen |
| | mit + D | ich schließe den Brief mit einem lieben Gruß |
| schlingen | um + A | ein Seil um einen Pfahl schlingen |
| schmecken | + D | ihm schmeckt das Essen |
| | nach + D | der Wein schmeckte nach Wasser |
| schmeicheln | + D | er schmeichelt seinem Vorgesetzten |
| schmeißen* | nach + D | mit Steinen nach den Polizisten schmeißen |
| schmücken | mit + D | sie schmückte den Christbaum mit Kugeln |
| schnappen | nach + D | der Hund schnappt nach dem Stück Fleisch |
| schneiden | in + A | das Brot in dicke Scheiben schneiden |
| schnuppern | an + D | der Hund schnuppert an dem Baum |
| schöpfen | aus + D | Wasser aus dem Brunnen schöpfen |
| schreiben | an + A | einen Brief an jemanden schreiben |
| | über + A | er schrieb ein Buch über die Indianer |
| | von + D | er schrieb mir von seiner Verlobung |
| schreien | vor + D | der Verletzte schrie vor Schmerzen |
| (sich) schützen | vor + D | die Impfung schützt vor einer Ansteckung |
| | gegen + A | sich durch eine Impfung gegen Grippe schützen |
| schwärmen | für + A | Uta schwärmt für ihren Tennislehrer |
| | von + D | von dem Skilehrer schwärmen |
| schweben | in + D | er schwebte lange Zeit in großer Gefahr |
| schweigen | zu + D | er schweigt zu den Anschuldigungen gegen ihn |
| schwelgen | in + D | die Ölscheichs schwelgten in großem Luxus |
| schwer fallen | + D | morgens fällt der Tanja das Aufstehen schwer |
| schwören | auf + A | auf ein Waschmittel schwören |
| sehen | nach + D | der Babysitter sieht heute Abend nach dem Kind |
| sich sehnen | nach + D | sich nach seiner Heimat sehnen |

Verbliste I

| | | |
|---|---|---|
| sein | **an + D** | es ist an uns zu antworten / er ist an der Reihe (Wendung) |
| | **für + A** | für oder gegen die Todesstrafe sein |
| | **gegen + A** | für oder gegen die Abtreibungsreform sein |
| senden | **an + A** | ein Paket an jemanden senden |
| siegen | **über + A** | sie siegte über ihre Tennispartnerin |
| sinnen | **auf + A** | er sann auf Rache an dem Richter |
| sich solidarisieren | **mit + D** | sich mit den Streikenden solidarisieren |
| sorgen | **für + A** | für eine gute Erziehung der Kinder sorgen |
| sich sorgen | **um + A** | sich um die Zunahme der Kriminalität sorgen |
| sich spalten | **in + A** | die Partei spaltete sich in zwei Flügel |
| sparen | **für + A** | Geld für eine Weltreise sparen |
| spekulieren | **auf + A** | auf einen hohen Gewinn spekulieren |
| sich sperren | **gegen + A** | sich gegen vorschnelle Entscheidungen sperren |
| sich spezialisieren | **auf + A** | sich auf Gentechnologie spezialisieren |
| sich spiegeln | **in + D** | sich im Wasser spiegeln |
| spielen | **mit + D** | mit seinem Schachpartner spielen |
| | **um + A** | um die Weltmeisterschaft spielen |
| spotten | **über + A** | sie spotteten über seine lange Nase |
| sprechen | **für + A** | vieles spricht für einen Militäreinsatz |
| | **mit + D** | er spricht mit seiner Frau |
| | **über + A** | sie sprachen über die Urlaubspläne |
| | **von + D** | sie sprach immer nur von ihren Krankheiten |
| | **zu + D** | der Minister sprach zu den Versammelten |
| sprießen | **aus + D** | Blumen sprießen aus dem Boden |
| sprudeln | **aus + D** | heißes Wasser sprudelt aus der Quelle |
| stammen | **aus + D** | er stammt aus einer Arbeiterfamilie |
| standhalten | **+ D** | die Soldaten hielten dem Angriff stand |
| stattgeben | **+ D** | man gab seiner Beschwerde statt |
| staunen | **über + A** | die Kinder staunten über die Akrobaten |
| stecken | **in + A** | Geld in eine Investition stecken |
| | **in + D** | in einer schwierigen Lage stecken |
| stehen | **+ D** | das Kleid steht ihr wirklich wunderbar |
| steigen | **aus + D** | sie steigt aus dem Auto |
| | **in + A** | sie steigen in den Zug |
| | **auf + A** | sie steigen auf einen Berg |
| sterben | **an + D** | an einer Seuche sterben |
| | **vor + D** | bei dem Lehrer stirbt man vor Langeweile* |
| stillhalten | **bei + D** | beim Haareschneiden stillhalten |
| stimmen | **für + A** | viele stimmten für seine Wiederwahl |
| | **gegen + A** | gegen den Entwurf der Regierung stimmen |
| stinken | **nach + D** | in der Garage stinkt es nach Benzin |
| stöhnen | **vor + D** | er stöhnt vor Schmerzen |
| stolpern | **über + A** | über einen Stein stolpern |
| stören | **bei + D** | jemanden bei der Arbeit stören |
| sich stören | **an + D** | sie stört sich an seinem Schnarchen |
| stoßen | **auf + A** | auf eine Ölquelle stoßen |
| | **gegen + A** | den Kopf gegen einen Balken stoßen |
| sich stoßen | **an + D** | er stößt sich an seinem Kopf |
| sich sträuben | **gegen + A** | sich gegen den väterlichen Willen sträuben |
| streben | **nach + D** | er strebt nach künstlerischer Anerkennung |

| | | |
|---|---|---|
| streiken | **für + A** | für kürzere Arbeitszeiten streiken |
| streiten | **für + A** | sie stritten für eine gerechte Sache |
| sich streiten | **mit + D** | sich mit seinem politischen Gegner streiten |
| | **über + A** | sie streiten sich über ihr Urlaubsziel |
| | **um + A** | sich um das Erbe streiten |
| strotzen | **vor + D** | der Athlet strotzt vor Kraft |
| (sich) stürzen | **auf + A** | sich auf das kalte Buffet stürzen |
| | **aus + D** | er stürzte die Frau / sich aus dem Fenster |
| | **in + A** | ins Zimmer stürzen |
| sich stützen | **auf + A** | sich auf die Krücken stützen |
| subtrahieren | **von + D** | einen Betrag von einem anderen subtrahieren |
| suchen | **nach + D** | er suchte nach seinen Autoschlüsseln |
| suspendieren | **von + D** | er wurde fristlos vom Dienst suspendiert |
| tadeln | **wegen + G** | jemanden wegen seiner Kleidung tadeln |
| tasten | **nach + D** | er tastete im Dunkeln nach dem Lichtschalter |
| taugen | **zu + D** | ein stumpfes Messer taugt nicht zum Schneiden |
| tauschen | **gegen + A** | Computerspiele gegen andere tauschen |
| | **mit + D** | Briefmarken mit seinem Freund tauschen |
| sich täuschen | **in + D** | wir haben uns in ihm / unserer Wahl getäuscht |
| | **über + A** | sie täuschten sich über seine wahren Absichten |
| teilen | **durch + A** | den Kuchen durch zwölf Teile teilen |
| | **in + A** | den Apfel in vier Teile teilen |
| | **mit + D** | er teilte sein Brot mit dem Bettler |
| teilhaben | **an + D** | an dem Erfolg teilhaben |
| teilnehmen | **an + D** | an der Eröffnungsveranstaltung teilnehmen |
| telefonieren | **mit + D** | stundenlang mit der Freundin telefonieren |
| trachten | **nach + D** | jemandem nach dem Leben trachten |
| tragen | **an + D** | er trägt schwer an seiner Schuld |
| | **mit + D** | er trägt sein Unglück mit Gelassenheit |
| trauen | **+ D** | traue keinem über dreißig |
| trauern | **um + A** | um den Verstorbenen trauern |
| träumen | **von + D** | von einer Reise in die Karibik träumen |
| sich treffen | **mit + D** | er traf sich heimlich mit dem Agenten |
| treiben | **zu + D** | der Hunger trieb ihn zum Ladendiebstahl |
| sich trennen | **von + D** | er trennte sich ungern von seinem Hund |
| triefen | **vor + D** | die Kleidung trieft vor Nässe |
| trinken | **auf + A** | auf das Wohl des Chefs trinken |
| | **aus + D** | Bier aus der Flasche trinken |
| triumphieren | **über + A** | der Sportler triumphierte über seinen Gegner |
| (sich) trösten | **mit + D** | er tröstet sie/sich mit einer Flasche Wein |
| | **über + A** | er kann sie/sich nicht über den Verlust trösten |
| trotzen | **+ D** | sie trotzen den Angreifern |
| sich üben | **in + D** | sich in freier Rede üben |
| überbacken | **mit + D** | die Zwiebelsuppe mit Käse überbacken |
| überbieten | **um + A** | den Auktionspreis um 100 DM überbieten |
| übereinkommen | **über + A** | (mit jemandem) über einen Vertragsentwurf übereinkommen |
| sich überessen | **an + D** | sich am Pudding überessen |
| übergeben | **an + A** | die Waffen an den Sieger übergeben |
| übergreifen | **auf + A** | die Seuche greift auf die Nachbarländer über |
| überhäufen | **mit + D** | er überhäufte sie mit Vorwürfen |

| | | |
|---|---|---|
| überlaufen | zu + D | die Soldaten sind zum Gegner übergelaufen |
| überraschen | bei + D | jemanden beim Diebstahl überraschen |
| | mit + D | jemanden mit einem Geschenk überraschen |
| überreden | zu + D | sie überredete ihn zum Kauf des Kleides |
| überschütten | mit + D | man überschüttete den Preisträger mit Lob |
| übersetzen | in + A | Luther übersetzte die Bibel ins Deutsche |
| überspielen | auf + A | das Videoband auf ein anderes überspielen |
| übertragen | auf + A | die Verantwortung auf den Kollegen übertragen |
| übertreffen | an + D | jemanden an Schnelligkeit übertreffen |
| übertreiben | mit + D | es mit dem Trinken übertreiben |
| überweisen | an + A | einen Geldbetrag an jemanden überweisen |
| | auf + A | den Betrag auf ein Konto überweisen |
| sich überwerfen | mit + D | sich mit seinen Eltern überwerfen |
| überzeugen | von + D | jemanden von der Dringlichkeit überzeugen |
| überziehen | um + A | sein Konto um DM 100 überziehen |
| übrig lassen | von + D | nichts vom Nachtisch übrig lassen |
| sich umdrehen | nach + D | er drehte sich nach jeder hübschen Frau um |
| sich umgeben | mit + D | der Filmstar umgab sich gern mit Blondinen |
| umgehen | mit + D | mit Kindern gut umgehen können |
| umkommen | bei + D | bei einem Schiffsunglück umkommen |
| umrechnen | in + A | Meilen in Kilometer umrechnen |
| umrüsten | auf + A | militärische Produktion auf zivile umrüsten |
| umschalten | auf + A | ein Gerät auf ein anderes Programm umschalten |
| umschulen | auf + A | die Piloten auf moderne Maschinen umschulen |
| sich umsehen | nach + D | sich nach einem günstigen Angebot umsehen |
| umsetzen | in + A | die Pläne in die Wirklichkeit umsetzen |
| umsteigen | auf + A | auf ein anderes Studienfach umsteigen |
| | in + A | in eine andere Linie umsteigen |
| umstellen | auf + A | die Produktion auf Konsumgüter umstellen |
| umwandeln | in + A | das Dachgeschoss in Wohnraum umwandeln |
| umwickeln | mit + D | das Paket mit einer Schnur umwickeln |
| untergehen | in + D | die Sonne geht im Meer unter |
| (sich) unterhalten | mit + D | jemanden mit Witzen / sich mit Kollegen in der Kantine unterhalten |
| sich unterhalten | über + A | sich über das Wetter unterhalten |
| unterliegen | + D | sie unterlagen der gegnerischen Mannschaft |
| unterrichten | in + D | jemanden in modernem Tanz unterrichten |
| | über + A | jemanden über eine Neuigkeit unterrichten |
| (sich) unterscheiden | von + D | Insekten unterscheiden sich / wir unterscheiden sie von Säugetieren |
| unterstützen | in + D | wir unterstützen sie in ihren Bemühungen |
| | mit + D | die Studenten mit einem Stipendium unterstützen |
| untersuchen | auf + A | das Wasser auf Krankheitserreger untersuchen |
| unterweisen | in + D | die Schüler in Religion unterweisen |
| unterziehen | + D | sie werden einer Dopingkontrolle unterzogen |
| urteilen | nach + D | nach seinem ersten Eindruck urteilen |
| | über + A | über den Geschmack des Weines urteilen |
| sich verabreden | mit + D | sich mit einem Bekannten verabreden |
| | zu + D | sie verabredeten sich zu einem Treffen |
| sich verabschieden | von + D | sich von den Gästen verabschieden |
| sich verändern | zu + D | sie hat sich zu ihrem Vorteil verändert |

| | | |
|---|---|---|
| veranlassen | zu + D | der günstige Preis veranlasste ihn zum Kauf |
| verarbeiten | zu + D | Kakao wird zu Schokolade verarbeitet |
| (sich) verbergen | vor + D | sein Gesicht / sich vor den Fotografen verbergen |
| verbessern | um + A | den Weltrekord um einen Meter verbessern |
| sich verbeugen | vor + D | sich vor dem applaudierenden Publikum verbeugen |
| verbinden | mit + D | jemanden telefonisch mit Herrn X verbinden |
| verbrennen | zu + D | die geheimen Papiere verbrannten zu Asche |
| sich verbrüdern | mit + D | sich mit seinen früheren Feinden verbrüdern |
| sich verbünden | mit + D | Deutschland verbündete sich mit Japan |
| sich verbürgen | für + A | sich für einen Freund verbürgen |
| verdächtigen | + G | man verdächtigte ihn des Diebstahls |
| verdammen | zu + D | Pestkranke wurden zur Isolation verdammt |
| sich verderben | mit + D | es sich mit seinem Vorgesetzten verderben |
| verdienen | an + D | gut an einem Geschäft verdienen |
| | mit + D | viel mit seiner Arbeit verdienen |
| verdrängen | aus + D | jemanden aus der Spitzenposition verdrängen |
| vereidigen | auf + A | den Präsidenten auf die Verfassung vereidigen |
| sich vereinen | mit + D | der Rhein vereint sich mit der Mosel |
| | zu + D | sich zu einer Koalition vereinen |
| sich vereinigen | mit + D | das Bündnis 90 vereinigte sich mit den Grünen |
| | zu + D | die Parteien vereinigten sich zum Bündnis 90/ Die Grünen |
| verfügen | über + A | über einen scharfen Verstand verfügen |
| verführen | zu + D | Zigarettenreklame verführt Kinder zum Rauchen |
| vergeben | + D | er hat dem Mörder nie vergeben können |
| | an + A | einen Auftrag an jemanden vergeben |
| sich vergehen | an + D | sich an unschuldigen Kindern vergehen |
| | gegen + A | sich gegen ein ungeschriebenes Gesetz vergehen |
| vergelten | mit + D | Böses mit Gutem vergelten |
| vergleichen | mit + D | ein Angebot mit einem anderen vergleichen |
| verhandeln | über + A | über den Kaufpreis verhandeln |
| verhängen | über + A | das Kriegsrecht über das Land verhängen |
| verheimlichen | vor + D | die Wahrheit vor jemandem verheimlichen |
| sich verheiraten | mit + D | er verheiratet sich mit der jüngsten Tochter |
| verhelfen | zu + D | seine Erbschaft hat ihm zum Reichtum verholfen |
| verkaufen | an + A | seinen Computer an jemanden verkaufen |
| | zu + D | eine Ware zu einem guten Preis verkaufen |
| verkehren | mit + D | er verkehrte mit den einflussreichsten Leuten |
| verklagen | auf + A | jemanden auf Schadensersatz verklagen |
| verknüpfen | mit + D | er verknüpft seine Hobbys mit der Arbeit |
| verlangen | nach + D | er verlangte beim Verhör nach seinem Anwalt |
| | von + D | der Erpresser verlangt Lösegeld vom Opfer |
| verlängern | auf + A | die Arbeitszeit auf sechs Wochentage verlängern |
| | um + A | die Ärmel um ein paar Zentimeter verlängern |
| sich verlassen | auf + A | sich auf seine Freunde verlassen können |
| sich verlaufen | in + D | die Spur verläuft sich im Sand |
| (sich) verlegen | auf + A | sich auf den Handel mit Autos verlegen / ihn auf Station 5 verlegen |
| verleiten | zu + D | jemanden zu einer kriminellen Tat verleiten |
| sich verlieben | in + A | sich in einen interessanten Mann verlieben |
| verlieren | an + D | Entfernungen verlieren immer mehr an Bedeutung |
| sich verloben | mit + D | Peter verlobt sich mit meiner Schwester |

Verbliste I

| | | |
|---|---|---|
| vermieten | **an + A** | ein Auto an jemanden vermieten |
| veröffentlichen | **bei + D** | ein Werk bei einem Verlag veröffentlichen |
| | **in + D** | einen Leserbrief in der Zeitung veröffentlichen |
| verpachten | **an + A** | sein Land an einen Bauern verpachten |
| (sich) verpflichten | **zu + D** | sie/sich zu höheren Leistungen verpflichten |
| verraten | **an + A** | ein Geheimnis an jemanden verraten |
| sich verschanzen | **hinter + D** | sich hinter einer Barrikade verschanzen |
| verschenken | **an + A** | Blumen an das Brautpaar verschenken |
| verschieben | **auf + A** | den Termin auf die nächste Woche verschieben |
| sich verschließen | **+ D** | er verschließt sich seinen Argumenten |
| verschonen | **mit + D** | jemanden mit seinen Witzen verschonen |
| verschwinden | **aus + D** | das Geld ist aus dem Tresor verschwunden |
| sich verschwören | **gegen + A** | sich gegen den Präsidenten verschwören |
| versehen | **mit + D** | man versah das Bild mit einem wertvollen Rahmen |
| sich versetzen | **in + A** | sich in die Lage eines anderen versetzen |
| (sich) versichern | **bei + D** | das Auto / sich bei jener Versicherung versichern |
| | **gegen + A** | die Wohnung / sich gegen Wasserschäden versichern |
| sich versöhnen | **mit + D** | sich nach dem Streit mit seiner Frau versöhnen |
| versorgen | **mit + D** | die Flüchtlinge mit dem Nötigsten versorgen |
| sich verspäten | **mit + D** | wir haben uns mit dem Essen verspätet |
| (sich) verstecken | **vor + D** | sein Geld / sich vor möglichen Einbrechern verstecken |
| verstehen | **unter + D** | unter H-Milch versteht man haltbare Milch |
| | **von + D** | er versteht etwas von Elektronik |
| sich verstehen | **auf + A** | sich auf den Umgang mit Tieren verstehen |
| | **mit + D** | sie versteht sich wunderbar mit ihrem Freund |
| verstoßen | **aus + D** | jemanden aus der Gemeinschaft verstoßen |
| | **gegen + A** | gegen die Verkehrsregeln verstoßen |
| sich verstricken | **in + A** | sich in Widersprüche verstricken |
| sich versuchen | **als + N** | er versuchte sich als Clown im Zirkus |
| | **in + D** | sich in der Politik versuchen |
| (sich) verteidigen | **gegen + A** | jemanden/sich gegen einen Vorwurf verteidigen |
| | **vor + D** | jemanden/sich vor dem Untersuchungsausschuss verteidigen |
| verteilen | **an + A** | Flugblätter an die Passanten verteilen |
| | **auf + A** | die Last auf alle Schultern verteilen |
| | **unter + D** | Flugblätter unter den Passanten verteilen |
| sich vertiefen | **in + A** | sich in eine spannende Lektüre vertiefen |
| sich vertragen | **mit + D** | sich mit seinen Geschwistern gut vertragen |
| vertrauen | **+ D** | er vertraute seinem Hausarzt |
| | **auf + A** | auf die göttliche Hilfe vertrauen |
| vertreiben | **aus + D** | Adam und Eva wurden aus dem Paradies vertrieben |
| verüben | **an + D** | Verbrechen an den Gefangenen verüben |
| verurteilen | **zu + D** | jemanden wegen eines Delikts zu einer Haftstrafe verurteilen |
| sich verwandeln | **in + A** | sich in einen Prinzen verwandeln |
| verwechseln | **mit + D** | ich habe ihn aus der Ferne mit dir verwechselt |
| verweisen | **+ G** | jemanden des Landes verweisen |
| | **an + A** | einen Ratsuchenden an jemanden verweisen |
| | **auf + A** | auf ein Zitat Kants verweisen |
| | **von + D** | er wurde von der Schule verwiesen |
| verwenden | **als + A** | man verwendet Kümmel als Gewürz |

| | | |
|---|---|---|
| | **auf + A** | viel Mühe auf sein Hobby verwenden |
| | **zu + D** | eine Lupe zum Lesen verwenden |
| sich verwenden | **für + A** | sich beim Chef für einen Kollegen verwenden |
| verwickeln | **in + A** | jemanden in ein Gespräch verwickeln |
| verzeihen | **+ D** | er konnte ihr nicht verzeihen |
| verzichten | **auf + A** | auf eine Beförderung verzichten |
| verzieren | **mit + D** | das Haar mit einer hübschen Schleife verzieren |
| (sich) verzinsen | **mit + D** | das Sparguthaben mit 3 Prozent verzinsen / etwas verzinst sich mit 3 Prozent |
| verzweifeln | **an + D** | sie verzweifelte an ihren Geldsorgen |
| vorangehen | **+ D** | der Politiker ging dem Demonstrationszug voran |
| vorausgehen | **+ D** | sie gingen den anderen Wanderern voraus |
| vorauslaufen | **+ D** | der Hund lief den Spaziergängern voraus |
| vorbeifahren | **an + D** | an einer Sehenswürdigkeit vorbeifahren |
| vorbeigehen | **an + D** | an einem Schuhgeschäft vorbeigehen |
| vorbeikommen | **an + D** | an der Schule vorbeikommen |
| (sich) vorbereiten | **auf + A** | sich/jemanden auf die Prüfung vorbereiten |
| vorhergehen | **+ D** | dem Absturz ging eine heftige Explosion vorher |
| vorkommen | **+ D** | die Geschichte kommt mir unglaubwürdig vor |
| vorlesen | **aus + D** | einem Kind etwas aus einem Buch vorlesen |
| vorliegen | **+ D** | die Ergebnisse der Untersuchung liegen mir vor |
| vorschweben | **+ D** | mir schwebt ein technischer Beruf vor |
| sich vorsehen | **vor + D** | sich vor gefährlichen Spalten im Eis vorsehen |
| vorsorgen | **für + A** | für sein Alter finanziell vorsorgen |
| vorübergehen | **an + D** | einfach an dem Bettler vorübergehen |
| wachen | **über + A** | über die Gesundheit seiner Kinder wachen |
| wachsen | **+ D** | ihm ist ein grauer Bart gewachsen |
| wählen | **unter + D** | unter verschiedenen Optionen wählen |
| | **zu + D** | jemanden zum Vorsitzenden wählen |
| warnen | **vor + D** | die Bevölkerung vor dem Sturm warnen |
| warten | **auf + A** | auf den Bus warten |
| weglaufen | **+ D** | seine Katze ist ihm weggelaufen |
| | **von + D** | sie ist öfter von zu Hause weggelaufen |
| | **vor + D** | vor dem Verfolger weglaufen |
| sich wehren | **gegen + A** | sich gegen einen Angriff wehren |
| wehtun | **+ D** | mir tut der Bauch weh |
| weichen | **+ D** | wir weichen nur der Gewalt |
| weinen | **über + A** | über die Trennung von einem Freund weinen |
| | **um + A** | um einen geliebten Menschen weinen |
| weisen | **auf + A** | auf den Polarstern am Himmel weisen |
| weitergeben | **an + A** | eine Nachricht an jemanden weitergeben |
| sich wenden | **an + A** | sich an einen Arzt wenden |
| | **gegen + A** | sich gegen eine falsche Autorität wenden |
| | **zu + D** | sich zum Publikum wenden |
| werben | **für + A** | für ein neues Waschmittel werben |
| | **um + A** | die Bahn wirbt mit Aktionen um mehr Passagiere |
| werden | **aus + D** | aus seinen Kindern sind Geschäftsleute geworden |
| | **zu + D** | Gäste werden manchmal zu einer Belastung |
| werfen | **nach + D** | Steine nach dem Hund werfen |
| wetteifern | **mit + D** | er wetteifert mit seinem großen Bruder |
| | **um + A** | die Schüler wetteifern um den ersten Platz |

Verbliste I

| | | |
|---|---|---|
| wetten | **um + A** | wir wetten um eine Kiste Champagner |
| wickeln | **um + A** | Geschenkpapier um das Buch wickeln |
| sich widersetzen | **+ D** | man widersetzte sich dem Befehl der Okkupanten |
| sich widerspiegeln | **in + D** | Frustration spiegelt sich im Wahlergebnis wider |
| widersprechen | **+ D** | sie widersprach seiner Meinung |
| widerstehen | **+ D** | das Volk widerstand dem Diktator |
| widerstreben | **+ D** | mir widerstrebt der Nationalismus der Völker |
| (sich) widmen | **+ D** | sie widmet sich ganz ihren Kindern / er widmet ihr das Buch |
| wimmeln | **von + D** | am Strand wimmelt es von Touristen |
| sich winden | **um + A** | die Schlange windet sich um den Ast |
| winken | **+ D** | die Kinder auf der Brücke winkten den Autos |
| wirken | **auf + A** | das Medikament wirkt auf das Nervensystem |
| wissen | **über + A** | er weiß nichts über ihre Liebe zu ihm |
| | **um + A** | man weiß um die Gefahren für Kinder im Verkehr |
| | **von + D** | er wusste nichts von ihrem Geheimnis |
| wohl tun | **+ D** | die Ruhe tat ihr wohl |
| sich wundern | **über + A** | sie wundert sich über den Fremden an der Tür |
| würdigen | **+ G** | sie würdigte ihn keines Blickes |
| zahlen | **an + A** | seine Schulden an seinen Gläubiger zahlen |
| | **für + A** | für die Zeche zahlen |
| zählen | **auf + A** | wir zählen auf deine finanzielle Unterstützung |
| | **zu + D** | Helium zählt zu den Edelgasen |
| sich zanken | **mit + D** | er zankt sich immer mit seinem älteren Bruder |
| | **über + A** | sie zanken sich über das Haushaltsgeld |
| zehren | **an + D** | der Stress im Büro zehrte an seinen Kräften |
| zeigen | **auf + A** | das Kind zeigte auf den Behinderten |
| | **nach + D** | das Fenster zeigt nach Süden |
| zerbrechen | **an + D** | das Schiff zerbrach an einem Riff |
| zerschellen | **an + D** | das Boot zerschellte an den Klippen |
| zielen | **auf + A** | auf die Zielscheibe zielen |
| zittern | **vor + D** | die Schiffbrüchigen zitterten vor Kälte |
| zögern | **mit + D** | sie zögert noch mit der Vertragsunterzeichnung |
| sich zubewegen | **auf + A** | sich langsam auf den Schmetterling zubewegen |
| zubinden | **mit + D** | er bindet den Sack mit einem Strick zu |
| (sich) zudecken | **mit + D** | sie deckte ihr Kind / sich mit ihrem Mantel zu |
| zufließen | **+ D** | die Hundesteuer fließt der Gemeinde zu |
| sich zufrieden geben | **mit + D** | er gibt sich mit der Antwort nicht zufrieden |
| zufrieden lassen | **mit + D** | er lässt ihn mit seinen Wünschen nicht zufrieden |
| zugehen | **auf + A** | auf einen Bekannten zugehen und ihn grüßen |
| sich zugesellen | **+ D** | er gesellte sich der lustigen Gruppe zu |
| zugrunde liegen | **+ D** | jeder Ehe liegt ein Vertrag zugrunde |
| zuhören | **+ D** | wir hörten seinem Vortrag zu |
| zujubeln | **+ D** | man jubelte der siegreichen Mannschaft zu |
| zukommen | **auf + A** | die Gewitterwolken kamen auf uns zu |
| zulächeln | **+ D** | die Stewardess lächelte den Passagieren zu |
| zulaufen | **+ D** | ihr ist eine fremde Katze zugelaufen |
| | **auf + A** | der Hund lief auf sein Herrchen zu |
| zumarschieren | **auf + A** | die Soldaten marschierten aufs Parlament zu |
| zunehmen | **an + D** | an Umfang und Gewicht zunehmen |

| | | |
|---|---|---|
| zunicken | **+ D** | der Professor nickte dem Fragesteller zu |
| zurechtkommen | **mit + D** | ich komme mit der Gebrauchsanweisung zurecht |
| zureden | **+ D** | er versuchte, der verzweifelten Frau zuzureden |
| zürnen | **+ D** | die Götter zürnten den Menschen |
| zurückführen | **auf + A** | man führt die Pest auf mangelnde Hygiene zurück |
| zurückgehen | **auf + A** | der Brauch geht auf eine lange Tradition zurück |
| zurückgreifen | **auf + A** | auf ein bewährtes Heilmittel zurückgreifen |
| zurückhalten | **mit + D** | er hält noch mit der vollen Wahrheit zurück |
| | **von/vor + D** | jemanden von/vor einer dummen Reaktion zurückhalten |
| zurückkommen | **auf + A** | er kam nach dem Exkurs auf sein Thema zurück |
| zurückschrecken | **vor + D** | vor negativen Konsequenzen zurückschrecken |
| zurückweichen | **vor + D** | vor der Übermacht der Angreifer zurückweichen |
| zusagen | **+ D** | die Qualität der Ware sagt mir nicht zu |
| sich zusammenfinden | **zu + D** | sie fanden sich zum Klassentreffen zusammen |
| zusammenhängen | **mit + D** | Eifersucht hängt mit Angst zusammen |
| sich zusammensetzen | **aus + D** | Luft setzt sich aus mehreren Gasen zusammen |
| zusammenstoßen | **mit + D** | das Motorrad stieß mit einem LKW zusammen |
| zuschauen | **+ D** | ich schaue heute Abend dem Endspiel zu |
| | **bei + D** | dem Maler bei der Arbeit zuschauen |
| zusehen | **+ D** | sie sahen den Rettungsarbeiten zu |
| zusetzen | **+ D** | die Krankheit hat ihr schwer zugesetzt |
| zustehen | **+ D** | einer Schwangeren steht Mutterschaftsurlaub zu |
| zusteuern | **auf + A** | das Auto steuerte auf einen Baum zu |
| zustimmen | **+ D** | man stimmte seinen Vorschlägen zu |
| zustoßen | **+ D** | ihr ist etwas Schlimmes zugestoßen |
| | **mit + D** | der Torero stieß mit dem Degen zu |
| zutreffen | **auf + A** | die Beschreibung des Täters trifft auf ihn zu |
| zuvorkommen | **+ D** | man konnte einer Katastrophe zuvorkommen |
| sich zuwenden | **+ D** | er wandte sich seinen Zuhörern zu |
| zweifeln | **an + D** | an der Wahrheit zweifeln |
| (sich) zwingen | **zu + D** | man sollte niemanden zu seinem Glück zwingen / man sollte sich zu nichts zwingen |

er gesellte sich der lustigen Gruppe zu

# Verbliste II

## Verben, sortiert nach Kasus und Präpositionen

Kurze Beispielsätze zu diesen Verben finden Sie in Verbliste I auf Seite 139 ff.

**DATIV**

abhelfen
absagen
abschwören
ähneln
angehören
(sich) anschließen
antworten
auffallen
auflauern
ausgehen
ausgleiten
ausweichen
begegnen
behagen
beiliegen
beipflichten
beistehen
beistimmen
beitreten
bekommen
belieben
bleiben
danken
d(a)reinreden
davonlaufen
dienen
drohen
einfallen
einleuchten
entfallen
entfliehen
entgegengehen
entgegenkommen
entgegnen
entgehen
entgleiten
entkommen
entlaufen
entrinnen
entsprechen
entstammen
entwischen
sich ergeben
ergehen
erliegen
fehlen
fernbleiben
fernstehen
folgen
freistehen
frieren
sich fügen
gebühren
gefallen
sich gegenüberse-
 hen
gehorchen
gehören
gelingen
gelten
genügen
geraten
geschehen
glauben
gleichen
gleichtun
glücken
gratulieren
gut tun
helfen
sich hingeben
hinterherfahren
hinterherlaufen
huldigen
imponieren
kündigen
lauschen
leicht fallen
liegen
missfallen
missglücken
misslingen
missraten
misstrauen
munden
nachblicken
nacheifern
nacheilen
nachfahren
nachfolgen
nachgeben
nachgehen
nachhelfen
nachlaufen
nachstellen
nachtrauern
nachwinken
sich nähern
nahe stehen
nützen
nutzen
offen stehen
passen
passieren
raten
rauchen
schaden
schmecken
schmeicheln
schwer fallen
standhalten
stattgeben
stehen
trauen
trotzen
unterliegen
unterziehen
vergeben
sich verschließen
vertrauen
verzeihen
vorangehen
vorausgehen
vorauslaufen
vorhergehen
vorkommen
vorliegen
vorschweben
wachsen
weglaufen
wehtun
weichen
sich widersetzen
widersprechen
widerstehen
widerstreben
(sich) widmen
winken
wohl tun
zufließen
sich zugesellen
zugrunde liegen
zuhören
zujubeln
zulächeln
zulaufen
zunicken
zureden
zürnen
zusagen
zuschauen
zusehen
zusetzen
zustehen
zustimmen
zustoßen
zuvorkommen
sich zuwenden

## GENITIV

anklagen
sich annehmen
sich bedienen
bedürfen
belehren
sich bemächtigen
berauben
beschuldigen
sich besinnen
bezichtigen
sich enthalten
entheben
sich entledigen
sich entsinnen
sich erbarmen
sich erfreuen
sich erwehren
sich freuen
gedenken
sich schämen
verdächtigen
verweisen
würdigen

## ALS

anerkennen
annehmen
ansehen
anstellen
arbeiten
ausgeben
ausweisen
beginnen
benützen
benutzen
betrachten
beurteilen
bewerten
bezeichnen
darstellen
dienen
empfinden
sich erweisen
fühlen
gelten
kennen
kennzeichnen
sich versuchen
verwenden

## AN + AKKUSATIV

abführen
abgeben
absenden
abtreten
adressieren
anbinden
angrenzen
anklopfen
anknüpfen
anlehnen
annähen
sich anpassen
sich anschmiegen
appellieren
ausgeben
austeilen
(sich) binden
denken
einsenden
sich entsinnen
(sich) erinnern
sich fassen
geraten
(sich) gewöhnen
glauben
grenzen
sich halten
hängen
herangehen
sich heranmachen
sich heranschlei-
  chen
sich heranwagen
klopfen
leiten
liefern
sich machen
nähen
richten
schicken
schreiben
senden
übergeben
überweisen
vergeben
verkaufen
vermieten
verpachten
verraten

verschenken
verteilen
verweisen
weitergeben
sich wenden
zahlen

## AN + DATIV

abholen
abnehmen
anbinden
ändern
anlegen
sich anschließen
arbeiten
auslassen
begehen
sich berauschen
(sich) beteiligen
sich erbauen
sich erfreuen
sich ergötzen
erkennen
erkranken
fehlen
festbinden
festhalten
sich festklammern
sich festkrallen
festmachen
sich freuen
frieren
gewinnen
hängen
haften
hindern
interessieren
klingeln
leiden
liegen
mäkeln
mangeln
mitwirken
nagen
nippen
nörgeln
orientieren
packen
sich rächen
reißen

rütteln
schnuppern
schreiben
sein
sterben
sich stören
sich stoßen
teilhaben
teilnehmen
tragen
sich überessen
übertreffen
verdienen
sich vergehen
verlieren
verüben
verzweifeln
vorbeifahren
vorbeigehen
vorbeikommen
vorübergehen
zehren
zerbrechen
zerschellen
zunehmen
zweifeln

## AUF + AKKUSATIV

abfärben
abstimmen
abzielen
achten
Acht geben
ankommen (kommt an)
anlegen
anspielen
ansprechen
anstoßen
antworten
anwenden
auffahren
aufladen
sich aufmachen
aufpassen
aufprallen
aufspringen
aufsteigen
sich aufstützen
ausüben

Verbliste II

| | | | |
|---|---|---|---|
| sich auswirken | lenken | (sich) vorbereiten | entnehmen |
| bauen | loslassen | warten | entstehen |
| befristen | losstürzen | weisen | entweichen |
| begrenzen | pfeifen | wirken | sich ergeben |
| beißen | pochen | zählen | ersehen |
| sich belaufen | prasseln | zeigen | erwachen |
| sich berufen | prüfen | zielen | erwachsen |
| (sich) beschränken | reagieren | sich zubewegen | erzeugen |
| sich besinnen | reduzieren | zugehen | essen |
| (sich) beziehen | reflektieren | zukommen | fliehen |
| bringen | (sich) reimen | zulaufen | folgen |
| drängen | richten | zumarschieren | folgern |
| dringen | schätzen | zurückführen | gewinnen |
| drucken | schalten | zurückgehen | sich heraushalten |
| drücken | schauen | zurückgreifen | herauslesen |
| sich einbilden | scheinen | zurückkommen | sich herausreden |
| eindringen | schieben | zusteuern | herstellen |
| eingehen | schießen | zutreffen | hervorbrechen |
| sich einigen | schimpfen | | hervorkommen |
| sich einlassen | schließen | **AUF + DATIV** | (sich) informieren |
| sich einrichten | schwören | | lernen |
| (sich) einstellen | sinnen | aufbauen | machen |
| einwirken | spekulieren | aufsetzen | produzieren |
| einzahlen | sich spezialisieren | ausgleiten | quellen |
| entgegnen | steigen | sich ausruhen | ragen |
| entscheiden | stoßen | basieren | resultieren |
| erkennen | (sich) stürzen | beharren | retten |
| erstrecken | (sich) stützen | beruhen | scheiden |
| feuern | trinken | bestehen | schließen |
| fluchen | übergreifen | fußen | schöpfen |
| folgen | überspielen | landen | sprießen |
| sich freuen | übertragen | lasten | sprudeln |
| geben | überweisen | pfeifen | stammen |
| sich gründen | umrüsten | | steigen |
| halten | umschalten | **AUS + DATIV** | (sich) stürzen |
| hauen | umschulen | | trinken |
| hereinfallen | umsteigen | abhauen | verdrängen |
| hinarbeiten | umstellen | auffahren | verschwinden |
| hinausgehen | untersuchen | aufwachen | verstoßen |
| hinauslaufen | vereidigen | ausbrechen | vertreiben |
| hindeuten | verklagen | ausscheiden | vorlesen |
| hinweisen | verlängern | ausschließen | werden |
| hinwirken | sich verlassen | aussteigen | sich zusammenset- |
| hören | sich verlegen | ausstoßen | zen |
| hoffen | verschieben | austreten | |
| horchen | sich verstehen | ausweisen | **BEI + DATIV** |
| klagen | verteilen | befreien | |
| klettern | vertrauen | bestehen | abmelden |
| kommen | verweisen | beziehen | abschreiben |
| sich konzentrieren | verwenden | entkommen | anfragen |
| lauern | verzichten | entlassen | (sich) anmelden |

| | | | |
|---|---|---|---|
| antreffen | aufkommen | sparen | verstoßen |
| anzeigen | sich aufopfern | sprechen | (sich) verteidigen |
| arbeiten | aufwenden | stimmen | sich wehren |
| aufgeben | ausgeben | streiken | (sich) wenden |
| aushalten | aussehen | streiten | |
| sich beklagen | sich aussprechen | sich verbürgen | **IN + AKKUSATIV** |
| bescheißen | sich bedanken | (sich) verwenden | |
| sich beschweren | befinden | versorgen | absteigen |
| bestellen | (sich) begeistern | werben | ändern |
| sich bewerben | behalten | zahlen | aufsteigen |
| bleiben | belohnen | | ausarten |
| einbrechen | bestrafen | **GEGEN +** | ausbrechen |
| einführen | beten | **AKKUSATIV** | auswandern |
| sich erkundigen | bezahlen | | beißen |
| finden | bieten | (sich) abhärten | sich einarbeiten |
| helfen | brauchen | angehen | einbauen |
| hindern | buchen | anstrengen | einbeziehen |
| landen | bürgen | anstürmen | einbrechen |
| sich langweilen | büßen | antreten | eindringen |
| (sich) melden | danken | sich aufbäumen | (sich) einfügen |
| mithalten | sich eignen | sich auflehnen | einführen |
| mithelfen | sich einsetzen | aufmucken | eingehen |
| mitwirken | einspringen | sich aussprechen | eingemeinden |
| nachlesen | einstehen | auswechseln | eingreifen |
| packen | eintreten | behaupten | einladen |
| stillhalten | sich entscheiden | einlegen | einliefern |
| stören | sich entschuldigen | einschreiten | einmarschieren |
| überraschen | erklären | eintauschen | sich einmischen |
| umkommen | fordern | einwenden | einmünden |
| veröffentlichen | garantieren | (sich) entscheiden | einordnen |
| (sich) versichern | geben | (sich) erheben | einschleusen |
| zuschauen | gelten | helfen | einschließen |
| | genügen | intrigieren | (sich) einschreiben |
| **DURCH +** | geradestehen | kämpfen | einsperren |
| **AKKUSATIV** | gewinnen | klagen | einsteigen |
| | haften | meutern | einstufen |
| ausweisen | (sich) halten | polemisieren | eintauchen |
| dividieren | hergeben | prallen | einteilen |
| ersetzen | sich interessieren | protestieren | (sich) eintragen |
| fließen | kämpfen | rebellieren | eintreten |
| hervorrufen | kandidieren | revoltieren | einwandern |
| hindurchsehen | leben | (sich) schützen | einweihen |
| leiten | plädieren | sein | einweisen |
| teilen | sich qualifizieren | sich sperren | einwickeln |
| | sich rächen | stimmen | einwilligen |
| **FÜR +** | reservieren | stoßen | einziehen |
| **AKKUSATIV** | sich revanchieren | sich sträuben | entlassen |
| | sammeln | tauschen | sich ergeben |
| abgeben | schwärmen | vergehen | fließen |
| (sich) anmelden | sein | sich verschwören | sich fügen |
| aufheben | sorgen | sich versichern | geraten |

| | | | |
|---|---|---|---|
| hinabsteigen | (sich) täuschen | ausstatten | enden |
| hineinlassen | (sich) üben | auszeichnen | experimentieren |
| sich hineinversetzen | untergehen | beauftragen | fortfahren |
| leiten | unterrichten | bedecken | fühlen |
| (sich) mischen | unterstützen | bedenken | füllen |
| schneiden | unterweisen | bedrängen | füttern |
| (sich) spalten | sich verlaufen | bedrohen | geizen |
| stecken | veröffentlichen | beehren | geschehen |
| steigen | sich versuchen | sich beeilen | handeln |
| stürzen | sich widerspiegeln | sich befassen | helfen |
| teilen | | sich befreunden | sich herausreden |
| übersetzen | **MIT + DATIV** | beginnen | hinkommen |
| umrechnen | | sich begnügen | (sich) identifizieren |
| umsetzen | (sich) abfinden | sich behelfen | (sich) infizieren |
| umsteigen | sich abgeben | bekannt machen | kämpfen |
| umwandeln | abmessen | beklecksen | kennzeichnen |
| sich verlieben | sich abmühen | beladen | klappen |
| (sich) versetzen | sich abplagen | belästigen | klarkommen |
| sich verstricken | sich abrackern | belasten | knausern |
| sich vertiefen | abschleppen | belegen | kollidieren |
| (sich) verwandeln | abschließen | beliefern | konfrontieren |
| (sich) verwickeln | abspringen | belohnen | konkurrieren |
| | sich abstimmen | belustigen | korrespondieren |
| **IN + DATIV** | (sich) abstoßen | sich beraten | kränken |
| | addieren | (sich) beschäftigen | kurieren |
| absteigen | anfangen | beschießen | langweilen |
| anlegen | angeben | beschmieren | malnehmen |
| (sich) anmelden | sich anlegen | besetzen | meinen |
| aufgehen | anmachen | bespannen | multiplizieren |
| sich auskennen | anreden | sich besprechen | (sich) plagen |
| ausscheiden | anreichern | bespritzen | plaudern |
| sich befinden | ansprechen | betrauen | prahlen |
| beraten | anstecken | betrügen | (sich) prügeln |
| blättern | aufhalten | sich bewaffnen | quälen |
| durchfallen | aufhören | bewerfen | (sich) rasieren |
| einkehren | aufnehmen | bezahlen | raufen |
| einschließen | aufräumen | beziehen | rechnen |
| erblicken | aufziehen | sich brüsten | (sich) rechtfertigen |
| gären | sich auseinander | danebentreffen | reden |
| herumstochern | setzen | davonkommen | reinigen |
| sich herumtreiben | ausfüllen | sich decken | ringen |
| sich irren | ausfüttern | diskutieren | schlafen |
| kramen | ausgießen | dotieren | schließen |
| landen | aushalten | drohen | schmücken |
| lesen | aushelfen | sich durchsetzen | sich solidarisieren |
| nachschlagen | sich auskennen | (sich) eindecken | spielen |
| prüfen | auskommen | sich einigen | sprechen |
| schweben | sich ausrüsten | sich einlassen | streiten |
| schwelgen | ausschmücken | (sich) einreiben | tauschen |
| sich spiegeln | (sich) aussöhnen | (sich) einschmieren | teilen |
| stecken | sich aussprechen | einschüchtern | telefonieren |

| | NACH + DATIV | ÜBER + AKKUSATIV | |
|---|---|---|---|
| tragen | | | lachen |
| sich treffen | | | lächeln |
| (sich) trösten | angeln | | lästern |
| überbacken | anstehen | abgeben | lesen |
| überhäufen | sich anstellen | abstimmen | meditieren |
| überraschen | aussehen | sich ärgern | sich mokieren |
| überschütten | auswandern | sich äußern | murren |
| übertreiben | befragen | sich amüsieren | nachdenken |
| sich überwerfen | benennen | aufklären | nörgeln |
| (sich) umgeben | beurteilen | sich aufregen | (sich) orientieren |
| umgehen | duften | sich ausschweigen | philsophieren |
| umwickeln | sich erkundigen | sich aussprechen | reden |
| sich unterhalten | fahnden | befinden | referieren |
| unterstützen | fiebern | sich beklagen | richten |
| sich verabreden | fischen | beratschlagen | scherzen |
| verbinden | forschen | berichten | schimpfen |
| sich verbrüdern | fragen | sich beschweren | schreiben |
| sich verbünden | geraten | bestimmen | siegen |
| sich verderben | graben | sich beunruhigen | spotten |
| verdienen | greifen | debattieren | sprechen |
| (sich) vereinen | heißen | denken | staunen |
| sich vereinigen | hungern | diskutieren | stolpern |
| vergelten | jagen | sich einigen | sich streiten |
| vergleichen | nennen | sich empören | sich täuschen |
| (sich) verheiraten | ordnen | sich entrüsten | triumphieren |
| verkehren | pfeifen | entscheiden | (sich) trösten |
| verknüpfen | (sich) richten | sich erregen | übereinkommen |
| sich verloben | riechen | erröten | sich unterhalten |
| verschonen | ringen | erschrecken | unterrichten |
| versehen | rufen | sich erstrecken | urteilen |
| (sich) versöhnen | schicken | erzählen | verfügen |
| versorgen | schlagen | fliegen | verhängen |
| sich verspäten | schmecken | fluchen | verhandeln |
| sich verstehen | schmeißen | sich freuen | wachen |
| sich vertragen | schnappen | gebieten | weinen |
| verwechseln | sehen | gleiten | wissen |
| verzieren | sich sehnen | hereinbrechen | sich wundern |
| verzinsen | stinken | herfallen | sich zanken |
| wetteifern | streben | sich hermachen | |
| sich zanken | suchen | herrschen | UM + AKKUSATIV |
| zögern | tasten | herziehen | |
| zubinden | trachten | hinausgehen | abnehmen |
| zudecken | sich umdrehen | hinwegkommen | anhalten |
| sich zufrieden geben | sich umsehen | hinwegsehen | bangen |
| zufrieden lassen | urteilen | sich hinwegsetzen | sich bemühen |
| zurechtkommen | verlangen | (sich) hinwegtrösten | beneiden |
| zurückhalten | werfen | (sich) informieren | betrügen |
| zusammenhängen | zeigen | jammern | betteln |
| zusammenstoßen | | jubeln | sich bewerben |
| zustoßen | | klagen | biegen |
| | | sich klarwerden | bitten |

| | | | |
|---|---|---|---|
| bringen | **VON + DATIV** | denken | sich verabschieden |
| sich drehen | | dispensieren | verlangen |
| sich ermäßigen | abbeißen | sich distanzieren | verstehen |
| ersuchen | abberufen | entbinden | verweisen |
| erweitern | abbrechen | (sich) entfernen | weglaufen |
| feilschen | abbringen | entlasten | wimmeln |
| flehen | abbuchen | erben | wissen |
| fragen | abfahren | sich erholen | zurückhalten |
| fürchten | abführen | (sich) ernähren | |
| geben | sich abgrenzen | erwachen | **VOR + DATIV** |
| sich greifen | abhängen | erwarten | |
| sich handeln | abhalten | erzählen | sich ängstigen |
| herumkommen | abhauen | fern halten | beben |
| herumreden | sich abheben | fordern | behüten |
| kämpfen | abholen | fortlaufen | beschützen |
| klagen | sich abkehren | (sich) freimachen | bewahren |
| kommen | abkommen | freisprechen | sich drücken |
| sich kümmern | abladen | genesen | sich ekeln |
| nachsuchen | ablassen | grüßen | erröten |
| sich prügeln | ablenken | halten | erschrecken |
| sich ringeln | ablesen | handeln | erstarren |
| ringen | abmachen | herabfallen | fliehen |
| rufen | abmelden | herrühren | flüchten |
| sich scharen | abraten | herunterfallen | sich fürchten |
| sich scheren | abrücken | herunterspringen | geheim halten |
| schlingen | abschirmen | hören | glänzen |
| sich sorgen | abschneiden | kommen | grauen |
| spielen | abschreiben | kurieren | grausen |
| sich streiten | abschweifen | lassen | sich gruseln |
| trauern | absehen | leben | sich hüten |
| überbieten | abspalten | sich leihen | sich krümmen |
| überziehen | abspringen | lernen | rasen |
| verbessern | abstammen | (sich) lösen | retten |
| verlängern | absteigen | loskommen | sich schämen |
| weinen | abstoßen | losmachen | schaudern |
| werben | abtreten | sich losreißen | sich scheuen |
| wetteifern | abwaschen | sich lossagen | schreien |
| wetten | abwehren | profitieren | schützen |
| wickeln | abweichen | reden | sterben |
| (sich) winden | abwenden | reinigen | stöhnen |
| wissen | abziehen | (sich) scheiden | strotzen |
| | annehmen | schreiben | triefen |
| **UNTER + AKKUSATIV** | aufheben | schwärmen | verbergen |
| | auflesen | sprechen | sich verbeugen |
| verteilen | aufstehen | subtrahieren | verheimlichen |
| | ausgehen | suspendieren | verstecken |
| **UNTER + DATIV** | sich ausruhen | träumen | verteidigen |
| | ausschließen | (sich) trennen | sich vorsehen |
| leiden | befreien | überzeugen | warnen |
| verstehen | benachrichtigen | übrig lassen | weglaufen |
| wählen | berichten | (sich) unterscheiden | zittern |

zurückhalten
zurückschrecken
zurückweichen

**ZU + DATIV**

abordnen
anbieten
(sich) anmelden
anregen
anreizen
sich anschicken
ansetzen
anspornen
anstehen
anstiften
antreiben
antreten
aufbauen
auffordern
sich aufraffen
aufrufen
aufschauen
aufsehen
aufspielen
aufstapeln
aufsteigen
ausersehen
ausholen
befähigen
beglückwünschen

beitragen
bekehren
sich bekennen
bemerken
benützen
benutzen
berechtigen
berufen
bestellen
bestimmen
beten
bevollmächtigen
(sich) bewegen
degradieren
dienen
drängen
sich durchringen
sich eignen
einladen
einteilen
einziehen
entscheiden
sich entschließen
(sich) entwickeln
erheben
ermächtigen
ermahnen
ernennen
erziehen
finden

fordern
gehören
gelangen
sich gesellen
gratulieren
greifen
heranwachsen
herausfordern
hinaufblicken
hinaufschauen
hinaufsehen
hinfinden
hinführen
hinsehen
hinzukommen
hinzuziehen
inspirieren
kommen
krönen
mahlen
mahnen
meinen
neigen
nötigen
nützen
nutzen
passen
raten
rechnen
reizen

sagen
schicken
schweigen
sprechen
taugen
treiben
überlaufen
überreden
sich verabreden
(sich) verändern
veranlassen
verarbeiten
verbrennen
verdammen
(sich) vereinen
(sich) vereinigen
verführen
verhelfen
verkaufen
verleiten
verpflichten
verurteilen
verwenden
wählen
sich wenden
werden
zählen
sich zusammen-
   finden
zwingen

**Verbliste II**

**Nomen**

# Übungen zu Nomen

## Welche Präposition fehlt?

Wenn Sie Hilfe brauchen, dann schauen Sie doch in der Liste
auf den Seiten 195 ff. nach.

die Abgabe, -n
 Die Abgaben _____ die Gemeinde für die Müllabfuhr sind gestiegen.

die Abhärtung
 Eine Sauna dient zur Abhärtung _____ Erkältungskrankheiten.

das Abkommen, -
 Die Diplomaten schlossen ein Abkommen _____ den Reiseverkehr.

die Abneigung
 Er hatte eine Abneigung _____ lange Reden.

der Abschied
 Der Abschied _____ ihren Eltern fiel ihr schwer.

der Abstand, -̈e
 Der Abstand vom Fenster _____ Tür beträgt zwei Meter.
 Der Abstand _____ den Läufern betrug wenige Meter.

die Achtung
 Man hatte große Achtung _____ seinen sportlichen Leistungen.

die Ähnlichkeit, -en
 Die Ähnlichkeit des Films _____ der Romanvorlage ist nur gering.
 Die Ähnlichkeit _____ den Zwillingen war verblüffend.

die Anerkennung
 Die Anerkennung _____ politischer Flüchtling ist nicht einfach.

die Anfrage, -n
 Unsere Anfrage _____ Finanzamt brachte keine Ergebnisse.

die Angleichung
 Die Angleichung des Ostens _____ den Westen wird Jahre dauern.

die Angliederung
 Die Angliederung der Türkei _____ die EU wurde vollzogen.

der Angriff, -e
 Der Angriff _____ die Stadt begann aus der Luft.

**die Angst, ⸚e**
　Die Mutter hatte Angst _____ ihr krankes Kind.
　Deine Angst _____ Mäusen ist übertrieben.

**die Anhebung, -en**
　Die Anhebung der Gehälter _____ 6 % wurde beschlossen.

**das Anrecht, -e**
　Er hat als Sohn ein Anrecht _____ die Erbschaft.

**der Anschlag, ⸚e**
　Das Attentat war ein Anschlag _____ die Demokratie.

**der Anschluss, ⸚e**
　Sie haben Anschluss _____ den Zug nach München von Gleis 5.

**die Ansprache, -n**
　Der Redner hielt nur eine kurze Ansprache _____ die Gäste.

**der Anspruch, ⸚e**
　Arbeitslose haben einen Anspruch _____ Unterstützung.

**die Ansteckung**
　Die Ansteckung _____ der Krankheit ist lebensgefährlich.

**der Anteil, -e**
　Er wollte den Hauptanteil _____ der Beute haben.

**die Anteilnahme**
　Sie dankte für die Anteilnahme _____ Tod ihres Mannes.
　Die Anteilnahme _____ Schicksal der Flüchtlinge war anfangs groß.

**der Antrag, ⸚e**
　Er stellte einen Antrag _____ Sozialhilfe.
　Sie stellte den Antrag _____ das Amt für Wohngeld.

**die Antwort, -en**
　Mir fiel keine Antwort _____ seine Frage ein.

**die Anwendung, -en**
　Die Anwendung des Strafgesetzes _____ Kinder ist unzulässig.

**der Appetit**
　Ich habe jetzt Appetit _____ Erdbeertorte mit Sahne.

**die Arbeit, -en**
　Die Arbeiten _____ seinem Manuskript machen Fortschritte.

**der Ärger**
　Der Ärger _____ der Baubehörde nahm kein Ende.
　Der Ärger _____ seine Nachbarn lässt ihn nicht schlafen.

**die Armut**
　Das Land leidet unter der Armut _____ Rohstoffen.

*Übungen zu Nomen*

das Attentat, -e
   Das Attentat _____ den Minister misslang glücklicherweise.

die Aufforderung, -en
   Die Aufforderung _____ Solidarität wurde kaum beherzigt.

die Auflehnung
   Die Auflehnung _____ die Diktatur kam unerwartet.

der Aufstieg
   Der Aufstieg _____ den Berggipfel wurde verschoben.
   Der Aufstieg des Landes _____ führenden Industriemacht begann nach 1945.

der Auftrag, ⸚e
   Die Aufträge _____ dieses Gerät sind storniert worden.
   Die Polizisten haben den Auftrag _____ Hausdurchsuchung.

der Ausbau
   Der Ausbau des Daches _____ einer Wohnung wird geplant.

der Ausbruch, ⸚e
   Der Ausbruch _____ der Zelle war von langer Hand vorbereitet.

die Ausleihe
   Die Ausleihe _____ die Bibliotheksbenutzer erfolgt nur morgens.

die Auslieferung
   Die Auslieferung der Zeitung _____ die Kioske wurde verhindert.

die Ausrüstung, -en
   Die Ausrüstung der Polizei _____ neuen Waffen wurde diskutiert.

der Ausschluss, ⸚e
   Der Ausschluss _____ der Partei war dem Schriftsteller egal.

der Ausschnitt, -e
   Der Schriftsteller las einen Ausschnitt _____ seinem Buch.

die Aussicht
   Deine Bitte hat kaum Aussicht _____ Erfolg.

die Aussprache
   Die Aussprache _____ die geplanten Reformen kam überraschend.

die Ausstattung, -en
   Die Ausstattung _____ neuen Computern kostet viel Geld.

der Ausstieg
   Der Ausstieg _____ der Nuklearwirtschaft ist umstritten.

der Bedarf
   Der Bedarf _____ hochwertigen Waren ist gestiegen.

die Befähigung
   Die Befähigung _____ Studium muss man durch das Abitur nachweisen.

der Befehl, -e
  Er gab den Befehl _____ Angriff.

die Beförderung, -en
  Seine Beförderung _____ Abteilungsleiter war vorherzusehen.

die Befreiung
  Die Befreiung _____ dem Gefängniskrankenhaus wurde verhindert.
  Die Befreiung _____ der Besatzungsarmee wurde überall gefeiert.

der Beitrag, ⸚e
  Seine Politik war ein wichtiger Beitrag _____ Entspannung.

die Bekanntschaft, -en
  Ich habe leider noch keine Bekanntschaft _____ ihr gemacht.

das Bekenntnis, -se
  Sein Bekenntnis _____ einer Sekte hat alle überrascht.

die Beliebtheit
  Die Beliebtheit der neuen Lehrerin _____ den Schülern ist groß.

die Belohnung, -en
  Die Belohnung _____ den ehrlichen Finder beträgt DM 500,–.
  Die Belohnung _____ Zuckerstücken ist ungesund für Tiere.

die Bemühung, -en
  Alle Bemühungen _____ eine Wohnung sind erfolglos geblieben.

die Benennung, -en
  Die Benennung der Stadt _____ Karl Marx wurde wieder geändert.

die Benutzung
  Die Benutzung der Straße _____ Spielplatz ist zu gefährlich.

die Berechtigung
  Ihre Berechtigung _____ einen Aufenthalt in diesem Land ist befristet.

die Bereitschaft
  Die Bereitschaft der Bevölkerung _____ Geldspenden war groß.

die Berufung
  Die Berufung _____ das geltende Recht half ihm nicht.
  Er legte Berufung _____ das Urteil der ersten Instanz ein.
  Die Berufung _____ Minister geschieht immer durch den Kanzler.

der Beschluss, ⸚e
  Der Beschluss _____ die Gesetzesvorlage wurde vertagt.

die Beschränkung, -en
  Die Beschränkung _____ das Wesentliche ist manchmal nötig.

die Beschwerde, -n
  Beschwerden _____ ruhestörenden Lärm sind Sache der Polizei.

*Übungen zu Nomen*

die Besinnung
  Wir erleben eine Rückbesinnung _____ alte Traditionen.

die Bestrebung, -en
  Alle Bestrebungen _____ Erhöhung der Verkehrssicherheit sind gut.

der Besuch, -e
  Mein Besuch _____ meinem Freund dauert nur zwei Tage.

die Beteiligung, -en
  Die Beteiligung der Arbeiter _____ Gewinn ist eine gute Sache.

die Bewerbung, -en
  Ihre Bewerbung _____ die ausgeschriebene Stelle ist aussichtslos.

die Beziehung, -en
  Unsere Beziehungen _____ den Nachbarländern sind erfreulich.

die Bitte, -n
  Ich habe eine kleine Bitte _____ Sie.
  Seine Bitte _____ eine Gehaltserhöhung war erfolgreich.

der Dank
  Der Chef vergaß nicht den Dank _____ die Kollegen.
  Hier ist ein Geschenk als Dank _____ Ihre Hilfe.

der Druck
  Der Druck der Opposition _____ die Regierung nahm zu.

der Durst
  Ich hätte jetzt Durst _____ eine Cola!

der Eid
  Der Präsident legte einen Eid _____ die Verfassung ab.

die Eifersucht
  Ihre Eifersucht _____ andere Frauen ist völlig grundlos.

die Eignung
  Die Eignung _____ Studium wird durch das Abitur nachgewiesen.

die Einbindung
  Die Einbindung der Bundesrepublik _____ die EU ist wichtig.

der Eindruck, ⁻e
  Der Neue hat einen guten Eindruck _____ mich gemacht.

der Einfluss, ⁻e
  Kohlendioxid hat einen gefährlichen Einfluss _____ das Klima.

die Einführung, -en
  Der Professor gibt eine Einführung _____ die Politikwissenschaft.

der Eingang
  Dem Außenminister ist der Eingang _____ die Geschichte sicher.

der Eingriff, -e
   Das Abhören des Telefons war ein Eingriff _____ seine Rechte.

die Einladung, -en
   Ihre Einladung _____ die Oper kann ich nicht annehmen.
   Die Einladung _____ Hochzeit kam per Telegramm.

die Einmündung, -en
   Er wohnt an der Einmündung des Weges _____ die Hauptstraße.

der Einschnitt, -e
   Die Krankheit war ein schwerer Einschnitt _____ sein Leben.

die Einschreibung, -en
   Die Einschreibung _____ der Volkshochschule beginnt heute.
   Die Einschreibung _____ den Deutschkurs hat schon begonnen.

die Einsicht
   Es fehlt ihr an Einsicht _____ die Notwendigkeit zum Handeln.

die Einsparung, -en
   Unsere Einsparungen _____ Kosten für Energie sind gestiegen.

der Einspruch, ̈e
   Der Einspruch _____ den Bußgeldbescheid war erfolgreich.

die Einstellung, -en
   Die Einstellung von Frauen _____ Möbelpacker ist keine gute Idee.
   Wie ist Ihre Einstellung _____ den Zielen der Rechtsradikalen?

der Eintrag, ̈e
   Schlechte Schüler bekommen einen Eintrag _____ Klassenbuch.

der Eintritt
   Beim Eintritt _____ Gymnasium muss man keine Prüfung ablegen.

der Einwand, ̈e
   Meine Einwände _____ den Autokauf wollte sie nicht hören.

die Einweisung
   Er hat keinerlei Einweisung _____ seine neue Tätigkeit erhalten.

die Einwirkung
   Die Einwirkung der Gewalt im Fernsehen _____ Kinder ist bekannt.

der Ekel
   Sie kann ihren Ekel _____ Spinnen nicht überwinden.

die Empfindlichkeit
   Die Empfindlichkeit der Haut _____ Sonne ist unterschiedlich.

die Entlassung, -en
   Nach der Entlassung _____ dem Gefängnis war er arbeitslos.

die Entscheidung, -en
　Die Opposition forderte eine Entscheidung _____ den Autobahnbau.

die Entschlossenheit
　Die Entschlossenheit der Arbeiter _____ Streik war deutlich.

der Entschluss, ⸚e
　Der Entschluss _____ Handeln kam zu spät.

die Entschuldigung
　Er bat um Entschuldigung _____ seine Verspätung.

die Entsendung
　Die Entsendung eines Delegierten _____ dem Kongress scheiterte.

die Erhebung, -en
　Die Erhebung der Bauern _____ den Fürsten wurde niedergeschlagen.

die Erinnerung, -en
　Sie erzählt gern von ihren Erinnerungen _____ ihre Kindheit.

die Erkrankung, -en
　Die Erkrankungen _____ Hautkrebs nehmen zu.

die Ermächtigung
　Der Bote erhielt eine Ermächtigung _____ Empfang des Geldes.

die Ernennung, -en
　Seine Ernennung _____ Präsidenten kam völlig überraschend.

die Erwiderung, -en
　Die Erwiderung des Redners _____ die Frage war unbefriedigend.

die Fähigkeit, -en
　Die Fähigkeit _____ schneller Reaktion lässt bei Alkoholkonsum nach.

die Fahndung
　Die Fahndung _____ den Tätern verlief ergebnislos.

der Fall, ⸚e
　Bei uns ist noch nie ein Fall _____ Diebstahl vorgekommen.

die Flucht
　Die Flucht _____ dem Gefängnis gelang durch einen Tunnel.
　Die Flucht _____ eine Krankheit ist psychologisch zu erklären.
　Sie hatte ihm auf der Flucht _____ der Polizei geholfen.

die Forderung, -en
　Ich verstehe die Forderung der Studenten _____ mehr Wohnheimen.

die Frage, -n
　Die Frage _____ dem Sinn des Lebens ist nicht zu beantworten.

die Freilassung
　Die Freilassung _____ dem Gefängnis geschah am nächsten Tag.
　Die Freilassung erfolgte _____ eine Kaution.

die Freude
　Sie hatte immer viel Freude _____ der Natur.
　Die Freude der Kinder _____ die kommenden Ferien war groß.
　Die Freude _____ das Bestehen der Prüfung war verständlich.

die Furcht
　Du brauchst keine Furcht _____ einem Elefanten zu haben!

die Garantie, -n
　Die Garantie _____ die neue Uhr beträgt ein Jahr.

der Gedanke, -n
　Schon bei dem Gedanken _____ Fliegen wird mir schlecht.

die Geduld
　Unser Lehrer hat einfach keine Geduld _____ Erklären.
　Die Lehrerin hat viel Geduld _____ den Kindern bewiesen.

die Geheimhaltung
　Die Geheimhaltung des Angriffsplans _____ dem Gegner gelang.

die Gelegenheit, -en
　Die Gelegenheit _____ Kauf darfst du dir nicht entgehen lassen.

die Genehmigung
　Man gab uns keine Genehmigung _____ Ausreise.

der Gestank
　Der Gestank _____ Chemikalien ist hier unerträglich.

die Gewandtheit
　Seine Gewandtheit _____ Reden machte ihn zum Regierungssprecher.

die Gewissheit
　Man hat noch keine Gewissheit _____ die Zahl der Opfer.

die Gewöhnung
　Die Gewöhnung _____ Tabletten ist gefährlich.

der Glaube
　Der Glaube _____ einen Gott ist für einen Atheisten irrational.

der Griff, -e
　Der Griff _____ Zigarette nach dem Essen ist eine Gewohnheit.

der Gruß, ⁻e
　Viele Grüße _____ deine Eltern von mir!

die Haftung
　Wir übernehmen keine Haftung _____ die Garderobe der Gäste.

der Hass
　Sein Hass _____ alle Ausländer macht ihn mir unsympathisch.

die Herkunft
　Seine Herkunft _____ einer armen Familie hat er nie verleugnet.

**Übungen zu Nomen**

die Herrschaft
    Man muss die Herrschaft des Menschen _____ Menschen beseitigen.
die Hilfe, -n
    Der Hund leistete Hilfe _____ der Bergung der Opfer.
der Hinweis, -e
    Sein Hinweis _____ die Gefahr nützte nichts.
die Hoffnung
    Es gibt kaum mehr Hoffnung _____ Überlebende des Unglücks.
das Interesse, -n
    Ich habe kein Interesse _____ einem Stierkampf.
die Jagd
    Man machte Jagd _____ den entflohenen Häftling.
    Die Jagd der Reporter _____ Sensationen ist nun mal ihr Beruf.
der Jubel
    Der Jubel der Fans _____ den Fußballsieg dauerte die ganze Nacht.
der Kampf, ⸚e
    Der Kampf _____ die Unterdrücker dauerte viele Jahre.
    Die Kämpfe _____ die belagerte Stadt nahmen an Heftigkeit zu.
die Kapitulation
    Der Krieg endete 1945 mit der Kapitulation _____ den Alliierten.
die Klage, -n
    Ihrer Klage _____ Zahlung von Unterhalt wurde stattgegeben.
    Die Klage _____ das Unternehmen war erfolgreich.
    Ihre Klagen _____ ständige Migräne konnte er nicht mehr hören.
die Konzentration
    Die Konzentration _____ den Verkehr ist beim Fahren wichtig.
die Kritik
    Es gab viel Kritik _____ den Zuständen in den Gefängnissen.
die Lehre, -n
    Er macht eine Lehre _____ Bankkaufmann.
    Viele haben keine Lehren _____ der Geschichte gezogen.
    Die Lehren _____ Karl Marx gelten als nicht mehr zeitgemäß.
das Leiden, -
    Die Leiden der Menschen _____ chronischen Krankheiten nehmen zu.
die Lesung, -en
    Die Lesung _____ seinen eigenen Werken war ein voller Erfolg.
die Liebe
    Die Liebe _____ Heimat wird in vielen Liedern besungen.

der Lohn, ⸚e
    Er erhielt den Lohn _____ seine Arbeit erst einige Monate später.

die Lust
    Ich hatte keine Lust _____ einen langen Spaziergang.
    Hast du Lust _____ einem Waldlauf?

der Mangel, ⸚
    Der Mangel _____ Nachwuchs ist ein Problem für die Klöster.

die Meldung, -en
    Der Soldat macht seine Meldung _____ den Offizier.
    Die Meldung _____ das Unglück ging durch die Presse.

das Misstrauen
    Viele Jugendliche haben Misstrauen _____ Erwachsene.
    Das Misstrauen _____ der Regierung ist gewachsen.

die Mithilfe
    Die Mithilfe der Eltern _____ den Hausaufgaben ist nötig.

die Mitsprache
    Die Mitsprache der Bürger _____ der Entscheidung ist ihr Recht.

die Mitteilung, -en
    Der Zeuge machte eine Mitteilung über die Tat _____ die Polizei.

das Mittel, -
    Wissen Sie ein gutes Mittel _____ Kopfschmerzen?

die Möglichkeit, -en
    Ich hatte nie die Möglichkeit _____ einer Weltreise.

das Monopol, -e
    Die Post hatte das Monopol _____ den Telefonverkehr.

der Mut
    Ihm fehlte der Mut _____ einem Arbeitsplatzwechsel.

die Nachfrage
    Die Nachfrage _____ schnellen Autos ist gestiegen.

die Nachricht, -en
    Nachrichtenagenturen geben ihre Nachrichten _____ die Presse.
    Die Nachricht _____ das Attentat kam an erster Stelle.
    Er hörte die Nachricht _____ einem Unglück im Bergwerk.

die Neugier
    Ihre Neugier _____ das Weihnachtsgeschenk war zu stark.

der Nutzen
    Der Nutzen von Tierversuchen _____ die Menschen ist umstritten.

*Übungen zu Nomen*

das Opfer, -
  Er muss große Opfer _____ Zeit für sein Hobby aufbringen.
  Das Opfer _____ die Ärmsten in der Gemeinde kam spontan.

das Pech
  Er hatte Pech _____ Skatspielen gehabt.
  Wer Pech hat _____ Spiel, hat Glück in der Liebe.
  _____ seinen Blumen hat er immer Pech.

die Produktion
  Die Produktion _____ Lebensmitteln ist zurückgegangen.

die Prüfung, -en
  Die Prüfung _____ Echtheit des Schmucks verlief negativ.
  Die Prüfung _____ Geschichte hat er nicht bestanden.

die Qualifizierung
  Durch die Qualifizierung _____ Chefsekretärin verdiente sie mehr.

die Rache
  Er nahm Rache _____ seinem Richter.
  Er nahm Rache _____ den Mord an seiner Schwester.

der Rausschmiss, -e
  Der Rausschmiss _____ dem Lokal endete mit einer Schlägerei.

die Reaktion, -en
  Wie war eigentlich ihre Reaktion _____ die Nachricht?

die Rechnung, -en
  Die Rechnung _____ die Reparatur beträgt DM 740,–.
  Ich habe eine Telefonrechnung _____ DM 350,– gekriegt.

das Recht, -e
  Jeder sollte ein Recht _____ Arbeit haben.
  Beamte haben kein Recht _____ Streik.

der Reichtum, ¨-er
  Der Reichtum des Landes _____ Bodenschätzen ist bekannt.

der Rekord, -e
  Dieses Jahr haben wir einen Rekord _____ Verkehrsunfällen.
  Er hat einen neuen Rekord _____ 10000 m gelaufen.

der Respekt
  Die Schüler haben wenig Respekt _____ ihrer neuen Lehrerin.

die Rettung
  Ein Hubschrauber brachte die Rettung _____ dem Tod.

die Reue
  Er empfindet keinerlei Reue _____ seine Tat.

das Ringen
  Beim Ringen _____ die Medaille war die Mannschaft erfolgreich.

der Ritt
  Der Ritt _____ einem Kamel durch die Wüste ist anstrengend.

die Rücksicht, -en
  Autofahrer nehmen zu wenig Rücksicht _____ spielende Kinder.

der Ruf, -e
  Der Ruf _____ einer starken Regierung nimmt im Land zu.

die Scheu
  Er gab seinen Fehler aus Scheu _____ einer Blamage nicht zu.

der Schrei, -e
  Man hörte die lauten Schreie der Jungen _____ dem Muttertier.

das Schreiben, -
  Der Eingang des Schreibens _____ die Behörde wurde bestätigt.

die Schuld
  Wer hatte die Schuld _____ dem Verkehrsunfall?

der Schuss, ⁻e
  Man gab einen gezielten Schuss _____ den Flüchtling ab.
  Der Schuss _____ dem Vogel ging daneben.

der Schutz
  Der Baum bot ihnen Schutz _____ dem Regen.

die Sehnsucht
  Er hatte große Sehnsucht _____ seiner Heimat.

der Sieg, -e
  Der Sieg _____ den Schachweltmeister war eine große Leistung.

die Sorge, -n
  Die Sorge _____ ihr krankes Kind ließ sie nicht schlafen.

die Spaltung, -en
  Die Spaltung der Partei _____ zwei Flügel ist ein Problem.

das Spiel, -e
  Beim Spiel _____ den Europapokal gewannen die Holländer.
  Beim Spiel _____ der Schere hat sie sich verletzt.

die Steigerung
  Eine Steigerung des Goldpreises _____ 20 % scheint undenkbar.

der Stolz
  Man sah ihm den Stolz _____ sein neues Cabriolet an.

das Streben
  Das Streben _____ Glück unterscheidet den Menschen vom Tier.

der Streik, -s
  Der Streik _____ die schlechten Arbeitsbedingungen war nötig.
  Der Streik _____ höhere Gehälter dauert schon Wochen.

*Übungen zu Nomen*

der Streit
　　Der Streit _____ meinen Nachbarn geht mir auf die Nerven.
　　Der Streit _____ das Emanzipationsthema ist ein alter Hut.
　　Der Streit der Kinder _____ ihr Spielzeug hat mich genervt.

die Suche
　　Die Suche _____ dem Verschollenen wurde eingestellt.

die Sucht, ¨-e
　　Die Sucht des modernen Menschen _____ Unterhaltung nimmt zu.

das Talent, -e
　　Leider hatte ich nie Talent _____ Singen.

die Teilnahme
　　Die Teilnahme _____ der Demonstration war gefährlich.

die Teilung
　　Die Teilung der Torte _____ gleich große Stücke ist nicht leicht.

die Tendenz, -en
　　Die Tendenz _____ wachsender Kriminalität ist abzusehen.

die Trauer
　　Die Trauer _____ das Unglück war groß.
　　Die Trauer _____ ihren gefallenen Mann war groß.

die Treue
　　Die Treue eines Hundes _____ seinem Herrn ist natürlich.

der Trieb, -e
　　Der Trieb _____ Spielen steckt in jedem Kind.

der Überblick
　　Ich habe keinen Überblick mehr _____ die Situation.

der Überfall, ¨-e
　　Überfälle _____ Banken und Sparkassen haben zugenommen.

der Überfluss, ¨-e
　　In den Kaufhäusern gab es einen Überfluss _____ Waren.

die Übergabe
　　Die Übergabe des Lösegelds _____ den Kidnapper fand nicht statt.

der Übergang, ¨-e
　　Der Übergang vom Sozialismus _____ Marktwirtschaft ist schwer.

die Übersetzung, -en
　　Er hatte die Übersetzung des Buches _____ Deutsche geschrieben.

die Umfrage, -n
　　Man macht eine Umfrage _____ den Einwohnern der Stadt.

der Umgang
　Den sparsamen Umgang _____ Geld hat sie nie gelernt.

der Umstieg
　Der Umstieg _____ ein anderes Studienfach bedeutet Zeitverlust.

die Unterbringung
　Die Unterbringung _____ Studentenwohnheim war eine gute Idee.

der Untergang
　Der Untergang des Schiffes _____ Sturm ging durch alle Medien.

die Unterhaltung
　Die Unterhaltung _____ dem Chef war nicht sehr erfreulich.

der Unterricht
　Der Unterricht _____ Englisch fällt heute aus.

der Unterschied, -e
　Die Unterschiede _____ ihren Ansichten sind ziemlich gering.

die Unterweisung
　Die Unterweisung der Kinder _____ Religion ist freiwillig.

die Urkunde, -n
　Er erhielt eine Urkunde _____ seine Teilnahme beim Lauf.

die Verantwortung
　Der Lehrer trug die Verantwortung _____ die Klasse.

die Verarbeitung
　In der Raffinerie geschieht die Verarbeitung _____ Rohöl.
　Die Verarbeitung von Rohöl _____ Benzin ist kompliziert.

die Verbindung, -en
　Die Verbindung _____ dem Piloten ist unterbrochen.

das Verdienst, -e
　Ihre Verdienste _____ den Aufbau einer Krankenstation sind groß.

die Vergeltung
　Er predigte die Vergeltung von Bösem _____ Gutem.

der Vergleich, -e
　Der Vergleich von Menschen _____ Tieren stimmt nicht immer.

das Verhalten
　Sein Verhalten _____ seinem Chef sollte höflicher sein.

das Verhältnis
　Er hat ein gutes Verhältnis _____ seinen Eltern.

die Verheimlichung
　Die Verheimlichung der Krankheit _____ seiner Frau war falsch.

*Übungen zu Nomen*

der Verkauf, ⁻e
  Der Verkauf von Alkohol _____ Kinder ist verboten.

das Verlangen
  Ältere Menschen haben mehr Verlangen _____ Ruhe.

die Verleihung, -en
  Die Preisverleihung _____ den Dichter wurde im Radio übertragen.

die Verlobung, -en
  Seine Verlobung _____ ihr durfte niemand erfahren.

der Verlust, -e
  Zum Glück war kein Verlust _____ Menschenleben zu beklagen.

der Verrat
  Seine Flucht war ein Verrat _____ unserer gemeinsamen Sache.

der Versand
  Der Versand _____ den Kunden erfolgt per Express.

die Verschwörung, -en
  Die Verschwörung _____ den Diktator wurde aufgedeckt.

das Verständnis
  Ihm fehlt jedes Verständnis _____ höhere Mathematik.

der Verstoß, ⁻e
  Jeder Verstoß _____ die Bestimmungen wird bestraft.

das Vertrauen
  Sie hat kein Vertrauen mehr _____ ihn.
  Er hat auch kein Vertrauen mehr _____ ihr.

die Vertreibung
  Die Vertreibung _____ den Ostgebieten bleibt ein Problem.

die Verurteilung, -en
  Die Verurteilung _____ Tode wurde in „lebenslang" umgewandelt.

die Verwandtschaft
  Seine Verwandtschaft _____ dem Politiker brachte ihm Vorteile.

der Verweis
  Unter Verweis _____ die Schulden gab man ihm keine Kredite mehr.

die Verwendung
  Die Verwendung von Braunkohle _____ Heizen ist umweltschädlich.

die Verwunderung
  Man sah ihm seine Verwunderung _____ den plötzlichen Besuch an.

der Verzicht
  Der Verzicht _____ die gewohnte Zigarre fiel ihm nicht leicht.

die Voraussetzung, -en
    Kreativität ist die Voraussetzung _____ jeden Erfolg.

der Vorrat, ⁻e
    Unsere Vorräte _____ Trinkwasser gingen zu Ende.

der Vorschlag, ⁻e
    Sein Vorschlag _____ Verbesserung wurde angenommen.

der Vorsprung
    Er hatte einen großen Vorsprung _____ seinen Verfolgern.

der Vortrag, ⁻e
    Den Vortrag hielt er _____ einem großen Publikum.

die Wahl, -en
    Seine Wahl _____ Vorsitzenden war einstimmig.

die Warnung, -en
    Warnungen _____ Taschendieben hört man oft an Bahnhöfen.

die Wendung, -en
    Die Medikamente haben eine Wendung _____ Guten bewirkt.

die Werbung
    Die Werbung _____ Zigaretten sollte man verbieten.
    Seine Werbung _____ die Braut war vergeblich.

der Widerstand
    Widerstand _____ Diktatoren wird oft mit dem Leben bezahlt.

das Wissen
    Das Wissen _____ die Probleme allein hilft uns nicht weiter.

die Zahlung, -en
    Die Mietzahlung _____ den Vermieter geschieht im voraus.

der Zorn
    Seinen Zorn _____ die Regierung kann ich gut verstehen.

der Zugriff, -e
    Die Bank verwehrte ihm den Zugriff _____ das Konto seiner Frau.

die Zulassung
    Voraussetzung für die Zulassung _____ Studium ist ein Sprachtest.

die Zunahme
    Die Zunahme _____ Selbstmordversuchen ist erschreckend.

die Zurückhaltung
    Zurückhaltung _____ Trinken ist wichtig, wenn man Auto fährt.

der Zusammenschluss, ⁻e
    Zusammenschlüsse _____ gewerkschaftlichen Gruppen sind erlaubt.

das Zusammentreffen
　　Das Zusammentreffen _____ dem Agenten geschah konspirativ.

der Zuschuss, ⸚e
　　Der Arbeitgeber gibt einen Zuschuss _____ Krankenversicherung.

die Zuständigkeit, -en
　　Die Zuständigkeit _____ die Autobahnen liegt beim Bund.

die Zustimmung, -en
　　Man gab endlich die Zustimmung _____ dem Kompromissvorschlag.

der Zutritt
　　Nur Betriebsangehörige haben Zutritt _____ Kantine.

der Zuwachs, ⸚e
　　Der Zuwachs _____ Asylanten ist eine Folge politischer Krisen.

der Zwang, ⸚e
　　Der Zwang _____ einem Kompromiss ließ ihm keine Wahl.

der Zweifel, -
　　Man hatte keinen Zweifel _____ der Echtheit des Gemäldes.

# Nomenliste

## Nomen mit Präpositionen

| | | | |
|---|---|---|---|
| die Abgabe, -n | an + A | der Auftrag, ⸚e | für + A |
| die Abhärtung | gegen + A | | zu + D |
| das Abkommen, - | über + A | der Ausbau | zu + D |
| die Abneigung | gegen + A | der Ausbruch, ⸚e | aus + D |
| der Abschied | von + D | die Ausleihe | an + A |
| der Abstand, ⸚e | zu + D | die Auslieferung | an + A |
| | zwischen + D | die Ausrüstung, -en | mit + D |
| die Achtung | vor + D | der Ausschluss, ⸚e | aus + D |
| die Ähnlichkeit | mit + D | der Ausschnitt, -e | aus + D |
| | zwischen + D | die Aussicht | auf + A |
| die Anerkennung | als + N | die Aussprache | gegen + A |
| die Anfrage, -n | an + A | | über + A |
| | bei + D | die Ausstattung, -en | mit + D |
| die Angleichung | an + A | der Ausstieg | aus + D |
| die Angliederung | an + A | | |
| der Angriff, -e | auf + A | der Bedarf | an + D |
| die Angst | um + A | die Befähigung | zu + D |
| | vor + D | der Befehl, -e | zu + D |
| die Anhebung, -en | um + A | die Beförderung, -en | zu + D |
| das Anrecht, -e | auf + A | die Befreiung | aus + D |
| der Anschlag, ⸚e | auf + A | | von + D |
| der Anschluss, ⸚e | an + A | der Beitrag, ⸚e | zu + D |
| die Ansprache, -n | an + A | die Bekanntschaft, -en | mit + D |
| der Anspruch, ⸚e | auf + A | das Bekenntnis, -se | zu + D |
| die Ansteckung | mit + D | die Beliebtheit | bei + D |
| der Anteil, -e | an + D | die Belohnung, -en | für + A |
| die Anteilnahme | bei + D | | mit + D |
| | an + D | die Bemühung, -en | um + A |
| der Antrag, ⸚e | auf + A | die Benennung, -en | nach + D |
| | an + A | die Benutzung | als + N |
| die Antwort, -en | auf + A | die Berechtigung | für + A |
| die Anwendung, -en | auf + A | die Bereitschaft | zu + D |
| der Appetit | auf + A | die Berufung | auf + A |
| die Arbeit, -en | an + D | | gegen + A |
| der Ärger | mit + D | | zu + D |
| | über + A | der Beschluss, ⸚e | über + A |
| die Armut | an + D | die Beschränkung, -en | auf + A |
| das Attentat, -e | auf + A | die Beschwerde, -n | über + A |
| die Aufforderung, -en | zu + D | die Besinnung | auf + A |
| die Auflehnung | gegen + A | die Bestrebung, -en | nach + D |
| der Aufstieg | auf + A | der Besuch, -e | bei + D |
| | zu + D | die Beteiligung, -en | an + D |

| | | | |
|---|---|---|---|
| die Bewerbung, -en | **auf + A** | die Fähigkeit, -en | **zu + D** |
| | **um + A** | die Fahndung | **nach + D** |
| die Beziehung, -en | **zu + D** | der Fall, ⸚e | **von + D** |
| die Bitte, -n | **an + A** | die Flucht | **aus + D** |
| | **um + A** | | **in + A** |
| | | | **vor + D** |
| der Dank | **an + A** | die Forderung, -en | **nach + D** |
| | **für + A** | die Frage, -n | **nach + D** |
| der Druck | **auf + A** | die Freilassung | **aus + D** |
| der Durst | **auf + A** | | **gegen + A** |
| der Eid | **auf + A** | die Freude | **an + D** |
| die Eifersucht | **auf + A** | | **auf + A** |
| die Eignung | **für + A** | | **über + A** |
| | **zu + D** | die Furcht | **vor + D** |
| die Einbindung | **in + A** | | |
| der Eindruck, ⸚e | **auf + A** | die Garantie, -n | **für + A** |
| der Einfluss, ⸚e | **auf + A** | der Gedanke, -n | **an + A** |
| die Einführung, -en | **in + A** | die Geduld | **bei + D** |
| der Eingang | **in + A** | | **mit + D** |
| der Eingriff, -e | **in + A** | die Geheimhaltung | **gegenüber + D** |
| die Einladung, -en | **in + A** | die Gelegenheit, -en | **zu + D** |
| | **zu + D** | die Genehmigung | **zu + D** |
| die Einmündung, -en | **in + A** | der Gestank | **nach + D** |
| der Einschnitt, -e | **in + A** | die Gewandtheit | **in + D** |
| die Einschreibung, -en | **an + D** | die Gewissheit | **über + A** |
| | **in + A** | die Gewöhnung | **an + A** |
| die Einsicht | **in + A** | der Glaube | **an + A** |
| die Einsparung, -en | **an + D** | der Griff, -e | **zu + D** |
| der Einspruch, ⸚e | **gegen + A** | der Gruß, ⸚e | **an + A** |
| die Einstellung, -en | **als + N** | | |
| | **zu + D** | die Haftung | **für + A** |
| der Eintrag, ⸚e | **in + A** | der Hass | **auf + A** |
| der Eintritt | **in + A** | die Herkunft | **aus + D** |
| der Einwand, ⸚e | **gegen + A** | die Herrschaft | **über + A** |
| die Einweisung | **in + A** | die Hilfe, -n | **bei + D** |
| die Einwirkung | **auf + A** | der Hinweis, -e | **auf + A** |
| der Ekel | **vor + D** | die Hoffnung | **auf + A** |
| die Empfindlichkeit | **gegen + A** | | |
| die Entlassung, -en | **aus + D** | das Interesse, -n | **an + D** |
| die Entscheidung, -en | **für + A** | | |
| | **gegen + A** | die Jagd | **auf + A** |
| die Entschlossenheit | **zu + D** | | **nach + A** |
| der Entschluss, ⸚e | **zu + D** | der Jubel | **über + A** |
| die Entschuldigung, -en | **für + A** | | |
| die Entsendung | **zu + D** | der Kampf, ⸚e | **gegen + A** |
| die Erhebung, -en | **gegen + A** | | **um + A** |
| die Erinnerung, -en | **an + A** | die Kapitulation | **vor + D** |
| die Erkrankung, -en | **an + D** | die Klage, -n | **auf + A** |
| die Ermächtigung | **zu + D** | | **gegen + A** |
| die Ernennung, -en | **zu + D** | | **über + A** |
| die Erwiderung, -en | **auf + A** | die Konzentration | **auf + A** |

| | | | |
|---|---|---|---|
| die Kritik | an + D | der Reichtum, ¨-er | an + D |
| | | die Rekord, -e | an + D |
| die Lehre, -n | als + N | | über + A |
| | aus + D | der Respekt | vor + D |
| | von + D | die Rettung | vor + D |
| das Leiden, - | an + D | die Reue | über + A |
| die Lesung, -en | aus + D | das Ringen | um + A |
| die Liebe | zu + D | der Ritt | auf + D |
| der Lohn, ¨-e | für + A | die Rücksicht, -en | auf + A |
| die Lust | auf + A | der Ruf, -e | nach + D |
| | zu + D | | |
| | | die Scheu | vor + D |
| der Mangel, ¨- | an + D | der Schrei, -e | nach + D |
| die Meldung, -en | an + A | das Schreiben, - | an + A |
| | über + A | die Schuld | an + D |
| das Misstrauen | gegen + A | der Schuss, ¨-e | auf + A |
| | gegenüber + D | | nach + D |
| die Mithilfe | bei + D | der Schutz | vor + D |
| die Mitsprache | bei + D | die Sehnsucht | nach + D |
| die Mitteilung, -en | an + A | der Sieg, -e | über + A |
| das Mittel, - | gegen + A | die Sorge, -n | um + A |
| die Möglichkeit, -en | zu + D | die Spaltung, -en | in + A |
| das Monopol, -e | auf + A | das Spiel, -e | mit + D |
| der Mut | zu + D | | um + A |
| | | die Steigerung, -en | um + A |
| die Nachfrage | nach + D | der Stolz | auf + A |
| die Nachricht, -en | an + A | das Streben | nach + D |
| | über + A | der Streik, -s | gegen + A |
| | von + D | | um + A |
| die Neugier | auf + A | der Streit | mit + D |
| der Nutzen | für + A | | über + A |
| | | | um + A |
| das Opfer, - | an + D | die Suche | nach + D |
| | für + A | die Sucht, ¨-e | nach + D |
| das Pech | bei + D | das Talent, -e | zu + D |
| | in + D | die Teilnahme | an + D |
| | mit + D | die Teilung | in + A |
| die Produktion | von + D | die Tendenz, -en | zu + D |
| die Prüfung, -en | auf + A | die Trauer | über + A |
| | in + D | | um + A |
| | | die Treue | zu + D |
| die Qualifizierung | zu + D | der Trieb, -e | zu + D |
| die Rache | an + D | der Überblick | über + A |
| | für + A | der Überfall, ¨-e | auf + A |
| der Rausschmiss, -e | aus + D | der Überfluss | an + D |
| die Reaktion, -en | auf + A | die Übergabe | an + A |
| die Rechnung, -en | für + A | der Übergang, ¨-e | zu + D |
| | über + A | die Übersetzung, -en | in + A |
| das Recht, -e | auf + A | die Umfrage, -n | unter + D |
| | zu + D | | |

Nomenliste

| | | | |
|---|---|---|---|
| der Umgang | mit + D | die Verwandtschaft | mit + D |
| der Umstieg | auf + A | der Verweis | auf + A |
| die Unterbringung | in + D | die Verwendung | zu + D |
| der Untergang | in + D | die Verwunderung | über + A |
| die Unterhaltung, -en | mit + D | der Verzicht | auf + A |
| der Unterrricht | in + D | die Voraussetzung, -en | für + A |
| der Unterschied, -e | zwischen + D | der Vorrat, ⸚e | an + D |
| die Unterweisung | in + D | der Vorschlag, ⸚e | zu + D |
| die Urkunde, -n | über + A | der Vorsprung | vor + D |
| | | der Vortrag, ⸚e | vor + D |
| die Verantwortung | für + A | | |
| die Verarbeitung | von + D | die Wahl, -en | zu + D |
| | zu + D | die Warnung, -en | vor + D |
| die Verbindung, -en | mit + D | die Wendung, -en | zu + D |
| das Verdienst, -e | um + A | die Werbung | für + A |
| die Vergeltung | mit + D | | um + A |
| der Vergleich, -e | mit + D | der Widerstand | gegen + A |
| das Verhalten | gegenüber + D | das Wissen | um + A |
| das Verhältnis | zu + D | | |
| die Verheimlichung | vor + D | die Zahlung, -en | an + A |
| der Verkauf, ⸚e | an + A | der Zorn | über + A |
| das Verlangen | nach + D | der Zugriff, -e | auf + A |
| die Verleihung, -en | an + A | die Zulassung | zu + D |
| die Verlobung, -en | mit + D | die Zunahme | an + D |
| der Verlust, -e | an + D | die Zurückhaltung | bei + D |
| der Verrat | an + D | der Zusammenschluss, ⸚e | von + D |
| der Versand | an + A | das Zusammentreffen, - | mit + D |
| die Verschwörung, -en | gegen + A | der Zuschuss, ⸚e | zu + D |
| das Verständnis | für + A | die Zuständigkeit, -en | für + A |
| der Verstoß, ⸚e | gegen + A | die Zustimmung, -en | zu + D |
| das Vertrauen | in + A | der Zutritt | zu + D |
| | zu + D | der Zuwachs, ⸚e | an + D |
| die Vertreibung | aus + D | der Zwang, ⸚e | zu + D |
| die Verurteilung, -en | zu + D | der Zweifel, - | an + D |

# Adjektive

# Übungen zu Adjektiven

## Wie heißen die fehlenden Präpositionen?

Wenn Sie Hilfe brauchen, dann schauen Sie doch in der Liste auf Seite 207 nach.

Bitte beachten Sie auch, dass alternative Satzstellungen möglich sind.

*Beispiel:*
Er ist bei seinen Nachbarn gut angesehen.
Er ist gut angesehen bei seinen Nachbarn.

abgekämpft
    Er sah _____ Joggen ziemlich abgekämpft aus.

abhängig
    Viele Menschen sind _____ Schlaftabletten abhängig.

angewiesen
    Etliche Behinderte sind _____ Hilfe angewiesen.

ansässig
    Der Maler war _____ einem kleinen Dorf ansässig.

anwesend
    Der Minister war _____ der Eröffnung anwesend.

arm
    Deutschland ist arm _____ Erdgasvorkommen.

aufgebracht
    Er war _____ die freche Anwort ziemlich aufgebracht.

aufgelegt
    Er ist immer _____ Witzen aufgelegt.

aufgeschlossen
    _____ seinen Kollegen galt er als aufgeschlossen.
    Er war aufgeschlossen _____ alles Neue.

bedeutsam
    Sein Buch war bedeutsam _____ die Theologie.

befangen
    Der Richter war _____ seiner Meinung befangen.

**behaftet**
Die Übersetzung war _____ vielen Fehlern behaftet.

**behilflich**
Können Sie mir mal eben _____ Tragen behilflich sein?

**bekannt**
Ich bin _____ meinen Nachbarn kaum bekannt.
Das Restaurant ist _____ sein gutes Essen bekannt.

**beliebt**
Der Friseur war _____ seinen Kunden beliebt.

**benommen**
Der Fahrradfahrer war _____ dem Sturz noch etwas benommen.

**bereit**
Er ist _____ finanziellen Unterstützung unseres Vereins bereit.

**berufen**
Der junge Mozart war schon _____ Künstler berufen.

**besessen**
Sie war _____ Ehrgeiz besessen.

**besorgt**
Man ist _____ die wirtschaftliche Entwicklung besorgt.
Wir sind _____ unseren alten Vater besorgt.

**beständig**
Der Lack ist _____ Wasser beständig.

**bestürzt**
Man war bestürzt _____ die Nachricht von seinem plötzlichen Tod.

**bewandert**
Goethe war auch _____ den Naturwissenschaften bewandert.

**bezeichnend**
Die Arbeitslosigkeit ist bezeichnend _____ die Wirtschaftslage.

**blass**
Der Junge wurde blass _____ Schreck, als er den Wolf sah.

**böse**
Die Lehrerin wurde böse _____ die ungezogenen Kinder.
Bist du noch _____ mir böse?

**dankbar**
Ich bin Ihnen _____ jede Unterstützung dankbar.

**durstig**
Die Arbeiter waren richtig durstig _____ einem kühlen Bier.

ehrlich
    Ich war immer ehrlich _____ dir.
    Ich habe es ehrlich _____ dir gemeint.

eifersüchtig
    Sie war ganz zu Unrecht _____ seine Sekretärin eifersüchtig.

eilig
    Er hat es _____ der Arbeit nicht so eilig.

eingebildet
    Sie ist _____ ihren Doktortitel ziemlich eingebildet.

eingeschworen
    Sie sind _____ ihren alten Urlaubsort eingeschworen.

einig
    Wir sind uns _____ der Sache einig.
    Wir waren uns nicht _____ allen Punkten einig.

einverstanden
    Bist du _____ meinem Vorschlag einverstanden?

empfänglich
    Jeder ist _____ ein Lob empfänglich.

empfindlich
    Ihre Haut ist empfindlich _____ Sonne.

entrüstet
    Er war entrüstet _____ ihre schlechte Allgemeinbildung.

entschlossen
    Alle redeten nur, aber niemand war _____ Handeln entschlossen.

erfahren
    Der Forscher war _____ vielen Kulturen erfahren.

erhaben
    Er war _____ jede Kritik erhaben.

ersichtlich
    Die Fragestellung war _____ der Rechenaufgabe nicht ersichtlich.

erstaunt
    Jeder war erstaunt _____ sein Zahlengedächtnis.

fähig
    Viele Menschen sind _____ ganz erstaunlichen Leistungen fähig.

fern
    Meine Schwiegereltern leben nicht fern _____ uns.

fertig
　Er war _____ seinen Hausaufgaben schnell fertig.
　Das Paket war schon _____ Versand fertig.

frei
　Der Parkplatz ist nur _____ Behinderte frei.
　Sein Manuskript war frei _____ Fehlern.

freundlich
　Der Polizeibeamte war sehr freundlich _____ dem Parksünder.

froh
　Wir waren natürlich froh _____ seine Beförderung.

geeignet
　Er scheint mir _____ seine neue Stelle sehr geeignet.
　Dieses Material ist _____ Wiederverwertung geeignet.

gefasst
　Er war _____ das schlechte Ergebnis seines Examens gefasst.

geheuer
　Mir war _____ dem Gedanken an einen Einbrecher nicht geheuer.

genug
　Ich habe jetzt genug _____ dem Lärm, Ruhe bitte!

geschickt
　Ihr Ehemann ist _____ Kochen nicht sehr geschickt.

gespannt
　Ich war _____ das Ende des Films gespannt.

gesund
　Sport ist auch _____ ältere Menschen gesund.

gierig
　Die Erben waren nur gierig _____ Geld.

gleichgültig
　Er ist seiner Frau _____ ziemlich gleichgültig.

gut
　Die Großeltern waren immer gut _____ ihren Enkeln.

haftbar
　Man machte die Eltern _____ den Schaden der Kinder haftbar.

hart
　Sie könnte ruhig etwas härter _____ den Kindern sein.

hungrig
　In der Diktatur war man hungrig _____ unzensierten Zeitungen.

immun
　Die Schutzimpfung macht _____ Kinderlähmung immun.

**interessiert**
  Ich bin _____ abstrakter Malerei nur wenig interessiert.

**kitzlig**
  Bist du _____ den Füßen kitzlig?

**klar**
  Das Flugzeug war klar _____ Start.

**konsequent**
  Seine Mutter war nicht immer konsequent _____ der Erziehung.

**krank**
  Sie war krank _____ Sehnsucht nach ihrem Geliebten.

**matt**
  Der Schachspieler war _____ wenigen Zügen matt.
  Die Überlebenden waren matt _____ den Strapazen.

**nachteilig**
  Ärger mit dem Chef kann _____ einen Angestellten nachteilig sein.

**neidisch**
  Die Nachbarin ist richtig neidisch _____ meinen Pelzmantel.

**nützlich**
  Gute Beziehungen sind nützlich _____ eine Karriere.

**reich**
  Nur wenige afrikanische Länder sind noch reich _____ Elefanten.

**reif**
  Ich bin kaputt und fühle mich reif _____ die Insel.
  Der Artikel ist noch nicht _____ einer Veröffentlichung reif.

**schädlich**
  Zucker ist schädlich _____ die Zähne.

**scharf**
  Ich bin nicht so scharf _____ eine Versetzung ins Ausland.

**schmerzlich**
  Der Verlust des Arbeitsplatzes war schmerzlich _____ ihn.

**schwach**
  Man sollte sich seinen Feinden _____ nicht schwach zeigen.

**schwer**
  Das Paket ist viel zu schwer _____ dich.

**sorgfältig**
  Sie war sehr sorgfältig _____ allen geschäftlichen Dingen.

**stolz**
  Du kannst stolz _____ deine guten Noten sein.

streng
　Früher war man strenger _____ den Kindern als heute.

traurig
　Das Kind war traurig _____ die gestorbene Katze.

tüchtig
　Er war sehr tüchtig _____ Immobiliengeschäft.

überlegen
　Sie war ihm _____ logischen Denken weit überlegen.

überzeugt
　Der Richter war _____ seiner Unschuld überzeugt.

vergleichbar
　Die neuen Computer sind _____ den älteren nicht vergleichbar.

verliebt
　Sie war bis über beide Ohren _____ ihn verliebt.

verlobt
　Zu Weihnachten hat sich Peter _____ meiner Schwester verlobt.

verwandt
　Ich bin _____ ihm nur um drei Ecken verwandt.

verwurzelt
　Viele Feste sind _____ der christlichen Tradition verwurzelt.

Übungen zu Adjektiven

voll
   Deine Schuhe sind ja ganz voll _____ Sand!

wichtig
   Die Tropenwälder sind wichtig _____ das Weltklima.

wild
   Der Junge ist ganz wild _____ Fußballspielen.

wütend
   Er war wütend _____ seine verschwenderische Frau.
   Sie war wütend _____ den Geiz ihres Mannes.

zornig
   Der Vater ist zu Unrecht zornig _____ seinen Sohn gewesen.
   Der Lehrer ist ziemlich zornig _____ den dummen Streich.

zufrieden
   Der Arzt war _____ ihrem Gesundheitzustand zufrieden.

# Adjektivliste

## Adjektive mit Präpositionen

abgekämpft von + D
abhängig von + D
angewiesen auf + A
ansässig in + D
anwesend bei + D
arm an + D
aufgebracht über + A
aufgelegt zu + D
aufgeschlossen für + A / gegenüber + D
bedeutsam für + A
befangen in + D
behaftet mit + D
behilflich bei + D
bekannt bei + D / für + A
beliebt bei + D
benommen von + D
bereit zu + D
berufen zu + D
besessen von + D
besorgt über + A / um + A
beständig gegen + A
bestürzt über + A
bewandert in + D
bezeichnend für + A
blass vor + D
böse auf + A / mit + D
dankbar für + A
durstig nach + D
ehrlich mit + D / zu + D
eifersüchtig auf + A
eilig mit + D
eingebildet auf + A

eingeschworen auf + A
einig in + D / über + A
einverstanden mit + D
empfänglich für + A
empfindlich gegen + A
entrüstet über + A
entschlossen zu + D
erfahren in + D
erhaben über + A
ersichtlich aus + D
erstaunt über + A
fähig zu + D
fern von + D
fertig mit + D / zu + D
frei für + A / von + D
freundlich zu + D
froh über + A
geeignet für + A / zu + D
gefasst auf + A
geheuer bei + D
genug von + D
geschickt zu + D
gespannt auf + A
gesund für + A
gierig nach + D
gleichgültig gegenüber + D
gut zu + D
haftbar für + A
hart zu + D
hungrig nach + D
immun gegen + A
interessiert an + D
kitzlig an + D

klar zu + D
konsequent in + D
krank vor + D
matt in + D / von + D
nachteilig für + A
neidisch auf + A
nützlich für + A
reich an + D
reif für + A / zu + D
schädlich für + A
scharf auf + A
schmerzlich für + A
schwach gegenüber + D
schwer für + A
sorgfältig in + D
stolz auf + A
streng mit + D / zu + D
traurig über + A
tüchtig in + D
überlegen in + D
überzeugt von + D
vergleichbar mit + D
verliebt in + A
verlobt mit + D
verwandt mit + D
verwurzelt in + D
voll mit + D
wichtig für + A
wild auf + A
wütend auf + A / über + A
zornig auf + A / über + A
zufrieden mit + D

# Lösungsschlüssel zum Verb-Wörterbuch

# A

**abbauen:** 1. abgebaut 2. ihren 3. der 4. hat **abbeißen:** 1. vom 2. ein **abberufen:** von **abbiegen:** 1. ist 2. hat **abbrechen:** 1. abgebrochen 2. das 3. die 4. sich 5. die 6. im 7. Meiner 8. alle **abbrennen:** 1. sind 2. bin/war **abbringen:** von **aberkennen:** dem **abfahren:** 1. ist 2. hat 3. sind **abfinden:** 1. entlassenen 2. mit **abfliegen:** 1. sind 2. abgeflogen **abführen:** 1. den 2. an 3. von 4. abführende **abgeben:** 1. deinem 2. seine 3. ihre 4. über 5. einen 6. mit **abgewöhnen:** 1. sich 2. seinen **abhalten:** 1. den 2. von 3. abgehalten **abhängen:** 1. von 2. hing 3. abgehängt 4. von **abhärten:** gegen **abhauen:** 1. die 2. vom 3. von 4. von **abheben:** 1. Heb 2. vom 3. von **abholen:** unseren **abklingen:** ist **abkommen:** vom **abladen:** 1. die 2. auf **ablassen:** 1. abgelassen 2. von **ablegen:** 1. den 2. die 3. ablegen 4. zu **ablehnen:** 1. jede 2. es 3. zu **ablenken:** vom **ablesen:** 1. das 2. vom 3. von **abmachen:** 1. von 2. dass 3. zu **abmelden:** 1. sich 2. abgemeldet **abmessen:** mit **abnehmen:** 1. vom 2. vor 3. hat 4. halbes 5. um 6. an 7. viele technische 8. dem 9. dass **abordnen:** zum **abpassen:** 1. den günstigsten 2. zu **abraten:** vom **abreißen:** 1. den 2. das 3. das 4. ist 5. ist 6. zu 7. ab 8. dir **absagen:** 1. dem 2. den **abschaffen:** 1. ihre 2. die **abschalten:** 1. den 2. abschalten **abschießen:** 1. einen 2. den 3. einen 4. den **abschirmen:** vor **abschlagen:** 1. keine 2. den 3. den 4. Alle **abschleppen:** 1. den 2. mit **abschließen:** 1. die 2. mit 3. mit gutem **abschmieren:** den **abschneiden:** 1. einen 2. abschneiden **abschreiben:** 1. das 2. seinem 3. abgeschrieben 4. die 5. abgeschrieben 6. das 7. sich **abschweifen:** vom **absehen:** von **absenden:** an **abspalten:** 1. einen 2. sich **abspringen:** 1. dem 2. von 3. mit 4. mit 5. vom 6. ist **abstammen:** vom **absteigen:** 1. vom 2. vom 3. ist 4. in **abstimmen:** 1. zu 2. die 3. auf 4. mit **abstoßen:** 1. den 2. vom 3. ab 4. mit 5. sich 6. mich 7. abgestoßen **abstreiten:** 1. jede 2. abgestritten **abtreiben:** 1. hat 2. ist **abtreten:** 1. hat 2. an 3. ihren 4. ist **abtrocknen:** 1. abgetrocknet 2. ihrem 3. sich **abwarten:** 1. den 2. ob 3. trinken **abwaschen:** 1. das 2. ist 3. vom **abwehren:** 1. die 2. von **abweichen:** 1. ist 2. weicht 3. abgewichen 4. von **abweisen:** 1. abgewiesen 2. ihre **abwenden:** 1. ihren 2. wandte (wendete) 3. ihrem 4. eine 5. abgewendet (abgewandt) **abzählen:** 1. hat 2. an **abziehen:** 1. hat 2. sind 3. abzuziehen 4. den 5. abziehen 6. vom **abzielen:** auf **achten:** 1. alte 2. auf 3. darauf, dass 4. ob 5. zu **Acht geben:** auf **adressieren:** 1. das 2. an **ähneln:** 1. seinem 2. sich **amüsieren:** über **anbauen:** 1. einen 2. anzubauen **anbieten:** 1. ihm 2. zu 3. dass 4. zum **anbrechen:** 1. hat 2. ist 3. angebrochenen **anbrennen:** 1. seine 2. ist 3. angebrannt **ändern:** 1. einen 2. daran 3. Es 4. sich 5. An **androhen:** 1. zu 2. Beklagten **anerkennen:** 1. seine 2. als **anfahren:** 1. hat 2. bin 3. hat **anfangen:** 1. meine 2. zu 3. mit 4. damit 5. in 6. angefangen 7. mit **anfassen:** 1. keine 2. heißes 3. angefasst **anfragen:** 1. wie 2. bei **anführen:** 1. die 2. anführen 3. neue **angeben:** 1. angegeben 2. mit **angehen:** 1. anging 2. ist 3. meine 4. Gegen **angehören:** dem **angewöhnen:** 1. seinen 2. sich **angleichen:** 1. den 2. den 3. sich **angreifen:** 1. angegriffen 2. die 3. die 4. angegriffen **ängstigen:** 1. merkwürdigen 2. vor 3. um **anhaben:** 1. einen teuren 2. dir 3. die **anhalten:** 1. angehalten 2. den 3. einige 4. um 5. die **anhängen:** 1. anzuhängen 2. ihrem 3. der **anklagen:** 1. die/den 2. der 3. des 4. zu **anklopfen:** 1. an 2. an **anknüpfen:** an **ankommen:** 1. in 2. beim 3. auf 4. darauf **anlassen:** 1. den 2. den 3. an 4. sich **anlegen:** 1. am 2. dem Verwundeten 3. viele 4. anlegen 5. in 6. auf 7. mit **anlehnen:** 1. an 2. angelehnt 3. an **anlügen:** ihre **anmachen:** 1. den 2. mit **anmelden:** 1. zu 2. mich **annähen:** an **annehmen:** 1. die 2. von 3. als 4. seiner 5. dass **anordnen:** 1. die 2. zu 3. angeordnet **anpassen:** 1. an 2. ihrem **anprobieren:** neues **anreden:** 1. einen Fremden 2. mit **anregen:** 1. den 2. zu **anreizen:** zum **anrufen:** 1. zu 2. um 3. zu **anschaffen:** 1. einen 2. sich 3. anschaffen

210

**anschicken:** zum **anschieben:** seinen **anschneiden:** 1. an 2. heikle 3. den **anschwellen:** 1. an 2. angeschwollen 3. ist **ansehen:** 1. Polizisten 2. sich 3. dem Jugendlichen seine 4. ob 5. als 6. es, dass **ansetzen:** 1. zum 2. zum 3. den 4. meine **anspielen:** auf **ansprechen:** 1. angesprochen 2. mit 3. auf 4. an 5. auf 6. auf 7. angesprochen **anstecken:** 1. alle 2. hat 3. mit **anstehen:** 1. nach 2. an 3. zur **ansteigen:** 1. an 2. steigt 3. steigen **anstellen:** 1. den 2. nach 3. nach 4. als 5. sich **anstiften:** zu **anstoßen:** 1. den 2. auf **anstreichen:** 1. den 2. angestrichen 3. alle **anstrengen:** 1. angestrengt 2. der 3. gegen **antreffen:** 1. an 2. bei **antreten:** 1. zum 2. seine neue **antworten:** 1. auf 2. dass **anvertrauen:** 1. dass 2. dem 3. sich **anweisen:** 1. anzuweisen 2. angewiesen 3. seine 4. angewiesen 5. auf **anwenden:** 1. angewandt (angewendet) 2. angewendet (angewandt) 3. wandte (wendete) 4. auf 5. auf **anzeigen:** 1. die 2. wohin 3. bei **anziehen:** 1. ihre 2. mich 3. dir 4. anzuziehen 5. anziehen 6. das 7. angezogen 8. haben **anzünden:** 1. den 2. sich **appellieren:** an **arbeiten:** 1. an 2. daran 3. einen großen 4. in 5. als **ärgern:** 1. seine kleine 2. über 3. darüber 4. zu 5. Es **atmen:** 1. geatmet 2. saubere **aufbauen:** 1. aufgebaut 2. den 3. zum 4. auf **aufbinden:** 1. meinen 2. dieses 3. einen **aufblasen:** 1. die 2. aufgeblasen 3. dich **aufbleiben:** 1. aufgeblieben 2. sind **aufbrechen:** 1. das 2. den 3. aufbrechen 4. ist **aufessen:** 1. aufessen 2. aufgegessen **auffahren:** 1. aufgefahren 2. ist 3. aufgefahren 4. aus 5. fährt 6. aufgefahren **auffallen:** 1. ist 2. jedem 3. fällt **auffangen:** 1. auffangen 2. aufgefangen 3. einen 4. auffangen **auffordern:** 1. zum 2. zum 3. zu **auffressen:** 1. aufgefressen 2. einen **aufführen:** 1. aufgeführt 2. alle **aufgeben:** 1. kleines 2. den/beim 3. zu 4. bei/auf **aufgehen:** 1. aufgegangen 2. ist 3. in 4. ist 5. auf **aufhalten:** 1. auf 2. aufgehalten 3. die 4. den 5. aufgehalten 6. einige 7. mit/bei 8. hält **aufhängen:** 1. aufgehängt 2. die 3. einen **aufheben:** 1. vom 2. aufgehoben 3. für **aufhören:** 1. auf 2. mit 3. zu **aufklären:** 1. über 2. aufgeklärt 3. sind **aufkommen:** 1. ist 2. aufgekommen 3. auf 4. für **aufladen:** 1. auf 2. die 3. sind 4. auf 5. sich **auflassen:** 1. alle 2. auflassen **auflehnen:** gegen **auflesen:** 1. aufgelesen 2. das **aufmachen:** 1. das 2. mir 3. auf 4. aufgemacht **aufnehmen:** 1. aufgenommen 2. einen 3. mit 4. hat **aufopfern:** für **aufpassen:** auf **aufprallen:** auf **aufräumen:** 1. aufräumen 2. mit **aufregen:** 1. auf 2. regte 3. darüber **aufreiben:** 1. aufgerieben 2. sich **aufreißen:** 1. das 2. alle 3. ist 4. vor 5. aufgerissen **aufrufen:** 1. meinen 2. zum **aufschieben:** 1. die 2. die **aufschlagen:** 1. auf 2. das 3. auf 4. aufgeschlagen 5. die 6. zu 7. auf 8. die **aufschließen:** 1. aufgeschlossen 2. hat **aufschneiden:** 1. die 2. aufgeschnitten **aufschreiben:** 1. mir 2. aufgeschrieben **aufsetzen:** 1. aufgesetzt 2. das 3. sich 4. einen **aufspielen:** 1. zum 2. dich **aufspringen:** 1. ist 2. auf 3. ist 4. aufgesprungen **aufstehen:** 1. hat 2. bin 3. vom 4. dem **aufsteigen:** 1. steigt/stieg 2. zum 3. auf 4. zum 5. in 6. In **auftreiben:** 1. den 2. an 3. einen **auftreten:** 1. seinem gebrochenen 2. ist 3. tritt 4. Bei **aufwachen:** 1. bin 2. aus **aufwachsen:** sind **aufwenden:** für **aufziehen:** 1. auf 2. aufzuziehen 3. mit 4. andere **aufzwingen:** 1. seinen 2. einem **ausbleiben:** 1. ausgeblieben 2. ausbleiben **ausbrechen:** 1. hat 2. ist 3. aus 4. sind 5. brach 6. in 7. dem 8. ist 9. aus **ausdenken:** 1. sich 2. dir 3. ausdenken 4. ausgedacht **ausdrücken:** 1. ausgedrückt 2. sich 3. in **auseinander gehen:** 1. auseinander 2. im 3. auseinander gegangen 4. auseinander 5. bist **ausersehen:** zu **ausfallen:** 1. fallen/fielen 2. ausgefallen 3. ist 4. fällt 5. ist 6. ist 7. ist 8. für **ausfressen:** 1. seinen 2. habt **ausführen:** 1. seinen 2. viele 3. den 4. Seine architektonischen 5. auszuführen **ausfüllen:** 1. das 2. mit 3. den 4. mit **ausgeben:** 1. für 2. Wofür 3. an 4. ausgegeben 5. als **ausgehen:** 1. ausgegangen 2. ist 3. bin 4. vom 5. davon 6. ausgegangen 7. wie **ausgießen:** 1. aus 2. mit **ausgleiten:** der **aushalten:** 1. auszuhalten/ausgehalten 2. mit 3. auszuhalten 4. ausgehalten **aushelfen:** 1. ausgeholfen 2. mit **aus-**

**hungern:** die **auskennen:** mit **auskommen:** 1. mit 2. bin **auslachen:** 1. den/die 2. wegen **ausladen:** 1. die 2. ist 3. seine **auslassen:** 1. ausgelassen 2. an 3. sich **auslaufen:** 1. ist 2. läuft 3. aus 4. läuft 5. aus **ausmachen:** 1. den 2. ausmachen 3. mit 4. zu 5. mir **ausmessen:** das **ausnutzen/ausnützen:** 1. ihren 2. zu 3. ausnutzen/ausnützen **auspacken:** 1. ausgepackt 2. packte **ausrechnen:** 1. ausrechnen 2. seinen 3. ausgerechnet **ausruhen:** 1. von 2. auf **ausscheiden:** 1. aus 2. im **ausschlafen:** 1. ausgeschlafen 2. seinen 3. mich **ausschließen:** 1. ausschließen 2. von 3. aus **ausschreiben:** 1. deine 2. aus 3. aus 4. ausgeschrieben 5. ausgeschrieben 6. als **ausschütten:** 1. seine 2. auszuschütten 3. ausgeschüttet 4. mit **ausschweigen:** über **aussehen:** 1. ausgesehen 2. mit 3. siehst **aussprechen:** 1. ausgesprochen 2. die 3. dem/den 4. über 5. dafür 6. dagegen **aussteigen:** 1. aus 2. ist **ausstellen:** 1. moderne 2. Angestellten **aussterben:** 1. aussterben 2. ausgestorben 3. stirbt **ausstoßen:** 1. ausgestoßen 2. aus 3. aus 4. ausgestoßen 5. stößt/stieß **aussuchen:** 1. mir 2. ausgesucht **austeilen:** 1. das 2. ausgeteilt 3. an **austragen:** 1. die 2. ist 3. das 4. austragen 5. aus **austreten:** 1. ist 2. hat 3. austreten **austrinken:** 1. seine 2. ist **ausüben:** 1. eines 2. auf **auswandern:** nach (in) **ausweichen:** 1. dem 2. meiner **ausweisen:** 1. aus 2. seinen 3. als **auswringen:** die **ausziehen:** 1. haben 2. meinem 3. sind

**B**

**backen:** einen **baden:** 1. gebadet 2. unsere 3. baden **bangen:** um **basieren:** auf **bauen:** 1. gebaut 2. auf **beachten:** beachtet **beantragen:** 1. beantragen 2. zu **beantworten:** 1. meinen 2. meine **bearbeiten:** 1. das 2. anderes 3. mit 4. zu **beauftragen:** 1. mit/von 2. zu **bedanken:** 1. bei 2. dafür **bedenken:** 1. bedacht 2. bedacht 3. bedenkt 4. bedachte **bedeuten:** 1. ihm 2. dass 3. dem **bedienen:** 1. ihre 2. fremder 3. bedienen **bedrängen:** 1. die 2. mit **bedrohen:** 1. die 2. mit **beeilen:** 1. mit 2. zu **beenden:** 1. die 2. die **beerben:** seinen **befassen:** mit **befehlen:** 1. den 2. zu **befinden:** 1. sich 2. für 3. über 4. sich **befolgen:** meinen guten **befragen:** 1. einen Straßenpassanten 2. danach **befreien:** 1. alle 2. vom 3. aus 4. sich **begeben:** 1. sich 2. begeben **begegnen:** 1. bin 2. unserem **begehen:** 1. begehen 2. feiges 3. an **beginnen:** 1. meine 2. mit 3. zu 4. als **begleichen:** 1. alle 2. beglichen **begleiten:** 1. seine 2. begleitet **beglückwünschen:** zu **begnügen:** mit **begraben:** 1. begraben 2. der **begreifen:** 1. begreifen 2. die **begrenzen:** auf **begrüßen:** 1. alle 2. es **behalten:** 1. den 2. für 3. in 4. im **behandeln:** 1. dieses 2. Kranken 3. als **beharren** auf **behaupten:** 1. zu 2. ihre 3. gegen **beheben:** 1. den 2. behoben **behelfen:** 1. sich 2. mit **beherrschen:** 1. beherrscht 2. alle seine 3. seine **behindern:** den **beibringen:** 1. die 2. beibringen 3. keine(n) Zeugen 4. dem **beipflichten:** seinen **beißen:** 1. den 2. mich/mir 3. beißen 4. ins 5. in 6. ins **beistehen:** 1. ihren 2. sich **beitragen:** 1. zu 2. beitragen **beitreten:** einer **bekämpfen:** 1. die 2. sich **bekannt geben:** 1. bekannt 2. bekannt gegeben **bekannt machen:** 1. bekannt gemacht 2. mit **bekehren:** 1. zum 2. zu **bekennen:** 1. ihre 2. zum 3. sich 4. bekennen **beklagen:** 1. den 2. bei, über **bekommen:** 1. großen 2. meinem 3. in 4. mit 5. ist 6. grünes **beladen:** 1. den 2. beladen **belasten:** 1. ihren 2. mit **belästigen:** 1. die anderen 2. mit **belaufen:** auf **belegen:** 1. mit 2. einen 3. einem **beleidigen:** deine beste **belieben:** Ihnen **belügen:** 1. wen 2. sich 3. belogen **bemächtigen:** meines **bemerken:** 1. einen 2. zu **bemühen:** 1. zu 2. um **benehmen:** 1. sich 2. im **beneiden:** 1. ihre 2. um 3. darum **benennen:** 1. benennen 2. nach **benutzen/benützen:** 1. die gute 2. als 3. zum/beim **beobachten:** 1. bei 2. beobachtet **beraten:** 1. Klienten 2. mit 3. in **berauben:** 1. beraubt 2. seiner **bereitstehen:** 1. bereit 2. bereitgestanden **bereitstellen:** für **bergen:** 1. geborgen 2. bergen **berichten:** 1. viele 2. von

3. über 4. wie **bersten:** ist/war **berücksichtigen:** 1. verspätete 2. das 3. dass **berufen:** 1. zum 2. auf **beruhen:** auf **beruhigen:** 1. beruhigt 2. mit 3. zu 4. sich **beschädigen:** meinen linken hinteren **beschaffen:** 1. beschafft 2. beschafft 3. beschaffen **beschäftigen:** 1. viele 2. mich 3. mit **bescheißen:** 1. beim 2. beschissen **beschimpfen:** den **beschließen:** 1. die 2. zu 3. dass **beschränken:** 1. beschränkt 2. auf **beschreiben:** 1. der 2. wie 3. mit **beschuldigen:** 1. der 2. ihren 3. zu **beschützen:** 1. beschützt 2. vor **beschweren:** 1. mit 2. beim **besetzen:** 1. beiden 2. viele leer stehende 3. mit/von 4. besetzt **besichtigen:** den **besinnen:** 1. eines 2. sich 3. zu 4. auf 5. darauf **besitzen:** mehrere **besorgen:** 1. den 2. neues **besprechen:** 1. mit 2. besprochen **bestehen:** 1. seine 2. keine 3. auf 4. seinem 5. aus 6. einer technischen 7. seit **bestehen bleiben:** 1. bestehen 2. bestehen bleiben **besteigen:** 1. den 2. bestiegen 3. die **bestellen:** 1. beim 2. an 3. das 4. meiner 5. dass 6. bestellt **bestimmen:** 1. den nächsten 2. zu 3. die **bestrafen:** für **bestreiten:** 1. Deine 2. dass 3. seinen 4. alle **besuchen:** behinderte **beteiligen:** 1. am 2. sich **beten:** 1. zu 2. für **beteuern:** 1. seine 2. seiner 3. dass **betrachten:** 1. die untergehende 2. als 3. als **betragen:** 1. einen/einige 2. beträgt 3. sich **betrauen:** 1. mit 2. zu **betrauern:** die vielen **betreffen:** 1. betrifft/betraf 2. betrifft 3. betroffen 4. von **betreiben:** 1. kleines 2. einen schwunghaften **betreten:** das **betrinken:** 1. sich 2. sind **betrügen:** 1. seine 2. um **betteln:** um **beunruhigen:** 1. das 2. mit 3. über **beurteilen:** 1. die 2. nach 3. als **bevorstehen:** 1. bevor 2. bevorsteht **bewahren:** 1. die 2. vor **bewegen:** 1. im 2. um 3. die 4. sich 5. bewegt 6. bewogen 7. dazu **beweisen:** dem **bewerben:** 1. um 2. beim **bewerten:** 1. die 2. als **bewundern:** 1. ihre 2. wie **bezahlen:** 1. die bestellte 2. mit 3. für 4. mit 5. dafür 6. die **bezeichnen:** als **beziehen:** 1. mit 2. neues 3. gutes 4. aus 5. auf **bezwingen:** 1. haben 2. bezwungen 3. die 4. bezwingen **biegen:** 1. bog 2. die 3. um 4. sich 5. vor **bieten:** 1. keine 2. für **bilden:** 1. einen 2. verschiedene 3. den 4. gebildet **binden:** 1. an 2. gebunden 3. gebunden 4. auf **bitten:** 1. um 2. darum 3. zur **blasen:** 1. bläst 2. den **bleiben:** 1. Die 2. normaler 3. es 4. am 5. kein 6. auf 7. am **bleiben lassen:** 1. bleiben lassen 2. bleiben **bleichen:** 1. sind 2. hat **blicken:** 1. zur 2. durch 3. auf/in 4. auf **blitzen:** 1. hat 2. den 3. geblitzt **blühen:** 1. Die 2. Meine **bluten:** 1. Die 2. geblutet **brachliegen:** 1. brach 2. liegt/lag **braten:** 1. brät 2. in **brauchen:** 1. ein 2. für 3. zu **brechen:** 1. das 2. habe 3. bricht 4. ist 5. ihr 6. mit 7. brechen 8. übers 9. vom **bremsen:** 1. Der 2. ihr **brennen:** 1. Die 2. mir 3. gebrannt 4. darauf **bringen:** 1. meine 2. auf 3. auf 4. darauf 5. mich 6. in 7. in 8. in 9. in 10. in 11. in 12. in 13. in 14. in 15. ins 16. in 17. ins 18. in 19. in 20. in 21. in 22. in 23. mit 24. mit 25. um 26. unter 27. zu 28. zum 29. zur 30. zur 31. zur 32. an 33. ins 34. ins 35. übers 36. unter 37. auf 38. um 39. Dazu **buchstabieren:** seinen Nachnamen **bügeln:** seine **bürgen:** 1. für 2. mit **bürsten:** 1. den/ihren 2. langes

# D

**dableiben:** 1. da 2. dableiben **dahinschwinden:** 1. dahin 2. schwinden/schwanden **dahinter kommen:** dahinter **dahinter stecken:** 1. dahinter steckte 2. dahinter **dalassen:** dagelassen **daliegen:** 1. da 2. liegt/lag **danebentreffen:** 1. beim 2. mit **danken:** 1. gedankt 2. ihm 3. für 4. dafür **darstellen:** 1. eine schlafende 2. darstellen 3. sich 4. als **dastehen:** 1. da 2. dagestanden 3. stehe **dauern:** 1. gedauert 2. bis **davonfahren:** 1. davongefahren 2. jedem **davontragen:** schwere **davor stehen:** 1. davor gestanden 2. davor **dazwischenrufen:** dazwischengerufen **debattieren:** über **denken:** 1. dir 2. dass 3. mir 4. an 5. daran 6. über 7. von **dichthalten:** dichtgehalten **dienen:** 1. seinem 2. zur 3. als 4. den, als **diktieren:** 1. seiner 2. auf **dingen:** einen **diskutieren:** 1. Der 2. über 3. mit **distan-**

**zieren:** von **dividieren:** durch **donnern:** 1. hat 2. an/gegen 3. über **dranbleiben:** 1. dran 2. dranbleiben **drängen:** 1. gedrängt 2. zum 3. gedrängt 4. zur 5. auf 6. in **draufgehen:** 1. ging 2. bei 3. draufgegangen 4. drauf **draufhauen:** draufgehauen **draufkommen:** draufgekommen **draufgeschlagen:** mit **drehen:** 1. einen 2. mir 3. auf 4. sich 5. um 6. im 7. gedreht **dreschen:** gedroschen **dringen:** 1. drang 2. gedrungen 3. auf **drohen:** 1. keine 2. dem 3. damit 4. droht **drucken:** 1. gedruckt 2. auf **drücken:** 1. mich 2. auf 3. seinen 4. an 5. den 6. vor 7. drückt **durchbrennen:** 1. sind 2. durchgebrannt 3. durchgebrannt **durcheinander kommen:** 1. durcheinander gekommen 2. ist **durchfahren:** 1. durch 2. durchfahren 3. das 4. durchfuhr **durchführen:** eine **durchhalten:** 1. durch 2. hält **durchkommen:** 1. durch 2. durchgekommen 3. durchgekommen 4. durch 5. durch 6. durch 7. durch 8. durchkommt 9. kommen 10. durch **durchnehmen:** durch **durchreißen:** 1. durchgerissen 2. ist **durchdringen:** zu **durchschlafen:** 1. durchgeschlafen 2. durchschlief **durchschneiden:** 1. durch (durchschnitt) 2. durchschnitt (durch) 3. durchzuschneiden 4. durchschneidet 5. durchschnitt 6. durchgeschnitten **durchstehen:** durchgestanden **dürfen:** 1. darf 2. sein **duschen:** dich

# E

**eignen:** zum **eilen:** 1. hat 2. mit 3. damit 4. ist 5. zu **einarbeiten:** 1. seinen 2. sich 3. in **einbauen:** eingebaut **einbilden:** 1. sich 2. auf **einbrechen:** 1. hat 2. sind 3. ist 4. eingebrochen **eindringen:** 1. ist 2. auf 3. auf **einfallen:** 1. eingefallen 2. ist 3. im **einfangen:** 1. ein 2. eingefangen 3. eingefangen 4. einfängst **einführen:** 1. in 2. eingeführt 3. in 4. bei **eingehen:** 1. bei 2. eingegangen 3. im 4. in 5. auf 6. mit 7. eine **eingreifen:** 1. in 2. eingegriffen **einigen:** 1. mit 2. den 3. auf **einkaufen:** 1. frisches 2. in **einladen:** 1. meine 2. zum **einlassen:** 1. hat 2. in 3. mit 4. auf **einlegen:** 1. eingelegt 2. gegen 3. den **einnehmen:** 1. den 2. eingenommen 3. eingenommen 4. ein 5. ein 6. einen 7. sich **einpacken:** 1. in 2. einpacken **einreiben:** 1. die 2. mit 3. einreiben **einreißen:** 1. eingerissen 2. einreißen **einschlafen:** 1. ist 2. Mir 3. eingeschlafen **einschlagen:** 1. die 2. eingeschlagen 3. in 4. in 5. in 6. auf 7. ein 8. Schlag 9. einen 10. die 11. eingeschlagen 12. die **einschließen:** 1. in 2. die 3. viele **einschreiben:** in **einschreiten:** gegen **einschüchtern:** 1. eingeschüchtert 2. mit **einsehen:** 1. einsehen 2. eingesehen 3. einsehen **einsenden:** 1. das 2. an **einsetzen:** 1. einsetzen 2. brausender 3. zur 4. für **einspringen:** für **einstehen:** 1. für 2. dafür **einsteigen:** 1. in 2. in **einstellen:** 1. die 2. eingestellt 3. einen 4. das 5. sich 6. auf **einteilen:** 1. seine 2. in 3. zum **eintragen:** 1. ihren 2. sich 3. eingetragen 4. eingetragen **eintreffen:** 1. eingetroffen 2. ein **eintreten:** 1. hat 2. sich 3. in 4. ist 5. in 6. eingetreten 7. für **einweisen:** 1. eingewiesen 2. in **einwenden:** gegen **einwilligen:** in **einzahlen:** 1. auf 2. die **einziehen:** 1. eingezogen 2. zog 3. zog 4. in 5. einziehen 6. die 7. ganzes 8. zur 9. in 10. eingezogen 11. sind 12. ein 13. ins **ekeln:** vor **empfangen:** 1. die 2. einen 3. zu 4. von **empfehlen:** 1. dem 2. sich **empfinden:** 1. keinen 2. als 3. für 4. vor **entbinden:** 1. gesundes 2. von **entbrennen:** 1. in 2. entbrannte 3. um **entdecken:** 1. einen 2. entdeckte **enterben:** seinen **entfliehen:** seinen **entgegenkommen:** 1. ihm 2. entgegenkommen 3. entgegen 4. entgegen **entgegnen:** 1. dem 2. auf **entgehen:** 1. seiner 2. dir **enthalten:** 1. sind 2. ist 3. enthält 4. hat **entkommen:** 1. der 2. sind 3. über 4. entkommen **entlassen:** 1. hat 2. aus 3. in **entlasten:** 1. die 2. den/die 3. von **entlaufen:** entlaufen **entnehmen:** 1. aus 2. einem **entrinnen:** dem **entscheiden:** 1. Das 2. für 3. zum 4. gegen 5. auf 6. darüber **entschließen:** 1. für 2. zu 3. dazu **entschuldigen:** 1. unhöfliches 2. für 3. dafür 4. bei **entsinnen:** wie **entsprechen:** 1. unseren 2. meinem **entstehen:** 1. ist 2. Aus **enttäuschen:** 1. meinen 2. enttäuscht 3. über **entweichen:**

1. ist 2. entwichen **entwickeln:** 1. entwickelt 2. große 3. unserem 4. zu **entzweigehen:** ist **erbarmen:** der **erbauen:** 1. den 2. an **erben:** 1. den 2. von **erblicken:** 1. Fremden 2. in **ereignen:** sich **erfahren:** 1. erfahren 2. von **erfinden:** 1. das 2. erfunden **erfragen:** die **erfreuen:** 1. an 2. großer 3. mit **erfrieren:** 1. sich 2. erfroren 3. sind 4. auf **ergeben:** 1. einen hohen 2. aus 3. sich 4. in **erhalten:** 1. eine 2. die **erheben:** 1. das 2. aus 3. gegen 4. gegen **erholen:** 1. von 2. uns **erinnern:** 1. an meine 2. mich 3. Ihren **erkälten:** dich **erkämpfen:** 1. die 2. uns **erkennen:** 1. das 2. an seinem 3. daran 4. auf **erklären:** 1. die 2. seinen 3. dem, den 4. für **erkundigen:** 1. mich 2. nach **erlassen:** 1. neues 2. hat **erlauben:** 1. ihrem 2. keinen weiteren 3. als **erleben:** 1. Zweiten 2. blaues **ermahnen:** zur **ernennen:** zum **eröffnen:** 1. die 2. eröffnet 3. seiner **erregen:** 1. die 2. über **erreichen:** 1. erreicht 2. anderes 3. es **erringen:** einen **erscheinen:** 1. erschien/erscheint 2. ist 3. zu 4. erscheint 5. ihm **erschießen:** das **erschlagen:** 1. seinen 2. erschlagen **erschrecken:** 1. erschreckte 2. erschreckt 3. über 4. vor 5. darüber **ersehen:** aus **ersetzen:** durch **erstarren:** vor **erstrecken:** 1. sich 2. auf **ersuchen:** um **ertragen:** 1. ertragen 2. es **ertrinken:** sind **erwachen:** 1. ist 2. aus 3. von **erwägen:** erwogen **erwarten:** 1. schweres 2. von **erweisen:** 1. als 2. die **erweitern:** um **erwidern:** 1. seinem 2. den **erzählen:** 1. ihrer 2. aus 3. von 4. über **erzeugen:** 1. erzeugt 2. Aus 3. erzeugt **erziehen:** 1. ihren 2. zur **erzielen:** eine **essen:** 1. isst 2. dich 3. seinen 4. essen **experimentieren:** mit

**F**

**fahnden:** nach **fahren:** 1. fährt 2. habe 3. hat 4. bin 5. durchs 6. in 7. aus **fällen:** 1. viele 2. salomonisches 3. Alle **fallen:** 1. ist 2. gefallen 3. der 4. durch 5. ist 6. ins 7. in 8. in 9. in 10. in 11. ins 12. zur 13. aus 14. aus 15. ins 16. mit 17. vom 18. auf 19. auf 20. auf **fangen:** 1. einen 2. gefangen **fassen:** 1. gefasst 2. fasst 3. die schlimme 4. keinen klaren 5. sich 6. an 7. beim 8. in **fehlen:** 1. ihren 2. im 3. an 4. gefehlt **fehlschlagen:** fehlgeschlagen **feiern:** 1. gefeiert 2. seinen **feilschen:** um **fernbleiben:** ihrem **fern halten:** von **fernsehen:** 1. fern 2. ferngesehen **fertig bringen:** 1. fertig bringen 2. es **festbinden:** fest **festhalten:** 1. an 2. mich **festnehmen:** den/die **feststehen:** 1. fest 2. Es **feststellen:** 1. Der 2. den 3. dass **finden:** 1. gefunden 2. dabei/daran 3. es 4. finden 5. an 6. in 7. gefundenes **flechten:** meine **fliegen:** 1. flogen 2. sind 3. habe 4. ist 5. aus **fliehen:** 1. aus 2. vor **fließen:** 1. ins 2. in 3. sind **fluchen:** 1. geflucht 2. auf 3. über **folgen:** 1. aufs 2. Jedem 3. ist 4. Auf 5. der **fordern:** 1. die 2. von 3. zum **forschen:** nach **fortfahren:** 1. fortgefahren 2. ist **fortfallen:** fortgefallen **fortschaffen:** Schaff **fotografieren:** 1. meine 2. mit **fragen:** 1. meinen 2. nach 3. um 4. ob **freihalten:** 1. einen 2. freihalten 3. diesen 4. freigehalten **freilassen:** 1. frei 2. freigelassen **freisprechen:** von **fremdgehen:** fremdgegangen **fressen:** 1. das 2. in 3. an 4. an 5. gefressen **freuen:** 1. gefreut 2. mich 3. ihres 4. über 5. darüber 6. auf 7. an 8. wie **frieren:** 1. es 2. ist 3. habe 4. mich 5. gefroren **frisieren:** 1. ihr/ihre 2. dem 3. die 4. das **frühstücken:** gefrühstückt **fühlen:** 1. einen starken 2. ihren 3. dem Patienten 4. mit 5. nach 6. sich 7. in 8. auf 9. auf **führen:** 1. das 2. an 3. den 4. lockeres 5. breites 6. zu 7. zu 8. bei 9. sich 10. geführt 11. in 12. vor 13. hinters **funktionieren:** funktioniert **fürchten:** 1. seine 2. dass 3. zu 4. um 5. vor dem 6. davor

**G**

**garantieren:** 1. eine 2. für **gären:** 1. gegoren 2. viele 3. in **gebären:** gesundes **geben:** 1. gutes 2. es 3. für 4. darauf 5. als 6. zum 7. darum 8. die **gebrauchen:** 1. gebrauchen 2. gebraucht/gebrauchen 3. gebrauchen **gedeihen:** 1. sind 2. gedeihen 3. sind **gefallen:** 1. mir 2. Es 3. sich 4. gefallen **geheim halten:** 1. geheim gehalten 2. vor **gehen:** 1. geht

2. es 3. Eine funkgesteuerte 4. mit 5. um 6. darum 7. zur 8. seiner 9. auf 10. in 11. in 12. mit 13. nach 14. ins 15. zu 16. zu 17. zur 18. zur 19. und 20. Darauf 21. durch 22. über 23. und 24. an 25. auf 26. ins 27. in 28. durch **gehorchen:** ihren **gehören:** 1. meiner 2. zum 3. in 4. sich **gelingen:** 1. meiner 2. Es **gelten:** 1. Was 2. mir 3. beim 4. für 5. als 6. zu **genesen:** von **genießen:** 1. in 2. zu 3. genossen 4. hohes **genügen:** 1. den 2. für 3. Es **geradestehen:** 1. gerade stehen 2. für **geraten:** 1. geraten 2. in 3. unter 4. nach 5. ins 6. an **geschehen:** 1. geschah 2. Dem 3. mit 4. es **getrauen:** 1. sich 2. nach **gewinnen:** 1. die 2. Aus 3. zum 4. für 5. sich 6. zu **gewöhnen:** 1. an eine bessere 2. daran **gießen:** 1. meine 2. in 3. der, den 4. es 5. hinter **glänzen:** vor **glauben:** 1. seinen 2. geglaubt 3. dir 4. an 5. daran 6. die 7. aufs 8. dem 9. glaubt 10. daran **gleichen:** seinem **gleiten:** 1. ist 2. über 3. gleitende **glücken:** Meiner **graben:** 1. nach 2. gräbt **gratulieren:** 1. dem 2. zum 3. dazu **greifen:** 1. nach 2. um 3. zur 4. unter 5. aus **grenzen:** 1. an 2. hat **gründen:** 1. die 2. auf **grüßen:** 1. seine Bekannten 2. von **gucken:** 1. aus 2. aus 3. ins **gut gehen:** 1. gut geht 2. gut gegangen 3. mit **gutschreiben:** Ihrem

**H**

**haben:** 1. einen 2. als 3. es 4. mit 5. auf 6. zu 7. im 8. in guter 9. im 10. in seiner 11. unter 12. zur 13. als/zur 14. zur 15. zur 16. zum 17. zur 18. zum 19. zum 20. auf **haften:** 1. an 2. für 3. gehaftet **halten:** 1. hält 2. alle 3. in 4. hält 5. sich 6. sich 7. seinen 8. was 9. gehalten 10. gehalten 11. den 12. für 13. für 14. für 15. an 16. von 17. Von 18. ihren 19. Beim/Im 20. mit 21. die 22. den 23. in 24. in 25. auf 26. dir 27. wie **handeln:** 1. gehandelt 2. an 3. mit 4. um 5. von 6. Es **hängen:** 1. gehangen 2. gehangen 3. an 4. gehängt 5. an 6. an 7. den 8. an 9. an 10. der **hassen:** Den **hauen:** 1. gehauen 2. um 3. mit 4. auf **heben:** 1. auf 2. gehoben 3. sich **heimfahren:** 1. mit 2. heimgefahren **heiraten:** 1. heiratet 2. ihre **heißen:** 1. mit 2. nach 3. geheißen 4. es 5. Es 6. es 7. die 8. heißen **heizen:** 1. die 2. mit **helfen:** 1. Seinen Freunden 2. beim 3. dabei 4. gegen 5. sich 6. auf **herabfallen:** herab **herangehen:** an **heranschleichen:** 1. an 2. sind **heraufsteigen:** 1. die 2. heraufgestiegen **heraufziehen:** 1. heraufgezogen 2. ist **herausgeben:** 1. herausgeben 2. herausgegeben 3. heraus **heraushalten:** 1. aus 2. Halte 3. heraus **herausreden:** mit **hereinfallen:** 1. hereingefallen 2. auf **hereinkommen:** 1. hereingekommen 2. ist **herfallen:** über **hergeben:** 1. her 2. her 3. hergegeben 4. hergeben 5. sich **herrschen:** 1. große 2. über **hersehen:** hersehen **herstellen:** 1. eine 2. aus **herumtreiben:** 1. sich 2. herumtreibt **herunterfallen:** von **herunterspringen:** heruntergesprungen **hervorbrechen:** aus **hervorheben:** 1. hervorheben 2. dass **hervorrufen:** 1. hervor 2. hervorgerufen 3. durch **herziehen:** über **hinabsteigen:** 1. die 2. in **hinarbeiten:** auf **hinaufziehen:** 1. den 2. an 3. sich 4. zur 5. hinaufgezogen **hinausgehen:** 1. mit 2. auf 3. über **hinauslaufen:** 1. zur 2. auf **hinaussehen:** zum **hinaussteigen:** 1. durchs 2. ist **hinbringen:** 1. mit 2. bringst **hindern:** 1. beim 2. daran **hindurchsehen:** Durch **hineinlassen:** in **hinfallen:** hin **hinfinden:** zu **hinfliegen:** 1. hingeflogen 2. flog **hinhauen:** 1. mit 2. hin 3. hingehauen 4. hingehauen 5. mich **hinkommen:** 1. hin 2. hin 3. sind 4. mit 5. hinkommen **hinsehen:** 1. zu 2. hin 3. hinsehen **hinterherfahren:** 1. dem 2. hinter **hinüberrufen:** über **hinunterstoßen:** 1. die 2. hinuntergestoßen **hinwegkommen:** über **hinwegsehen:** 1. über 2. hinwegsehen **hinweisen:** auf **hinzukommen:** 1. hinzukam 2. hinzu 3. Zur 4. dass **hochheben:** 1. das 2. hochgehoben **hoffen:** 1. Beste 2. seine baldige 3. darauf **holen:** 1. ihrem 2. geholt 3. aus 4. einen, schönen **hören:** 1. hören 2. klassische 3. auf 4. darauf 5. von 6. davon **hungern:** 1. haben 2. nach **hupen:** gehupt **husten:** 1. die ganze 2. gehustet 3. was **hüten:** 1. das 2. vor

## I

**informieren:** 1. über 2. in 3. darüber **interessieren:** 1. meine 2. Es 3. für 4. dafür 5. an **intrigieren:** gegen **irren:** 1. sich 2. in der 3. in 4. ist **jagen:** 1. das 2. nach 3. vor **jammern:** über **jubeln:** über

## K

**kämmen:** 1. der 2. dich **kämpfen:** 1. Löwen 2. gegen 3. für 4. zum **kaputtgehen:** 1. kaputtgegangen 2. ging 3. sind 4. kaputtgegangen 5. kaputt **kaputtschlagen:** kaputtgeschlagen **kaufen:** 1. teuren 2. für 3. beim 4. im **kennen:** 1. Herrn 2. als 3. wie **kennen lernen:** neuen Kollegen, kennen gelernt **kennzeichnen:** 1. mit 2. als **klagen:** 1. über 2. klagen 3. ihrem 4. vor 5. auf 6. gegen **klappen:** 1. den 2. geklappt 3. Mit 4. dass **klären:** 1. den 2. sich **klar werden:** über **kleben:** 1. geklebt 2. deinem 3. ihm 4. dir **klettern:** 1. auf 2. ist 3. ihrem, die **klingeln:** 1. es 2. Das 3. aus 4. an der **klingen:** 1. klingen 2. in 3. klingt **kneifen:** 1. in 2. gekniffen **kochen:** 1. kocht 2. hat 3. mit **kommen:** 1. von 2. eine tolle 3. darauf 4. zum 5. vom 6. in 7. außer 8. ins 9. in 10. in 11. ins 12. ins 13. in 14. ins 15. in 16. in 17. in 18. unter 19. zu 20. zum 21. zur 22. zur 23. zum 24. zu 25. zur 26. zur 27. zum 28. zum 29. zum 30. zum 31. zum 32. zur 33. zur 34. zur 35. zur 36. zur 37. zu 38. auf 39. mir 40. auf 41. auf 42. unter 43. zum **können:** 1. können 2. gekonnt 3. können 4. kann 5. kann **konzentrieren:** 1. konzentriert 2. auf **korrespondieren:** mit **korrigieren:** 1. den 2. ihre **kosten:** 1. die 2. ob 3. gekostet 4. den 5. die **kränken:** 1. seine 2. mit **kriechen:** 1. ist 2. gekrochen **kriegen:** 1. eine 2. von 3. seinen 4. zum 5. zum 6. es 7. aufs 8. kalte 9. in 10. den 11. die 12. hinter **krümmen:** 1. vor 2. gekrümmt **krumm nehmen:** 1. krumm nehmen 2. dass **kümmern:** 1. gekümmert 2. um 3. darum 4. jeden 5. um **kündigen:** 1. ihr 2. einem Kollegen 3. meine **kürzen:** 1. meine 2. Den **küssen:** 1. ihre 2. der 3. die

## L

**lächeln:** 1. gelächelt 2. über **lachen:** 1. über Behinderte 2. darüber 3. zu 4. der 5. gelacht 6. die 7. einen **laden:** 1. geladen 2. geladen **landen:** 1. ist 2. hat 3. bei 4. ist **langweilen:** 1. mich 2. beim 3. gelangweilt **lassen:** 1. das 2. lässt/ließ 3. Seine 4. dich 5. am 6. außer 7. in 8. im 9. im 10. im 11. im 12. Lass **laufen** 1. sind 2. läuft 3. Dem 4. neuer 5. auf 6. den 7. läuft 8. zu 9. über 10. über **laufen lassen:** 1. laufen lassen 2. den **lauschen:** dem **leben:** 1. gelebt 2. von 3. für 4. auf 5. von, in 6. auf 7. von 8. wie **legen:** 1. das 2. Ei 3. gelegt 4. sich 5. auf 6. auf 7. an 8. ans 9. auf 10. auf 11. aufs **lehren:** 1. Neuere 2. zu **leiden:** 1. starke 2. einer 3. der 4. darunter **leihen:** 1. mir 2. sich **leisten:** 1. mir 2. einen üblen 3. geleistet 4. gegen **leiten:** 1. den 2. die 3. an 4. durch **lenken:** 1. den 2. gelenkt 3. auf **lernen:** 1. lernen 2. gelernt 3. aus 4. wie 5. zu **lesen:** 1. gelesen 2. die 3. diesem 4. die **lieben:** 1. große 2. zu **liefern:** 1. geliefert 2. interessante 3. sich 4. an 5. geliefert **liegen:** 1. im, dem 2. in, an 3. daran 4. mir 5. an 6. bei 7. am 8. auf 9. im 10. im 11. im 12. im 13. im 14. im 15. auf 16. im 17. in 18. auf 19. auf 20. in **liegen lassen:** 1. den/die 2. liegen lassen 3. liegen 4. lass **loben:** 1. seine 2. über **lockerlassen:** lockergelassen **lohnen:** 1. dem 2. sich **lösen:** 1. den 2. vom 3. seine 4. sich **losfahren:** 1. Fahr 2. auf **loskommen:** von **loslassen:** 1. Lassen 2. lässt/ließ 3. auf **lügen:** 1. Meine 2. wie 3. vom 4. sich 5. die 6. in

## M

**machen:** 1. die 2. Aus 3. zum 4. zu 5. es 6. sich 7. aus 8. den 9. daraus 10. an 11. auf 12. über 13. zwischen 14. macht 15. reinen 16. die 17. den 18. sich 19. dass 20. dir 21. aus 22. in **mahlen:** 1. gemahlen 2. zu 3. mahlen **malen:** 1. hübsches 2. sich 3. an **malnehmen:** malnehmen **mangeln:** an **Maschine schreiben:** 1. Maschine schreiben 2. Maschine geschrieben **meiden:** große **meinen:** 1. anderes 2. mit 3. es 4. zu **melden:** 1. meiner 2. gemeldet 3. sich 4. Am 5. bei 6. zu **melken:** gemolken **merken:** 1. dass 2. von 3. Die neuen 4. seinen Namen **messen:** 1. misst/maß 2. meine 3. mir 4. einen 5. mit 6. sich **mieten:** gemütliches **missachten:** das **missbrauchen:** 1. missbraucht 2. seine **missfallen:** dem **misslingen:** dem **missraten:** meiner **misstrauen:** 1. dem 2. den **missverstehen:** seine **mitbringen:** 1. einen 2. seinem **mithelfen:** mithilft **mitkommen:** 1. ist 2. mit 3. ins **mitteilen:** 1. das 2. dem **mitwirken:** bei **müssen:** 1. muss 2. müssen 3. gemusst 4. muss

## N

**nachdenken:** 1. über 2. darüber **nacheilen:** ihrem **nachgeben:** 1. Klügere 2. seinen 3. nachgegeben **nachgehen:** 1. nachgegangen 2. ist 3. nach 4. allen 5. seiner **nachlassen:** 1. haben 2. nach 3. nach 4. lässt/ließ, nach 5. nachgelassen 6. nachgelassen 7. bei **nachlaufen:** 1. dem 2. nachzulaufen **nachlesen:** nachgelesen **nachschlagen:** 1. Schlag 2. nachgeschlagen **nachsehen:** 1. nach 2. dem 3. unsere 4. Jugendlichen **nachstellen:** 1. um 2. nachgestellt **nähen:** 1. ihre 2. genäht 3. an **näher kommen:** näher gekommen **nehmen:** 1. das 2. zum 3. seine 4. in 5. als 6. sich, viele Scheiben 7. nimmt 8. den 9. von 10. zu 11. ihren 12. von 13. auf 14. auf 15. von 16. an 17. auf 18. auf 19. genommen 20. zum/als 21. beim 22. in 23. in 24. in 25. in 26. in 27. in 28. in 29. in 30. in 31. in 32. in 33. in 34. zum 35. zum 36. zum 37. in 38. ins 39. vor 40. den 41. in 42. auf 43. Darauf 44. vom **neigen:** 1. sich 2. zu **nennen:** 1. ihrem 2. nach 3. es **nicken:** genickt **nötigen:** zum **nutzen/nützen:** 1. zu 2. einem

## O

**offen bleiben:** 1. offen geblieben 2. offen **offen stehen:** 1. offen gestanden 2. vor 3. steht 4. die 5. Es 6. offen **öffnen:** 1. das 2. das 3. sich 4. sind **operieren:** 1. den 2. aus 3. mit 4. im **ordnen:** 1. seine 2. nach **orientieren:** 1. über 2. an

## P

**packen:** 1. meinen 2. gepackt 3. meine/meinen 4. ihre 5. bei **parken:** 1. auf 2. seinen **passen:** 1. passen 2. mir 3. zu 4. in 5. passende 6. aufs **passieren:** 1. die 2. hat 3. ist 4. Meinem **pfeifen:** 1. hübsches 2. hat 3. nach 4. gepfiffen 5. auf **pflanzen:** einen **pflegen:** 1. gepflegt 2. zu **plagen:** mit **platzen:** 1. platzt 2. ist 3. vor **preisen:** 1. gepriesen 2. dich **probieren:** 1. probieren 2. ob 3. zu **produzieren:** 1. produziert 2. Bei 3. produzieren 4. sich **protestieren:** gegen **prüfen:** 1. in 2. vorhandene 3. ob **prügeln:** 1. seine 2. sich 3. mit 4. um **putzen:** 1. alle 2. sich 3. ihrem kleinen

## Q

**quälen:** 1. die 2. den 3. mit **quellen:** aus

## R

**rächen:** 1. seinen 2. an 3. für **Rad fahren:** 1. fährt 2. bin 3. Rad zu fahren **rasieren:** 1. sich 2. mit 3. meinem **raten:** 1. Raten 2. zum 3. rate **rauben:** 1. geraubt 2. den 3. Seine **rau-**

**chen:** 1. Der 2. eine 3. Dem/Den **reagieren:** auf **rechnen:** 1. rechnet 2. zu 3. mit 4. damit **rechtfertigen:** mit **reden:** 1. blanken 2. über 3. von 4. reden 5. wie 6. in 7. nach 8. der 9. wenn **regieren:** die **regnen:** 1. Es 2. meiner **reiben:** 1. gerieben 2. sich 3. aus 4. unter **reimen:** 1. auf 2. ungereimtes **reinigen:** 1. gereinigt 2. vom 3. sich **reisen:** nach **reißen:** 1. ist 2. hat 3. aus 4. an 5. um 6. die 7. und 8. reißenden 9. reißen 10. reißen 11. unter **reiten:** 1. bin 2. hat **reizen:** 1. reizt 2. den 3. zum **rennen:** 1. jeden 2. zum 3. um **reparieren:** 1. repariert 2. meinen **repräsentieren:** 1. eigenes 2. einen großen **reservieren:** 1. dir 2. einen 3. für **resultieren:** aus **retten:** 1. einem Menschen 2. sich 3. aus 4. vor **richten:** 1. den 2. über 3. an 4. auf 5. nach **riechen:** 1. Verdorbener 2. nach 3. an 4. aus 5. den **ringen:** 1. um 2. mit 3. nach **rinnen:** von **rufen:** 1. Rufst 2. nach 3. zu 4. um 5. ins **rutschen:** 1. ist 2. das 3. den 4. in

**S**

**sagen:** 1. einige freundliche 2. meinem 3. zu 4. dass 5. mir **sammeln:** 1. gesammelt 2. für 3. sich 4. sammeln **saufen:** 1. das 2. wie **schaden:** deiner **schaffen:** 1. schuf 2. geschaffen 3. geschafft 4. geschafft 5. schaffte 6. geschaffen 7. geschafft **schalten:** 1. auf 2. eine 3. in 4. geschaltet **schämen:** 1. sich 2. ihrer 3. vor 4. zu **schauen:** 1. die 2. aus 3. durch 4. in 5. zum 6. nach **scheiden:** 1. in 2. sich 3. geschieden **scheinen:** 1. auf 2. mir 3. Die **scheißen:** 1. geschissen 2. sich **schelten:** 1. einen 2. schilt **schenken:** 1. seiner 2. dir **scheren:** 1. das 2. darum **scherzen:** über **scheuen:** 1. vor 2. keine 3. sich **schicken:** 1. mir 2. an 3. ins/zu 4. nach 5. sich 6. in **schieben:** 1. kaputtes 2. auf 3. von 4. vor 5. auf 6. in 7. der **schießen:** 1. einen 2. auf 3. sind 4. in 5. ist 6. aus 7. schießen **schildern:** 1. seine 2. der **schimpfen:** 1. einen 2. die 3. das **schlafen:** 1. schläft/schlief 2. mit **schlagen:** 1. einen 2. nach 3. einen 4. ins 5. geschlagen 6. hat 7. geschlagen 8. das 9. für 10. um 11. in 12. hat 13. auf 14. ist 15. auf 16. für 17. aus 18. in 19. über 20. um 21. dem **schleifen:** 1. geschliffen 2. geschliffene 3. geschleift 4. schleifte/schleift 5. schleifen **schließen:** 1. in 2. die 3. die 4. aus 5. auf 6. mit **schlingen:** 1. seine 2. um **schmecken:** 1. das 2. Meinen 3. nach 4. nach **schmeißen:** 1. geschmissen 2. nach 3. eine 4. schmeißen **schmelzen:** 1. ist 2. hat **schneiden:** 1. Die 2. den 3. sich 4. dir 5. aus 6. geschnitten 7. dich 8. in **schneien:** 1. hat 2. ist **schreiben:** 1. an 2. an 3. in 4. auf 5. meinen 6. hinter 7. in **schreien:** 1. die 2. um 3. zum 4. wie **schreiten:** schritt/schreitet **schütteln:** 1. geschüttelt 2. vor 3. aus **schützen:** 1. vor/gegen 2. vor 3. geschützt 4. gegen **schwärmen:** 1. um 2. von **schweigen:** 1. zu 2. zu 3. wie **schwellen:** 1. sind 2. hat **schwimmen:** 1. schwimmt 2. sind 3. eine 4. hat **schwinden:** sind **schwingen:** 1. schwang/schwingt 2. den 3. sich 4. das **schwitzen:** 1. am 2. hat **schwören:** 1. einen 2. bei 3. auf 4. sich **sehen:** 1. was 2. auf 3. nach 4. sehen 5. die 6. in 7. darin 8. als 9. sich 10. vor 11. ins 12. mit **sehnen:** nach **sein:** 1. sein 2. ist/war 3. ist/war 4. dir 5. Meiner 6. Mir 7. ist 8. ist 9. ist 10. Es 11. aus 12. für, vereintes 13. dafür 14. gegen 15. deiner 16. mir 17. an 18. der 19. auf 20. außer 21. außer 22. im 23. im 24. im 25. im 26. im 27. unter/in 28. in 29. in 30. in 31. im 32. in 33. in 34. im 35. in 36. in 37. in 38. in 39. im 40. im 41. zu **senden:** 1. seinem 2. an 3. gesendet **setzen:** 1. das 2. mir 3. auf 4. über 5. sich 6. gesetzt 7. in 8. in 9. in 10. in 11. in 12. in 13. in 14. in 15. in 16. ins 17. in 18. in 19. zur 20. gegen, zur 21. auf 22. ins 23. auf 24. es **siegen:** 1. gesiegt 2. den 3. das Dritte **singen:** 1. schönes 2. von 3. beim 4. singen **sinken:** 1. auf 2. ist 3. zu **sinnen:** sinnt **sitzen:** 1. auf, im 2. am 3. sitzt 4. gesessen 5. am 6. hat 7. sitzen 8. in **sitzen bleiben:** 1. sitzen geblieben 2. auf **sitzen lassen:** 1. sitzen (ge)lassen 2. mich **sollen:** 1. sollst 2. sollen 3. sollen 4. soll 5. soll **sorgen:** 1. für 2. dafür 3. sich

4. um **sparen:** 1. gespart 2. am 3. für **spazieren gehen:** 1. ist 2. spazieren zu gehen **spekulieren:** 1. mit 2. auf **sperren:** 1. gesperrt 2. in 3. den 4. gegen **spielen:** 1. spielen 2. gegen 3. zum 4. um 5. im 6. in 7. den 8. einen 9. eine 10. mit 11. die **spinnen:** 1. die 2. spinnst **sprechen:** 1. spricht 2. mehrere 3. zu 4. ins 5. aus 6. für 7. dafür 8. dass 9. dass 10. zu 11. wovon/worüber 12. unter 13. aus **sprießen:** aus **springen:** 1. über 2. der 3. ist 4. über 5. springende 6. vor **starten:** 1. ist 2. ist 3. startete/startet 4. hat **stattfinden:** stattgefunden **staunen:** 1. staune 2. über 3. gestaunt **stechen:** 1. in 2. stechenden 3. gestochen 4. sticht 5. von **stecken:** 1. im 2. die 3. ans 4. in 5. in 6. in 7. in 8. in 9. unter **stecken bleiben:** 1. stecken geblieben 2. blieb 3. ist 4. in **stehen:** 1. Der 2. dir 3. steht 4. zu 5. Auf 6. danach 7. ihren 8. auf 9. in 10. in 11. in 12. in 13. in 14. in/im 15. unter 16. unter 17. unter 18. zur 19. zu 20. zur 21. zur 22. zur 23. auf 24. auf 25. auf 26. in 27. zu 28. zum 29. gestandenes 30. dunkle **stehen bleiben:** 1. blieb 2. stehen bleiben 3. ist 4. stehen 5. sind 6. stehen bleiben 7. stehen geblieben **stehlen:** 1. meinem 2. sich 3. stehlen 4. die 5. gestohlen **steigen:** 1. ist 2. den 3. auf 4. auf 5. die 6. im 7. Der 8. aufs **stellen:** 1. das 2. das 3. auf 4. sich 5. seinem 6. dem Kandidaten 7. nach 8. gestellt 9. den 10. der 11. auf 12. bei 13. an 14. auf 15. in 16. in 17. in 18. in 19. zur 20. zur 21. zur 22. zur 23. zur 24. auf 25. unter **sterben:** 1. stirbt 2. an **sticken:** kleines **still halten:** still gehalten **stimmen:** 1. was 2. hat 3. den Patienten 4. für 5. gegen 6. die **stinken:** 1. gestunken 2. nicht **stören:** 1. unsere 2. beim 3. daran **stoßen:** 1. gegen 2. auf 3. an 4. den 5. mit **strafen:** die **strahlen:** 1. auf 2. vor **sträuben:** gegen **streben:** nach **streichen:** 1. hat 2. gestrichen 3. hat 4. ist **streiken:** 1. für 2. gestreikt **streiten:** 1. mit 2. um 3. Über 4. sich 5. um **streuen:** auf **strotzen:** vor **studieren:** 1. studiert 2. den **stürzen:** 1. ist 2. zu 3. haben 4. ins 5. sich **suchen:** 1. nach 2. einen 3. eine bessere

## T

**tanken:** 1. getankt 2. getankt **tanzen:** 1. die 2. argentinischen 3. in 4. sind 5. nach 6. tanzen 7. auf **taugen:** 1. für 2. zu **tauschen:** 1. gegen 2. mit **täuschen:** 1. getäuscht 2. mich 3. mit **teilen:** 1. durch 2. in 3. mit 4. zwischen 5. teilen 6. sich 7. sich 8. meine **teilhaben:** am **teilnehmen:** an **telefonieren:** 1. eine 2. mit **terrorisieren:** die **töten:** den tollwütigen **totschlagen:** 1. totgeschlagen 2. mit **trachten:** nach **tragen:** 1. seine 2. getragen 3. trägt 4. hohe 5. an 6. für 7. gegen 8. zu 9. mit 10. zur **trauen:** 1. das 2. sich 3. zu 4. meinen 5. dem 6. keinem **trauern:** um **träumen:** 1. einen 2. davon 3. träumen **treffen:** 1. trifft/traf 2. habe 3. sich 4. getroffen 5. Es 6. eine 7. haben 8. ihre 9. mit 10. sich 11. getroffen 12. auf 13. ins 14. aus **treiben:** 1. ist 2. die 3. getrieben 4. treiben 5. getrieben 6. habt 7. haben 8. zur 9. auf 10. mit **trennen:** 1. die 2. getrennt 3. aus 4. von 5. uns 6. ihrem **treten:** 1. hat 2. aus 3. gegen 4. ist 5. in 6. in 7. sind 8. über 9. mit **triefen:** 1. vor 2. getrieft 3. auf 4. triefenden 5. Mir **trinken:** 1. seinen 2. auf 3. mit 4. von **trügen:** 1. trügt 2. getrogen **tun:** 1. das 2. ob 3. einen 4. sich 5. der 6. tust **turnen:** ihre

## U

**übel nehmen:** 1. übel 2. Nehmen **üben:** 1. den 2. in 3. an 4. an **überarbeiten:** 1. das 2. sich **überbacken:** mit **überbieten:** 1. überboten 2. den **übereinander schlagen:** 1. hat 2. sind **übereingekommen:** 1. zu 2. über **überessen:** mich **überfahren:** 1. überfahren 2. überfährt **überfallen:** 1. den 2. mit **übergreifen:** auf **überholen:** 1. einen 2. alter 3. sind **überlaufen:** 1. übergelaufen 2. zum 3. überlaufen 4. überlaufen **überlegen:** 1. überlege 2. sich 3. ob **überlisten:** überlistet **übernachten:** übernachtet **übernehmen:** 1. den 2. für 3. sich **überqueren:** die **überraschen:** 1. mit 2. beim 3. dass 4. Es **überreden:** 1. zu

2. zum 3. dazu **überschlagen:** 1. sich 2. überschlagen 3. überschlagen 4. überschlagen 5. vor **übersetzen:** 1. vom 2. aus 3. übergesetzt **überspringen:** 1. übersprungen 2. übergesprungen **übertreffen:** 1. unsere 2. an 3. sich **übertreiben:** 1. übertrieben 2. mit **übertreten:** 1. übertreten 2. übergetreten **überweisen:** 1. dem 2. an 3. an **überwerfen:** 1. überworfen 2. übergeworfen **überwiegen:** 1. überwogen 2. die **überzeugen:** 1. vom 2. davon 3. dass **überziehen:** 1. überzogen 2. überzogen 3. um 4. übergezogen **übrig lassen:** 1. haben 2. zu **umfallen:** 1. ist 2. umgefallen **umgehen:** 1. umgangen 2. um 3. mit **umkommen:** 1. umgekommen 2. durch 3. vor **umschalten:** 1. den 2. auf **umschmeißen:** 1. umgeschmissen 2. umschmeißen 3. umschmeißen **umsehen:** 1. dich 2. sich 3. der 4. nach 5. in **umspringen:** 1. umsprungen 2. der 3. mit **umsteigen:** 1. in 2. auf **umziehen:** 1. sind 2. hat **umzingeln:** das **unterbieten:** 1. den 2. um **unterbrechen:** 1. unterbrochen 2. die **unterbringen:** untergebracht **untergehen:** 1. sind 2. gingen 3. untergegangen **unterhalten:** 1. unterhalten 2. sich 3. einen 4. zu 5. verschiedene **unterlassen:** 1. unterlassen 2. es **unterliegen:** der **unterrichten:** 1. in 2. über 3. von **unterscheiden:** 1. die 2. von 3. zwischen 4. sich **unterschlagen:** 1. unterschlagen 2. dass **unterschreiben:** das **unterstreichen:** 1. Unterstreichen 2. sind 3. unterstreichen **unterstützen:** seinen **untersuchen:** 1. untersucht 2. auf **untertreiben:** 1. untertreiben 2. untertreibt **unterziehen:** einer **urteilen:** 1. nach 2. über

# V

**verabreden:** 1. einen 2. zum 3. zu 4. für 5. verabredet **verabschieden:** 1. von/bei 2. ihn 3. verabschiedet **verachten:** 1. die eingebildeten 2. zu 3. zu **verändern:** 1. verändert 2. zu **veranlassen:** 1. zur 2. zu 3. dazu **verarbeiten:** 1. altes 2. seine vielen 3. zu **verbauen:** 1. den 2. die 3. für **verbergen:** 1. die 2. vor **verbessern:** 1. das 2. alle 3. im **verbeugen:** vor **verbieten:** 1. die 2. meinem 3. sich **verbinden:** 1. verbunden 2. mit 3. sich 4. verbindet **verbrennen:** 1. verbrannt 2. sich 3. dich 4. ist 5. verbrannt 6. zu 7. dir **verbringen:** 1. verbracht 2. verbringen 3. in 4. damit **verdächtigen:** des **verdammen:** 1. den 2. zu **verdanken:** der **verderben:** 1. ist 2. hat 3. hat 4. sich 5. mit **verdienen:** 1. eine gute 2. an 3. zu 4. goldene 5. im **vereinbaren:** mit **vererben:** 1. seinem 2. sich **verfolgen:** 1. den 2. einen **verfügen:** 1. über 2. mehrere 3. die **verführen:** 1. das 2. zum **vergeben:** 1. seiner 2. an 3. dir **vergehen:** 1. vergehen 2. an 3. gegen 4. vor **vergessen:** 1. Den 2. vergessen 3. vergisst **vergleichen:** 1. vergleichen 2. mit 3. miteinander 4. sich **verhaften:** verhaftet **verhalten:** 1. sich 2. sich 3. Mit **verheimlichen:** 1. verheimlicht 2. vor **verheiraten:** 1. mit 2. sich 3. verheiratet **verhelfen:** zur **verindern:** einen **verhungern:** 1. sind 2. am **verkaufen:** 1. Bekannten 2. an 3. ins 4. für 5. sich **verklagen:** verklagt **verlangen:** 1. den 2. nach 3. zu 4. von **verlängern:** 1. meine 2. um 3. Monate **verlassen:** 1. die 2. verlassen 3. auf 4. darauf 5. verlassen **verlaufen:** 1. verläuft 2. sind 3. sich 4. haben **verlegen:** 1. meinen 2. auf 3. aufs 4. ist 5. auf 6. um **verleiten:** zum **verletzen:** 1. verletzt 2. dir **verlieben:** in **verlieren:** 1. meine 2. die 3. ihre 4. an 5. an 6. sich 7. aus 8. verlieren 9. den 10. den 11. verloren **verloben:** 1. sich 2. mit **vermeiden:** 1. vermeiden 2. vermieden 3. es **vermieten:** 1. möbliertes 2. einem 3. an eine ausländische **vermuten:** 1. einen 2. einen 3. wer **veröffentlichen:** 1. in 2. bei **verordnen:** Patienten **verpassen:** 1. die letzte 2. eine gute 3. verpasst **verpflichten:** zum **verraten:** 1. seinem 2. an 3. seine 4. verraten **verreisen:** nächste **versagen:** 1. versagt 2. dem 3. sich **verschaffen:** 1. verschaffen 2. verschafft 3. sich 4. verschafft **verschlafen:** 1. habe 2. einen wichtigen **verschließen:** 1. verschlossen 2. seinen **verschreiben:** 1. meiner, die 2. mich 3. dem **verschweigen:** 1. hat 2. verschwieg 3. zu 4. ist **verschwinden:** 1. aus 2. verschwunden

3. verschwinden 4. von **versehen:** 1. seinen 2. mit 3. sich 4. versehen **versetzen:** 1. hat 2. versetzen 3. versetzt 4. einen 5. die 6. in 7. hat **versichern:** 1. bei 2. ist 3. gegen 4. dass **verspäten:** 1. sich 2. mit **versperren:** 1. die 2. die **verspotten:** die **versprechen:** 1. ihren, höhere 2. die 3. sich 4. vom 5. und **verstecken:** 1. ihren 2. sich **verstehen:** 1. den 2. meine 3. verstehe 4. zu 5. Unter 6. von 7. sich 8. mit meinem jüngsten 9. sich 10. als 11. von 12. verstehe **verstoßen:** 1. aus 2. gegen **versuchen:** 1. die 2. zu 3. ob 4. als 5. im 6. mit **verteidigen:** 1. ihre 2. dem 3. verteidigt 4. sich **verteilen:** 1. verteilt 2. ganzes 3. an 4. auf **vertiefen:** 1. vertieft 2. in **vertrauen:** 1. Meinen 2. auf 3. darauf **vertreten:** 1. ihre kranke 2. meinen 3. dem 4. sich **verüben:** an **verurteilen:** 1. den 2. zu 3. die **verwandeln:** in **verwechseln:** mit **verweigern:** 1. jede 2. verweigert 3. seinem **verweisen:** 1. an 2. auf 3. von **verwenden:** 1. verwenden 2. als 3. auf 4. sich **verzeihen:** 1. dir 2. meine 3. dass **verzichten:** 1. auf 2. darauf **verzollen:** verzollen **voraussehen:** 1. den 2. voraussehen 3. vorauszusehen **vorbeigehen:** 1. an 2. ist 3. vorbei **vorbeikommen:** 1. vorbei 2. vorbeikam 3. vorbeigekommen 4. an, vorbeigekommen 5. vorbei **vorbeilassen:** vorbeilassen **vorbereiten:** 1. unseren 2. auf 3. darauf **vorlesen:** 1. den, schönes 2. aus **vorschlagen:** 1. vorgeschlagen 2. zu **vorsehen:** 1. eine dreimonatige 2. hat, einstündige 3. dem 4. vor **vorsetzen:** 1. vor 2. den **vorstellen:** 1. meinen 2. den 3. sich 4. mir 5. seine neue **vorübergehen:** 1. vorüber 2. vorüber 3. vorübergehen 4. ist **vorwerfen:** 1. seinem 2. vorgeworfen 3. vorzuwerfen **vorziehen:** 1. die 2. vorziehen 3. dem 4. vor 5. dem 6. vorziehen 7. es

# W

**wachen:** 1. gewacht 2. über **wachsen:** 1. ist 2. Meinem 3. den 4. gewachst 5. Hast 6. ist 7. keine 8. ans 9. über 10. wächst 11. auf 12. wo **wagen:** 1. den 2. zu 3. der 4. an 5. in **wählen:** 1. die falsche 2. den 3. den 4. verschiedenen 5. einem, einem 6. zur **wandern:** 1. sind 2. auf **warnen:** 1. dich 2. vor **warten:** 1. auf 2. mit 3. Worauf 4. gewartet **waschen:** 1. wäscht 2. den 3. sich 4. gewaschen 5. mit 6. in **wechseln:** 1. hat 2. meine 3. das 4. mit 5. einige freundliche 6. in 7. sind **wecken:** 1. mich 2. aus 3. bei **wegfallen:** wegfallen **weglaufen:** 1. seinen 2. vor **wegziehen:** 1. die 2. seinem 3. vom 4. ziehen 5. von/aus **wehren:** 1. sich 2. gegen **weichen:** 1. sind 2. von 3. vor **weigern:** 1. sich 2. zu **weinen:** 1. weinen 2. um 3. den verstorbenen 4. geweint **weisen:** 1. den 2. auf 3. nach 4. aus 5. von 6. von **weitergeben:** an **weitergehen:** 1. weitergehen 2. weitergehen 3. weiter **wenden:** 1. gewendet 2. gewendet 3. gewendet 4. an 5. an, gewandt 6. ihren 7. mich **werben:** 1. um 2. für **werden:** 1. guter 2. Aus 3. zu 4. es 5. es 6. meinem **werfen:** 1. ins 2. mit 3. einen 4. zu 5. auf 6. auf 7. in 8. geworfen 9. aus 10. ins 11. über 12. sich 13. in 14. nach 15. zum **wetteifern:** um **widerrufen:** 1. widerrufen 2. seine **widersprechen:** 1. Ihren 2. sich **widerstehen:** der **widerstreben:** ihrem **widmen:** 1. ihrem behinderten 2. sich **wieder finden:** 1. seine 2. wieder gefunden **wiederholen:** 1. diese 2. das letzte 3. dich **wiegen:** 1. gewogen 2. hat 3. wiegen 4. hat 5. in **winden:** 1. einen 2. um 3. sich **winken:** 1. aus 2. den 3. Mir **wischen:** 1. die 2. ihrem 3. sich **wissen:** 1. tolles 2. von 3. die 4. darüber 5. keinen 6. wie 7. weiß **wohnen:** 1. in 2. auf 3. zur **wundern:** 1. Seine komische 2. Es 3. über 4. darüber 5. wie **wünschen:** 1. alles 2. dem 3. ihre 4. zu 5. von

# Z

**zahlen:** 1. jeden 2. den 3. an 4. an 5. in **zählen:** 1. gezählt 2. bis 3. als 4. Auf 5. zur 6. mich 7. gezählt 8. bis **zanken:** 1. sich 2. um **zeichnen:** 1. eine 2. seiner 3. zeichnen

**zeigen:** 1. nach 2. mir 3. auf 4. sich 5. von 6. die 7. die **zerbrechen:** 1. hat 2. ist 3. an 4. den **zerfallen:** 1. zerfallen 2. zerfiel 3. in **zerlaufen:** zerlaufen **zerreißen:** 1. den 2. in **zerschneiden:** zerschnitten **ziehen:** 1. den 2. wird 3. gezogen 4. es 5. aus 6. in 7. ins 8. in 9. zu 10. zur 11. zur 12. sind 13. den 14. an 15. hat 16. wie **zittern:** vor **zögern:** mit **zubewegen:** auf **zubinden:** 1. zuzubinden 2. mit 3. ist **zucken:** 1. gezuckt 2. mit 3. mit **zudrücken:** 1. zuzudrücken 2. zugedrückt **zufrieden geben:** mit **zufrieden lassen:** 1. zufrieden lassen 2. mit **zugeben:** 1. dem 2. zugegeben 3. deinen **zugehen:** 1. zugegangen 2. zu 3. dem 4. auf 5. mit **zuhören:** 1. seinem 2. mit **zumachen:** 1. ihrem 2. zugemacht **zunehmen:** 1. zugenommen 2. an **zurechtfinden:** 1. dem 2. sich **zurechtkommen:** 1. ist 2. Mit 3. zurecht **zürnen:** der **zurückfahren:** 1. zurück 2. vor **zurückgehen:** 1. den 2. zurück 3. zurückgegangen 4. zurückgegangen 5. auf **zurückgreifen:** auf **zurückhalten:** 1. dem 2. ihrem 3. dich 4. mit **zurückkehren:** 1. sind 2. in **zurückkommen:** 1. von 2. auf 3. Auf **zurücklassen:** 1. zurückgelassen 2. zurückgelassen 3. zurück 4. zurückgelassen **zurückschrecken:** vor **zurückweichen:** vor **zurückweisen:** 1. zurückgewiesen 2. Diese **zurückziehen:** 1. den 2. zurückgezogen 3. zurückgezogen 4. sich 5. sind **zurufen:** 1. zu 2. Unverständliches **zusagen:** 1. den 2. meinem **zusammenbleiben:** zusammen **zusammenfinden:** zum **zusammenhalten:** 1. zusammen 2. zusammengehalten 3. zusammengehalten 4. zusammenzuhalten 5. zusammenhalten **zusammenschlagen:** 1. zusammengeschlagen 2. schlagen/schlugen **zuschauen:** 1. dem 2. bei **zuschließen:** zuzuschließen **zusehen:** 1. bei 2. zu **zustehen:** Den **zusteigen:** zugestiegen **zustimmen:** dem **zustoßen:** 1. dem 2. mit 3. zugestoßen **zutrauen:** 1. dem 2. zu **zutreffen:** auf **zweifeln:** 1. an 2. daran 3. ob **zwingen:** 1. zu 2. sich

# deutsch üben

Eine Reihe für Anfänger zum Üben, für Fortgeschrittene zur gezielten Wiederholung. Sämtliche Bände verwendbar als Zusatzmaterial zu jedem beliebigen Lehrbuch; auch für Selbstlerner geeignet (Schlüssel im Anhang).

Band 1     **„mir" oder „mich"?**
Übungen zur Formenlehre
Best.-Nr. 650

Band 2     **Groß oder klein?**
Übungen und Diktate zur Rechtschreibung
Best.-Nr. 651

Band 3/4     **Weg mit den typischen Fehlern!** 1 und 2
Teil 1 – Best.-Nr. 653
Teil 2 – Best.-Nr. 654

Band 5/6     **Sag's besser!** 1 und 2
Arbeitsbücher für Fortgeschrittene
Teil 1: Grammatik – Best.-Nr. 655
Teil 2: Ausdruckserweiterung – Best.-Nr. 656
Schlüssel zu Teil 1 und 2 – Best.-Nr 657

Band 7     **Schwierige Wörter** 1 und 2
Übungen zu Verben, Nomen und Adjektiven
Best.-Nr. 658

Band 8     **„der", „die" oder „das"?**
Übungen zum Gebrauch des Artikels
Best.-Nr. 659

Band 9     **Wortschatz und mehr**
Übungen für die Mittel- und Oberstufe
Best.-Nr. 652

Band 10     **Übungen zur neuen Rechtschreibung**
Best.-Nr. 649

Band 11     **Wörter und Sätze**
Übungen für Fortgeschrittene
Best.-Nr. 743

**VERLAG FÜR DEUTSCH**
Max-Hueber-Straße 8, D-85737 Ismaning